KB075433

와다 하루끼의
북한 현대사

Kitachosen Gendaishi
by Haruki Wada
© 2012 by Haruki Wada

First published 2012 by Iwanami Shoten, Publishers, Tokyo.
This Korean language edition published 2014 by Changbi Publishers Inc., Paju
by arrangement with the proprietor c/o Iwanami Shoten, Publishers, Tokyo.

와다 하루끼의

북한 현대사

北朝鮮現代史

와다 하루끼 지음
남기정 옮김

창비

나는 1991년에 처음으로 북한을 방문했다. 사회과학자협회
의 역사가들이 나와 토론하기 위해 기다리고 있었다. 초대 책
임자인 당역사연구소의 강석숭(姜錫崇) 소장은 나에게 '당신의
연구는 자료에 기초해 있는 점이 좋다'고 평가해주었는데, 나
를 기다리고 있던 사람들이 원했던 것도 자료에 입각한 토론이
었다. 내 질문에 대해 솔직한 답변이 돌아왔으며, 나에 대한 비
판도 있었다.

역사가에게는 그가 속한 나라에 관계없이 같은 고민, 같은
기질이 있다. 평양의 호텔 회의실에서 이러한 느낌에 휩싸이
자 흥분되었다. 북한이라는 나라가 걸어온 곤란한 여정과 사람
들의 긴장된 생활방식은 간단히 이해할 수 없는 것이지만 나는

같은 인간으로서 이해할 수 있는 부분이 결코 적지 않다고 확신한다. 이 책은 이런 마음으로 쓰게 되었다.

원고가 완성되기 직전 김정일(金正日) 위원장이 사망했다. 북일 국교정상화를 희망해온 일본인의 한 사람으로서 나는 지난 10년 동안 국교정상화의 실현을 절실히 원했을 이웃나라 지도자의 죽음에 대해 비통한 감정을 갖지 않을 수 없었다. 내가 2012년 4월에 토오꾜오(東京)에서 간행한 『북조선현대사(北朝鮮現代史)』는 강력한 지도자의 죽음으로 끝을 맺게 되었다.

그로부터 이미 2년여가 지났다. 후계자 김정은(金正恩)은 2012년 4월에 당 제1비서, 국방위원회 제1위원장이 되었고, 부친 김정일의 직함을 거의 다 계승했다. 주목되었던 것은 군 최고위 간부의 교체다. 리영호와 김정각이 사라지고, 문민인 최룡해가 군 정치국장이 되어 당과 군의 2인자 지위에 올랐다. 그리고 2013년 12월 김정은은 당 정치국원, 국방위원회 부위원장이었던 고모부 장성택을 체포하여 처형했다. '반당 반혁명적 종파행위'를 저질렀다는 것이 죄목이었다. 이로써 김정은은 자신의 지위를 명실상부하게 절대화하여, 그의 유일지도체계를 확립한 것으로 보인다. 이미 당 정치국이 중심이 된 당국가체제도 시동이 걸린 상태이다. 젊은 지도자가 곤란에 처한 이 나라를 어떻게 이끌고 나가려 하는지, 북한의 미래는 앞이 보이지 않는 상황이다.

이 새로운 사태에 대해 이번 한국어판에서는 '김정은 시대의 북한'이라는 제목의 글을 추가로 집필해 실었다. 이 책이 북한 과의 이성적(理性的)인 관계를 생각하는 사람들에게 조금이나 마 참고가 될 수 있다면 다행이다.

이 책을 출판하는 데 많은 사람의 도움이 있었다. 내가『북조 선현대사』를 써야겠다고 마음먹은 것은 1998년에 출판한『북 조선: 유격대국가의 현재(北朝鮮: 遊擊隊國家の現在)』라는 책 을 다시 쓰고 싶다는 생각을 갖고 있었기 때문이다.『한국현대 사(韓國現代史)』의 저자인 문경수(文京洙) 씨가 나의 이러한 희 망을 이와나미출판사(岩波書店) 편집부에 전해준 덕분에 이 책 을 출판할 수 있었다. 바로 이즈음 한국에서 유학해 와서 내 지 도를 받으며 북한 역사에 관해 훌륭한 박사논문을 썼던 서동만 (徐東晩) 군이 심각한 병에 걸려 있다는 사실을 알게 되었다. 한 때 나는 그와 함께 이 책을 쓰고 싶다고 꿈꾸었던 적이 있지만 단념할 수밖에 없었다.

그가 세상을 떠나고 난 뒤, 나는 혼자 그의 대저작(大著作)에 서 배워가며 그가 발병 직전에 준 자료의 복사본들을 이용해 이 책을 썼다. 이 책의 번역을 위해 또 한명의 대학원생 제자였 던 남기정(南基正) 씨가 수고해주었다. 고마운 일이다. 도움을 주신 모든 분들께 마음으로부터 감사의 인사를 올린다.

2014년 4월
와다 하루끼

'북한이 수수께끼의 나라로 인식되기 시작한 것은 그다지 옛날 일이 아니다. (…) 북한이 수수께끼의 나라라면 진실을 알고 싶은 것은 자연스럽다.'

내가 이러한 사람들의 생각 ─ 이것은 나의 생각이기도 하다 ─ 에 대답하기 위해 저서 『북조선: 유격대국가에서 정규군국가로』를 써서 출판한 것은 1998년 3월이었다. 김일성(金日成) 사망 후 4년이 지나 김정일체제가 모습을 드러내기 시작한 시점이었다. 나는 그 새로운 체제, 즉 김일성 사후의 체제변화를 포착하는 데 실패하고 말았다. 책에는 '유격대국가'가 계승되었다고 썼지만, 그것은 이미 북한에서 사라진 상태였다.

몇달 뒤 나는 이 사실을 서울에서 열린 학술대회에서 설명하고 김정일의 새로운 체제를 '정규군국가'로 본다고 보고했다. 그때 한국인 연구자들은 '유격대국가'가 지속되고 있다고 보는 것이 타당하다고 생각했고, 내 새로운 생각을 지지해준 것은 내 제자인 서동만뿐이었다.

출판한 지 얼마 되지 않은 책을 수정하는 일은 꼴사납다. 그러나 어쩔 수 없다. 이 책의 한국어 번역본이 2002년에 출판되었을 때, 나는 보론을 추가하고 책의 부제를 '유격대국가에서 정규군국가로'라고 바꿔 달았다.[1]

나 자신의 연구가 불충분했음을 시인하더라도, 북한의 현재를 해독하는 일이 얼마나 어려운지 새삼 깨닫게 된 경험이었다. 북한은 내부정보를 완전히 비밀에 부치는 데 성공한 예외적인 국가다. 북한의 현재에 대한 양질의 내부정보를 얻는 일은 불가능하다. 이러한 사정은 김정일 사망 후 역사의 대전환기를 맞이한 지금도 변함이 없다.

14년 전에 출판한 위의 책에서 나는 북한을 알 수 있는 가장 좋은 방법은 '역사적으로 생각하기'라고 지적했다. 내부자료가 있는 시기의 역사를 연구하여, 내부자료가 없는 현재의 체제를 추측할 필요가 있다는 것이다. 14년 전에는 북한의 기본적 출판물을 분석하는 일이 가능했던 소련 점령기를 연구의 발판으로 삼았다.

---

1) 와다 하루키 『북조선: 유격대국가에서 정규군국가로』, 서동만·남기정 옮김, 돌베개 2002.

나아가 나는 현재의 체제를 이해하는 두번째 방법으로 '모델 분석'을 들었다. 북한의 체제를 이해하기 위해 연구자들은 다양한 모델을 채용하여 그 적합성을 검증해왔다. 일본 천황제의 국체(國體)와 북한의 주체(主體)가 유사한 데 주목한 브루스 커밍스(Bruce Cumings)의 '코포라티즘 국가'론, 사회주의와 유교적 전통의 '공명(共鳴)'을 본질로 하는 스즈끼 마사유끼(鐸木昌之)의 '수령제'론이 대표적이다. 내가 구축한 것이 제3의 모델인 '유격대국가'론이었다. 모델을 채용하고 유효성을 검증하여 그것이 입증되면 그 모델을 이용해 자료의 공백 부분을 추정할 수 있다. 모델을 염두에 두면서 조선로동당의 기관지 『로동신문』과 이론지 『근로자』, 지도자의 저작집 등을 정독하는 일이 무엇보다도 중요하며, 다음으로 소련 및 동유럽 국가사회주의체제와의 비교연구, 지도자의 계열과 파벌 및 인사이동에 대한 주목, 새어나오는 내부정보의 활용 등이 병행되어야 한다. 오늘날에도 이러한 방법은 계속 유효하며, 당장은 이보다 나은 방법이 없는 것이 현실이다.

14년 동안 크게 바뀐 것은 소련 및 동유럽 사회주의체제의 종언에 따른 결과가 본격적으로 나타나기 시작하면서 양질의 내부자료를 입수할 수 있는 북한의 과거 시대가 크게 확대되었다는 사실이다. 그 결과 현재는 1945년의 해방 및 소련 점령으로부터 북한의 기본적인 체제가 국가사회주의체제로 확립되는 1961년까지의 역사에 대해서는 완전하다고 해도 좋을 정도로 명확한 역사상을 갖게 되었다.

북한사의 전사에 해당하는 만주항일무장투쟁사에 대해서는 1992년에 출판한 졸저『김일성과 만주항일전쟁(金日成と滿洲抗日戰爭)』²⁾에서 이미 기본적인 역사상을 제공한 바 있다. 나는 그 책을 쓸 때 중국 역사가들의 개혁개방 이후 새로운 연구로부터 도움을 받았다. 그들은 중국공산당의 문서자료를 연구하고 있었다. 그 문서자료는 60여권의 내부발행 자료집인『동북지구혁명역사문헌회집(東北地區革命歷史文獻滙集)』(1988~91)으로 공간(公刊)되었는데, 나는 1992년에 책을 출판한 뒤에야 이를 이용할 수 있었다. 그러나 이 자료집 가운데 김일성에 관한 가장 중요한 기술은 이미 중국 연구자의 노트를 통해 입수했고 내 책에 그 내용을 넣어 출판할 수 있었다. 이 부분을 내 책에서 인용하는 것을 포함해 당시까지의 신화적 역사상을 수정한 김일성 회고록『세기와 더불어』전8권(1992~98)도 간행되었다. 이 책에서는 한국의 역사가 고 방기중(方基中) 씨가 가르쳐준 김일성 부친의 친구 배민수의 회고를 덧붙인 정도가 새롭다면 새로운 내용이며, 이 부분에 대한 수정은 기본적으로 없다.

1945년의 해방에서 1948년의 건국에 이르는 시기에 대해 1차 자료로 삼은 것은 1970년대에 미국에서 공개된 한국전쟁 시기의 북한 노획문서였다. 여기에 전쟁 전 북한의 기본적인 출판

---

2) 한국어 번역본은『김일성과 만주항일전쟁』, 이종석 옮김, 창작과비평사 1992.

물들이 포함되어 있었던 것이다. 이 자료를 체계적으로 사용한 연구는 찰스 암스트롱의『북조선혁명, 1945~50』(2003)이다.[3] 소련 종언기에는 한국의 젊은 연구자 김성보, 전현수, 기광서 등이 모스끄바에서 소련 점령군의 문서자료를 계통적으로 조사하여 그 성과를 차례로 발표했다. 전현수의 모스끄바대학 박사논문은 1997년에 나왔으며, 김성보는 북한의 토지개혁에 관한 연구를 한국에서 2000년에 출판했다. 한국인 연구자가 러시아의 문서관에서 발견한 가장 중요한 자료는 조선공산당 북부조선분국의 기관지『정로(正路)』 전권이다. 나도 모스끄바에서 이 신문의 창간호와 감격적으로 대면했다. 본서를 쓸 때 이 자료를 활용했다.

한국전쟁에 대해서는 스딸린(Iosif V. Stalin), 마오 쩌둥(毛澤東), 김일성이 주고받은 전문(電文) 등 극비문서가 1994년에 러시아로부터 한국에 건네진 바 있으며, 미국의 냉전사 국제 프로젝트(Cold War International History Project)의 노력 덕분에 1996년부터 이들 문서의 이용이 가능해졌다. 나는 이 자료를 중국의 다른 자료 등과 교차분석하여 2002년에『한국전쟁전사(朝鮮戰爭全史)』를 출판했다. 그뒤에 공개된 가장 중요한 자료는 1952년 모스끄바에서 이루어진 스딸린, 김일성, 박헌영의 대

---

3) Charles K. Armstrong, *The North Korean Revolution, 1945–1950*, Ithaca and London: Cornell University Press 2003. 한국어 번역본은 찰스 암스트롱『북조선 탄생』, 김연철·이정우 옮김, 서해문집 2006.

화 기록이다.

전후 부흥기와 사회주의 건설기에 대해서는 러시아인 안드레이 란꼬프가 소련 외무성의 문서를 활용하여 1956년의 반대파에 관한 선구적인 논문을 1995년부터 발표했는데, 이후 연구를 계속하여 최근 『1956년 8월: 북한의 위기』(2009)를 출판했다. 2000년대에 들어와 1953년에서 1957년까지의 소련공산당 중앙위원회 외국공산당연락부 자료가 공개되어 마이크로필름으로 제작된 것을 일본의 연구자 시모또마이 노부오(下斗米伸夫)가 발견함에 따라 연구가 크게 진전했다. 시모또마이는 이 자료를 활용하여 2006년 『모스끄바와 김일성, 1945~61(モスクワと金日成: 1945~61)』[4]을 간행했다. 이 책은 너무나 오류가 많아 텍스트로 사용하기는 어려우나 자료 가이드로서는 쓸 만하다. 그 밖에 한국의 『중앙일보』 계열인 K데이터베이스가 1950년대의 소련 외무성 문서를 입수하여 인터넷상에 공개해두었다. 이 두 자료군을 병행하여 읽어나가면 1955년부터 1958년까지 북한 주재 소련 대사의 일지를 빠짐없이 볼 수 있다.

1945년부터 1961년까지의 시기에 대한 가장 기본적인 연구로는 서동만의 저서 『북조선사회주의 체제성립사 1945~1961』(선인 2005)을 들 수 있는데, 북한의 신문과 잡지 그리고 로동당 중앙위원회가 발행한 『결정집(決定集)』(1945~56)에 기초하여

---

4) 한국어 번역본은 시모토마이 노부오 『모스크바와 김일성: 냉전기의 북한 1945~1961』, 이종국 옮김, 논형 2012.

12

체계적으로 서술하였다.

이와 같은 경위로, 여기까지는 북한의 역사를 거의 해명할 수 있게 되었다. 그러나 1960년대가 되자 소련 대사관도 북한의 내부사정을 파악하지 못하게 되었다. 소련, 동유럽, 중국, 베트남, 꾸바 등의 대사들이 가끔 모여 의견을 교환하기도 하지만 아무도 특별한 정보를 가지고 있지 않다. 이 시점 이후의 전개에 대해서는 지금은 평양 내 구 동독대사관의 자료가 가장 중시되고 있다. 거기에 특별한 정보가 있다고는 할 수 없지만 문서자료가 독일연방공화국에 계승되어 전면적으로 정리·공개되었으므로 가장 이용하기 쉽기 때문이다. 독일인 연구자 베른트 셰퍼(Bernd Schaefer)가 이 자료를 사용하여 1966년에서 1975년까지의 시기에 대해 이미 세편의 논문을 발표했는데, 나 역시 북한의 독자적 체제가 만들어지는 1960년대 후반의 결정적 시기에 대해 힌트가 될 만한 자료를 베를린에서 발견했다.

1970년대 이후는 내부자료를 얻을 수 없는 시기다. 기댈 수 있는 자료는 망명자의 증언 정도다. 1980년대 초에 망명한 로동당 대외정보조사부 부부장이었다는 신경완의 증언을 정창현이 기록하여 자신의 책 『곁에서 본 김정일』(토지 2000)에서 소개하고 있다.[5] 신경완은 1960년대 말부터 중앙위원회에서 일하기 시작했다고 하며 중앙위원회 재직 당시의 정보가 가치있다.

---

5) 일본어 번역본은 鄭昌鉉 『眞實の金正日: 元側近が證言する』, 佐藤久 譯, 靑灯社 2011.

1997년에 망명한 당비서 황장엽의 증언은 연구자들에게 가장 흥미로운 것이었다. 그는 한국에서 몇권의 책을 썼다. 그러나 중요한 증언을 회피한 채 죽고 말았다는 느낌이 든다. 그의 책에서 얻을 수 있는 정보는 기대와는 달리 그리 많지 않다. 나는 망명 후에 그를 한번도 만나지 못한 것을 애석하게 생각하지만 그가 자유롭게 이야기해주었을지 어땠을지는 의문이다.

이런 연유로 1961년까지는 내부자료에 기초한 역사인식에 입각하여 모델을 만들고, 공식자료에 의거해 이를 검증하는 방식으로 이 책을 썼다. 서술은 정치외교에 치중하고 있어 민중의 생활은 거의 다루지 않았다. 이는 자료나 분량의 제약 때문이라기보다는 저자의 연구수준이 반영된 것이다.

이 책 이전에 출판된 북한사 서술로는 한국에서는 김학준의 저서 『북한 50년사』(두산잡지부 1995),[6] 김성보·기광서·이신철의 공저 『사진과 그림으로 보는 북한현대사』(웅진닷컴 2004)[7]와 김성보·이종석의 『북한의 역사 1·2』(역사비평사 2011)[8]를 들 수 있으며, 일본에서는 오꼬노기 마사오(小此木政夫)의 편저 『북조선 핸드북(北朝鮮ハンドブック)』(講談社 1997)과 히라이 히사시

---

6) 일본어 번역본은 金學俊 『北朝鮮五十年史: '金日成王朝'の夢と現實』, 李英 譯, 朝日新聞社 1997.

7) 일본어 번역본은 金聖甫·奇光舒·李信澈 『写真と絵で見る北朝鮮現代史』, 李泳采監·韓興鉄 訳, コモンズ 2010.

8) 김성보 『북한의 역사 1: 건국과 인민민주주의의 경험 1945~1960』, 역사비평사 2011. 이종석 『북한의 역사 2: 주체사상과 유일체제 1960~1994』, 역사비평사 2011.

(平井久志)의 저서 『왜 북조선은 고립하는가: 김정일, 파국으로 치닫는 '선군체제'(なぜ北朝鮮は孤立するのか: 金正日, 破局に向かう'先軍體制')』(新潮社 2010)를 들 수 있다. 히라이의 책은 제목이 자극적이긴 하지만, 김정은 이행기에 대해 쓴 또 하나의 저서[9]와 함께 신뢰할 만하다.

이 책은 이러한 선행 업적에 새로운 내용을 더한 것으로, 북한을 제대로 인식하는 데 일조할 수 있기를 바란다.

---

9) 平井久志 『北朝鮮の指導體制と後繼: 金正日から金正恩へ』, 岩波書店 2011. 한국어 번역본은 히라이 히사시 『김정은 체제: 북한의 권력구조와 후계』, 백계문 외 옮김, 한울아카데미 2012.

차 례

한국어판 서문 • 4
서문 • 7

제1장 김일성과 만주항일무장투쟁(1932~45) • 21

김일성의 탄생과 유년기 | 지린 시대의 김일성 | 만주항일무장투쟁의 개시 | 조국
광복회와 보천보전투 | 동북항일연군의 위기 | 마에다 부대의 전멸 | 소련으로의
월경과 피난 | 88특별여단 | 조선공작단의 결정 | 귀국

제2장 조선민주주의인민공화국의 탄생(1945~48) • 45

일본으로부터의 해방 | 소련군에 의한 점령 | 소련의 점령방침 | 공산주의자들 |
김일성의 등장 | 북부조선분국 제3차 확대집행위원회 | 북조선임시인민위원회 |
토지개혁 | 소련형 인사제도 | 노동법령과 남녀평등권법 | 북조선로동당의 탄생 |
군 창설을 위한 준비 | 북조선인민위원회의 성립 | 남조선 혁명기지 | 전진하는 경
제건설 | 미소공동위원회의 결렬 | 조선인민군과 헌법안 | 단독선거와 분단국가의
탄생

제3장 한국전쟁(1948~53) • 77

국토완정과 북벌통일 | 북한 측의 의욕과 대국에 의한 억제 | 무력통일의 의사표
명 | 개전의 승인을 요구하는 북한 | 스딸린의 고(Go) 사인 | 김일성의 소련 및 중
국 방문 | 3단계 작전계획 | 개전 | 유엔군 통일사령부와 인천상륙작전 | 중국의
출병 결정 | 미중전쟁의 개시 | 일진일퇴의 공방 | 정전회담의 추진 | 정전회담의
개시 | 전쟁의 최종단계 | 스딸린과의 재회와 회담 | 정전협정 조인 | 엄청난 희생
| 김일성의 정치적 승리

제4장 부흥과 사회주의화(1953~61) • 107

전후 부흥과 사회주의 국가들의 원조 | 중국군의 주둔 | 경제의 재건 | 곡물 매입
의 위험 | 남일 성명의 파문 | 소련계 비판의 개시 | 1955년 12월 당중앙위 전원
회의 | 또 하나의 12월 회의 | 스딸린 비판의 영향 | 김일성 부재 중의 반대파 결집
| 8월 중앙위 전원회의 | 반대파의 패배 | 소련과 중국의 개입 | 9월 중앙위 전원
회의 | 소련계와 연안계에 대한 억압과 추방 | 사회주의체제의 성립 | 중국군의 철
수 | 일본으로부터의 귀국선 도착 | 주체 선언 | 두 상호원조조약의 동시 체결 | 승
리자의 대회

제5장 유격대국가의 성립(1961~72) • 149

당초의 전제 | 중소대립의 사이에서 | 한일조약과 한국군의 베트남 파병 | 김일성,
주체사상을 확립하다 | 북중관계의 냉각 | 남조선혁명노선의 채택 | 유일사상체계
의 확립 | 항일유격대원으로 살자 | 주체사상과 유격대국가의 성립 | 베트남과의
거리 | 무장유격대의 남파 | 통일혁명당의 조직과 괴멸 | 유격대 작전의 실패 | 북
중관계 개선 | 로동당 제5회 대회 | 7·4 남북공동성명 | 1972년 헌법개정

제6장 극장국가의 명과 암(1972~82) • 179

김정일의 등장 | 후계자 승인 | 경제정책의 수정과 대량 플랜트의 수입 | 비약의
실패에서 위기로 | 경제위기와 싸우는 유격대국가 | '항일유격대 방식으로' | '속
도전'의 현실 | 한국의 민주화운동 | 두 건의 납치작전 | 한국의 쿠데타와 광주의
자유 | 제6회 당대회와 10대 전망목표 | 대기념비적 건조물 | 가족국가론

제7장 위기와 고립 속에서(1983~94) • 201

랑군 사건과 3자회담의 제안 | 소련 및 동독 방문 | 중소와의 조정, 남북의 접근 | 합영법과 합영기업 | '사회적·정치적 생명체'론 | 백두산 밀영 신화 | 주체농법의 실패 | 뻬레스뜨로이까와 서울올림픽 | 대한항공기 폭파사건 | 북일교섭으로 | 노태우의 적극외교 | 북한의 반격 | 냉전의 종언과 한소 국교수립 | 위기 타개의 방책 | 카네마루·타나베 대표단의 방북 | 북일교섭의 개시 | 핵문제와 '리은혜' 문제 | 비핵화에 관한 공동성명 | 소련의 종언 | 북한의 경제수준 | 북한경제의 붕괴 | 새로운 특구 설정 사업의 실패 | 김정일 후계체제의 준비 | 한중 국교수립 | 핵 카드와 북미교섭 | 전통적 국가론 | 1994년의 전쟁위기 | 전쟁의 위기와 회피

제8장 김정일의 '선군정치'(1994~99) • 239

김일성의 죽음 | 후계자 계승에 따르는 곤란 | 군대의 장악 | 자연재해와 식량위기 | 고난의 행군 | 기아 그리고 수많은 죽음 | 정규군국가의 성립 | 헌법개정에 의한 국방위원회의 창출 | 남북 경제교류의 개시 | 강성대국 건설이라는 목표 | '선군정치'라는 자기인식

제9장 격변 속의 북한(2000~12) • 265

러시아와의 관계정상화 | 남북정상회담 | 북미 간의 접촉 | 신경제정책의 제창 | 북일관계 타개의 모색 | 경제개혁 | 북일정상회담과 북일평양선언 | 납치문제로 인한 반전 | 핵문제와 6자회담 | 코이즈미 수상의 재방북 | 핵무장의 의도 | 배반당한 기대 | 6자회담과 2005년 9월 성명 | 핵실험과 경제제재 | 북일무역의 중지 | 북미·북일 간의 재접근 | 병으로 쓰러진 김정일 | 중국과의 결합의 강화 | 인공위성 발사와 헌법개정 | 핵실험과 클린턴의 방북 | 디노미네이션의 실패와 천안함 사건 | 제3차 당 대표자회 | 김일성 탄생 100주년을 앞두고 | 연평도 포격사건 | 강력한 지도자의 죽음

보론 김정은 시대의 북한 • 305

권력승계의 완성 | 유훈통치와 지도자의 새로운 스타일 | 리영호의 숙청 | 인공위성 발사와 제3차 핵실험 | 군 인사의 세대교체 | 북중관계 정상화와 중국과의 합의 | 마식령스키장 개설과 신년사 | 장성택의 숙청

옮긴이 후기 • 323
참고문헌 • 330
북한 현대사 간략 연표 • 338
조선민주주의인민공화국 지도 • 344
찾아보기 • 345

일러두기

1. 이 책은 2012년 4월 출간된 『北朝鮮現代史』(岩波書店)를 번역한 것으로, 한국
   어판에서는 저자가 그후 2013년 말까지의 북한사를 「보론」으로 추가했다.
2. 원서의 '北朝鮮' '朝鮮戰爭' 등의 용어는 '북한' '한국전쟁' 등으로 옮기는 것을
   원칙으로 했으나, 맥락에 따라서 또한 북한의 원전을 인용한 경우에는 원서의
   표기에 따랐다.
3. 모든 각주는 옮긴이 주이며, 본문 내 문맥상 추가설명이 더해진 경우에는 저자,
   옮긴이로 주석자를 밝혔다.

제1장

김일성과
만주항일무장투쟁

(1932~45)

북한이라는 국가의 알파요 오메가는 "영원한 주석"이자 "위대한 수령"인 김일성(金日成)이다. 그의 만주항일유격전쟁은 국가의 신화가 되었다. 김일성의 전기와 항일유격전쟁에 대해서는 정사가 여러차례 개찬되었으며, 그때마다 이에 기초한 교육과 학습이 진행되었다. 그러나 김일성의 만년에 그의 회고록 『세기와 더불어』가 간행되어 신화를 사실에 맞추려는 노력이 이루어졌다. 북한의 역사를 이해하기 위해서는 우선 김일성이 참가한 만주항일무장투쟁의 역사를 인식해야 한다.

김일성의 탄생과 유년기

조선이 일본의 식민지로 병합된 것은 1910년의 일이다. 김일성은 그 식민지의 자식으로 1912년 4월 15일, 평양의 교외 대동군 남리(南里)에서 출생했다. 그가 태어나서 자란 집은 현재 만경대라는 이름으로 보존되고 있다. 김일성의 본명은 김성주(金成柱)다. 어머니 강반석(康盤石)은 이웃마을 칠곡(七谷)에 있는 기독교 교회 장로의 딸이었다. 아버지 김형직(金亨稷)은 소작농의 아들로 그 또한 기독교 신자였으며, 평양 시내의 미션 스쿨인 숭실중학을 다녔다. 그 학교의 교우이자 정치적 동지인 배민수(裵敏洙)는 훗날 한국 장로파 교회의 유력자가 되는데, 배민수는 김형직에 대해 "국가의 광복과 부흥에 누구보다 열심이었다. (…) 그는 입만 열면, 불타는 정신과 열정을 보였다"라고 회상했다(Pai Minsoo, *Who Shall Enter the Kingdom of Heaven*, 1944).

김형직은 숭실중학을 졸업한 뒤 서당에서 학생을 가르치면서, 1917년에 민족주의 단체인 조선국민회의 결성에 참가했다. 이 단체는 하와이 국민회 회원이었던 인물이 하와이에 왔던 숭실 출신 장일환(張日煥)과 함께 평양에 와서 조직한 것으로 참가자의 대부분은 숭실중학과 숭실대학교에서 배운 기독교도들이었다. 그러나 이 조직은 오래 가지 못했다. 회원이 체포되어 조직이 무너진 것이다. 김형직도 체포되었다가 출옥한 뒤 만주로 피했다. 일가는 아버지를 따라 만주로 이주했다. 그뒤 소년 김성주는 아버지의 뜻에 따라 어머니의 고향에 돌아와 1923년부터 1925년까지 외조부의 교회학교에 다녔다. 기독교적인 문화 속에서 소년 시기를 보낸 셈이다.

1926년 6월, 그가 14세 되던 해 아버지 김형직이 사망했다. 그해 그는 화성의숙이라는 3월에 개교한 민족주의 계열의 학교에 다니고 있었는데, 아버지의 사망을 전후해서 학업을 중단했다. 이 화성의숙 시절에 'ㅌㄷ(타도제국주의동맹)'을 결성했다는 신화가 형성되었다. 이는 나이 어린 지도자에게 연상의 청년들이 심복한다는 신화이며, 뒤에 김정일을 후계자로 옹립하는 데 활용되었다.

지린 시대의 김일성

김성주는 1927년에 동만주의 대도시 지린(吉林)으로 나와 유원(毓文)중학에 입학했다. 이 학교는 중국인을 위한 명문중학이었다. 간도(間島)지방의 조선인 중학교가 아니라 지린에서 중국인 중학교에 다녔다는 것은 그가 중국공산당의 세계에서 활동하는 데 결정적인 역할을 했다. 1929년 이 중학에 샹 유에(尙鉞)라는 선생이 부임해왔다. 그는 문학자 루 쉰(魯迅)의 제자로 맑스주의 청년문학가였다. 그는 레닌의 『제국주의론』을 김성주 등에게 읽혔다. 이해에 김성주는 여러 조직에 가담했다. 우선 조선공산청년회에 가입했는데, 이 조직은 단속을 받았고 이때 김일성도 체포당해 투옥되었다. 출옥 후에는 이퉁(伊通), 화이뎌(懷德)현 등의 농촌지역으로 옮겨 그곳에서 민족주의로부터 벗어나 공산주의를 지향하는 연상의 청년들과 교제했다. 그러다가 결국에는 그 가운데 한 사람인 리종락(李鍾洛)이 결

성한 조선혁명군에 참가했다. 북한이 김일성이 결성한 최초의
조직으로 꼽고 있는 '타도제국주의동맹'은 이 리종락 부대의
다른 이름이었다.

리종락과 김성주의 인연은 화성의숙에서 시작되었다고도
할 수 있다. 김성주가 관계를 맺은 청년들은 민족주의 단체에
서 나와 조선혁명에 집착하는 조선공산당의 일파인 서울-상해
파와 성향이 비슷했다. 이 언저리가 김일성이 차지했던 최초의
정치적 위상이었다.

당시 민족주의자들의 조직인 국민부와 조선공산당 ML파가
정면으로 충돌하여, 내부 노선투쟁으로 많은 사람들이 죽임을
당했다. 1928년에 나온 조선공산당 분파 해산이라는 코민테른
의 방침 때문에 1930년에는 만주에 있던 조선공산당 각파 가운
데 ML파와 화요파 등 거의 대부분이 해산하여 중국공산당에
입당하는 방향으로 움직이고 있었다. 그러나 김일성이 관계하
고 있던 서울-상해파는 가장 늦게까지 입당을 미루고 있었다.

1931년에 리종락은 체포되었고, 그의 부대도 궤멸되었다. 체
포를 면한 김성주는 어머니가 계신 동만주 지방으로 돌아갔다.
거기서 중국공산당에 입당했을 것으로 생각된다. 그가 김일성
이라는 이름을 쓰기 시작한 것은 1931년 즈음부터다.

만주항일무장투쟁의 개시

1931년 9월, 일본의 만주침략이 시작되었다. 우선 동북군의

장군들이 병사들을 이끌고 구국군으로서 항전했다. 중국공산당의 만주조직은 국민당과의 투쟁에 신경 쓰느라 뒤늦게야 일본의 침략에 저항하기 시작했다. 그러나 일본과의 투쟁을 진지하게 고민하던 당원들은 이미 구국군에 참가하여 중요한 지위를 차지하기에 이르렀다. 조선인 당원이 많은 남만주의 판시(盤石)지방과 동만주의 간도 일대에서는 다른 곳에서보다 먼저 공산당이 결성하는 무장조직의 탄생을 볼 수 있었다.

그 가운데 김일성은 1932년 봄, 안투(安圖)에서 구국군 유(于)사령부대에 속하는 별동대로서 조선인 무장대를 조직했다. 이것이 김일성 최초의 부대였다. 북한에서는 그 발족일을 4월 25일로 하여 조선인민군 창설기념일로 축하하고 있다. 김일성은 부대를 이끌고 퉁화(通化)의 조선혁명군 사령 양세봉(梁世鳳)을 방문하여 민족주의자의 군대와 연합을 시도했으나, 이는 받아들여지지 않았다. 1933년 2월, 김일성은 왕칭(汪淸)현의 유격근거지 마춘(馬村)으로 나아가 부대와 함께 왕칭유격대에 합류했다. 그는 이렇게 성립한 왕칭유격대대의 정치위원이 되었다. 공산당은 문서를 중시하는 조직이며, 정치위원은 상부에 문서로 보고를 해야 하는 직책이다. 김일성이 중국인 중학교에 다닌 경력이 여기서 힘을 발휘했던 것이다.

동만주에서는 왕칭 이외에 옌지(延吉), 허룽(和龍), 훈춘(琿春) 등에서도 유격대가 조직되었다. 대원의 대부분은 조선인이었다. 이 사실은 유격전쟁 초기에 일어난 비극, 즉 1933년 5월부터 시작된 반민생단 투쟁의 원인이 되었다. 조선인 당간부, 부대간부가 잇달아 일본이 꾸며낸 모략단체 민생단의 단원으로 몰려 구속·처형되었던 것이다. 나중에 김일성이 소련에서 작성한 「항련 제1로군 약사(抗聯第一路軍略史)」에는 다음과 같이 적혀 있다.

적의 반혁명 활동에 대해 과대하게 평가하여, 조금이라도 잘못된 말을 하거나 행동이 올바르지 않으면 곧바로 민생단으로 판정했다. (…) 자료를 모으는 방법은, 극도로 심한 각종 고문으로 얻은 진술에 거의 전적으로 의거해 있었다. (…) 그 결과 총살된 500여명의 민생단 중에서는 우리의 진정한 선량한 동지이면서도 죽임을 당한 자가 적지 않다.(『동북항일 연군사료(東北抗日聯軍史料)』하, 1987)

왕칭유격대대에서도 대대장이 체포되었고 김일성도 해임되었다. 김일성은 왕칭의 부대와 함께 북만주 닝안(寧安)으로 피했다. 그리고 1935년 왕칭으로 돌아온 뒤 부대가 동북인민혁명군 제2군 제1독립사 제3단(團)으로 편성되어 그는 정치위원으로 부활했다. 이 시점에서 동만주의 군사간부에 대해 평가한 중국공산당의 자료에 김일성이 나온다. 동만주 당의 지도자 웨이 정민(魏拯民)이 코민테른 제7회 대회 참가를 위해 모스끄바에 가서 펑 캉(馮康)이라는 필명으로 코민테른 중공당 대표부에 제출한 보고서(1935.12.20.)다.

김일성. 고려인. 1931년 입당. 학생. 23세. 용감적극. 중국어
를 할 수 있음. 유격대원 출신이다. 민생단이라는 진술이 대
단히 많다. 대원들 가운데서 말하기를 좋아하고, 대원들 사
이에서 신뢰와 존경을 받으며(在隊員中有信仰) 구국군 속에
서도 신뢰와 존경을 받는다. 정치문제에 대해서는 아는 게
많지 않다.(『동북지구혁명문헌회집(東北地區革命文獻滙集)』乙一)

이 자료를 통해 김일성이 개성적이고 역량있는 간부로서 주
목받고 있음을 알 수 있다. 이 문장은 옌벤의 한 역사가가 알려
주어 내가 1992년도에 출판한 책『김일성과 만주항일전쟁(金日
成と滿州抗日戰爭)』에 처음으로 소개한 것이었는데, 나중에 김
일성의 회고록『세기와 더불어』제4권(1993)에 인용되었다. 거
기에도 "在隊員中有信仰"이라는 문장은 내가 번역한 대로 "대
원들 속에서 신뢰와 존경을 받는다(조선어판)" "頗受隊員們信任
和尊敬(중국어판)"이라 되어 있다.

조국광복회와 보천보전투

1936년 만주로 돌아온 웨이 정민은 3월의 미훈전(迷魂陣) 회
의에서 코민테른 중공대표부의 새로운 노선을 전달했다. 조선
민족주의에 대해 경계해온 것을 반성하고 조선인 반일대중단

체와 조선인 무장부대를 중국인의 단체 및 부대와 별도로 조직한다는 방침이었다. 그러나 듣고 있던 김일성이 이에 반대했다. 김일성은 "조선인 부대를 중국인 부대와 구별하는 데에는 동의할 수 없다. 장래에는 단독으로 조선인민혁명군을 조직할 수도 있을 것이다. 그러나 지금은 조건이 갖추어져 있지 않기 때문에 분할을 강행하면 항일 무장역량을 약화시키는 결과가 된다"라고 주장했다고 한다(『현대동북사(現代東北史)』, 『세기와 더불어』 제4권).

민생단이라는 혐의를 뒤집어쓰고 많은 조선인들이 살해된 지 얼마 되지 않은 시점이었다. 중국인과 조선인의 불신이 해소되지 않은 상황에서 무장부대를 둘로 나누면, 부대끼리 충돌할 가능성도 있었다. 조선인으로서 민생단 사건에 휘말려 고초를 겪었음에도, 분리에 반대하고 중국인과 조선인이 하나가 되어 협력할 것을 주장한 데서 김일성의 정치적 성숙성을 엿볼 수 있다. 사실 미훈전 회의는 새로운 방침을 내놓지는 못했다. 뒤이어 동북 항일연군 제2군이 결성되어 김일성은 신설되는 제3사의 사장(師長)에 임명되었다.

다른 한편 이 회의에서는 무장조직과는 별도로 반일단체를 민족별로 조직한다는 제안이 받아들여져 결정된 것으로 보인다. 이것이 '재만한인 조국광복회'라는 조직의 탄생으로 이어진 데는 제2사(師) 정치주임인 조선인 오성륜(吳成崙)의 공헌이 있었던 것으로 생각된다. 그는 민족주의단체 의열단 출신으로,

공산주의자가 되어 모스끄바에서 공부한 뒤 중국에 돌아와 광저우(廣州) 꼬뮨에 참가했다. 『아리랑』의 주인공 김산(金山)의 친구이기도 하다. '조국광복'은 의열단의 구호였다. 이 조직은 6월의 허리(河里)회의에서 정식으로 승인되었다. 이 회의에서 제1군과 제2군을 합쳐 제1로군을 만들기로 결정했는데, 김일성의 부대는 제6사가 되었다.

　조국광복회의 조직사업을 구체적으로 전개한 것은 김일성의 제6사로서, 이들의 주 무대는 창빠이(長白)현이었다. 창빠이산은 백두산을 뜻한다. 백두산 남쪽으로 갑산군(甲山郡)의 조선 측 공산주의자 박달(朴達), 박금철(朴金喆) 등과 연락이 닿아 거기에도 조직이 만들어졌다. 이러한 성과 위에 일어난 것이 1937년 6월 4일의 보천보(普天堡)공격이다. 보천보는 호수 308호에 경관 5인이 상주하는 산중의 작은 마을에 지나지 않지만, 이웃에 인구 1만 3000의 혜산진이 있어서 보천보에 대한 공격은 이곳을 통해 즉각 전국에 알려졌다. 뛰어난 선전효과를 거둘 수 있다는 의미에서 이곳은 절호의 공격대상이었다. 김일성의 부대는 관공서와 그밖의 건물들을 불태우고 퇴각했다. 5명의 경관(순사)은 모두 도망가버려 아무도 죽지 않았다. 업혀 있던 경관의 아이가 유탄에 맞아 죽었고, 일본인 요릿집 주인이 살해되었다. 김일성 부대는 추격부대와 교전하면서 무사히 철수했다. 그의 이름은 전국적으로 알려져 조선인의 반일기운을 크게 높였다. 한해 앞서 손기정의 베를린 올림픽 마라

보천보전투를 전하는 『동아일보』 1937년 6월 6일자

톤 우승 소식을 보도한 『동아일보』가 그의 가슴에서 일장기를 지운 것 때문에 발행정지 처분을 받았었는데, 처분이 풀리자마자 이 사건이 일어나 『동아일보』는 대대적으로 이를 보도했다. "김일성 일파의 비적(匪賊)"은 조선의 영웅이 되었다.

김일성은 보천보 작전의 성공에 고무되었으며, 직후인 7월부터 시작된 중일전쟁이 조선독립의 계기가 될 것으로 보고 흥분한 상태였다. 그는 박금철과 만나 코민테른 대회에서 보고된 일본대표 오까노(岡野, 노사까 산조오野坂參三)의 연설을 인용하여 일본 내부에서 반전 움직임이 고양되고 있음을 알리고, 이 전쟁에서 중국군이 반드시 이길 것이라며 조선공산당 조직과 조국광복회 조직을 통합하라고 지시했다. 그러나 이 지령을 받고 조직활동이 개시되자마자 10월부터 창빠이현과 갑산군에서 검거가 시작되어 이듬해 9월까지 739명이 검거되고 이 가운데 188명이 기소되는 등 대탄압의 바람이 불었다. 1941년의 재판에서 박달과 이제순(李悌淳) 등 6명이 사형을, 박금철 등 4명이 무기징역형을 선고받았다.

동북항일연군의 위기

1938년부터 일본은 매우 조직적으로 유격대를 진압하기 시작했다. '집단촌락'이라는 전략촌에 농민을 이주시켜 빨치산과 격리하는 동시에, 투항자는 죽이지 않는 대신 전향시켜 자신들의 빨치산 사냥에 이용하기로 한 것이다. 후자의 전략을 통해 거둔 가장 큰 성공은 동북항일연군 제1사 사장인 정 삔(程斌)의 귀순이었다. 제1로군 총사령 양 징유(楊靖宇)의 최측근이었던 그의 배반은 제1로군 전체의 운명을 결정지었다. 그 때문에 제1로군은 방위를 위해 3개의 방면군으로 재편되었고, 김일성의 제6사는 그 가운데 제2방면군으로 개편되었다.

그 직후 김일성의 제2방면군은 흩어져서 이른바 '고난의 행군'에 나서야 했다. 1938년 11월부터 이듬해 3월까지 1백여일에 걸쳐 일본군의 추적을 따돌리며 조중 국경까지 눈속을 행군해 간 것이다. 이 '고난의 행군'에는 다수의 소년대원들도 참가했다. 김일성의 경호대원 가운데는 소년대원이 많았다. 이들 소년대원과 김일성 사이에는 매우 굳건한 유대관계가 형성되었다고 전해진다. 부족한 식량을 서로 나눠먹었다는 회상이 많다. 이때의 경호대원, 소년대원으로 10대였던 리을설(李乙雪)·리두익(李斗益)·김철만(金鐵萬)·전문섭(全文燮)·김익현(金益鉉)·조명선(趙明善)·오재원(吳在元)·리종산(李宗山)·리오송(李五松) 등이 있다. 이들이 바로 최후까지 만주파로 남은 사람들이다.

이즈음 김일성의 부대에 잠입했던 여자 스파이의 증언이 남아 있다. "제2방면(군)의 사기는 왕성하고 단결력이 있는데, 이는 군 지휘관 김일성이 맹렬한 민족적 공산주의 사상을 가졌으며, 강건함과 통솔의 묘를 지녔기 때문이다"(『현대사자료(現代史資料)』 30). 김일성의 사상을 "맹렬한 민족적 공산주의 사상"이라 표현한 부분이 중요하며, 나아가 그 육체적 건강을 성공 원인 중 하나로 꼽은 점도 주목할 만하다. 만주의 가혹한 기후 속에서 이루어지는 게릴라 활동의 지도자는 강한 신념에 더해 젊고 강인한 육체를 필요로 했던 것이다.

1939년 10월부터 관동군은 동남부 치안숙청공작이라는 토벌작전을 개시했다. 겨울에 눈속에서 비행기를 띄워 수색하여 유격대를 막다른 지경으로 몰아넣는 작전이다. 목표는 양 징유와 김일성 등으로 이들을 포함한 5명 각각에게 현상금 1만엔이 걸렸다. 작전을 개시한 뒤 3개월이 지난 1940년 1월 양 징유는 도망 끝에 사살당했는데, 관동군은 그의 목을 잘라 거리에 내걸었다.

마에다 부대의 전멸

이런 곤란한 상황 속에서 김일성 부대는 당시의 무장투쟁 가운데 가장 혁혁한 전과라 할 만한 성과를 올렸다. 1940년 3월 25일 일본 측 토벌부대인 마에다(前田) 중대를 전멸한 것이다. 마에다 타께이찌(前田武市)는 조선에서 부임해와 만주에서 경찰서 서장을 하고 있다가 김일성 토벌부대에 참가했다. 평소 그는 입버릇처럼 "김일성의 목은 내가 벤다"고 말했다. 김일성 부대가 허룽현 홍치허(紅旗河)의 일본인 목재소를 습격하여 쌀을 탈취해갔다는 신고를 받고 마에다가 이끄는 경찰부대가 출동했다. 김일성 부대는 필사적으로 도망쳤다. 멈춰설 수 있는 상황이 아니었고, 밥할 여유조차 없었기 때문에 생쌀을 씹고 눈을 녹여 마셨다. 한계에 이른 김일성 부대는 매복해 있다가 반격하기로 결정하고 마에다 부대가 접근해오자 일제사격을 가했다. 마에다 부대는 총 140명 정도였는데, 대장을 비롯하여 120명이 죽었다. 심각한 것은 마에다 부대의 대원이 거의 조선인이었다는 사실이다. 생존자의 증언에 따르면, 김일성 부대 측에서는 "총을 버리고 손을 들라, 명령에 따르는 자는 죽이지 않겠다"라고 목이 쉬도록 외쳤지만, 마에다 부대 대원은 한 사람도 항복하지 않았다고 한다. 마에다 부대가 전멸한 장소에는 1년 뒤 현충비가 건립되었는데, 여기에는 다음과 같이 쓰여 있다. "한 조선계 대원은 마지막에 살 수 없다는 것을 알자 천황 폐하 만세를 높이 받들어 외치며 태연 침착하게 죽음을 받아들였다."(『경우(警友)』1941.5.) 조선인 경관이 마지막 순간에 "천황 폐하 만세"를 외치는 소리는 부대 대원들에게도 김일성 자신에게도 들렸을 것이다. 천황제의 무서움을 몸으로 느낌과 동시에 일본에 대한 증오심도 더욱 깊어졌을 것으로 생각된다.

이 현충비 비문의 마지막은 이렇다. "단 한명이라도 산야에 남아 있는 비적이 있다면 일거에 그놈의 목을 베어 그 피를 묘 앞에 따르리라. 살아남은 우리들은 맹세코 그대들을 위해 복수하리라." 김일성의 목을 베어 묘 앞에 바치는 것이 일본인 경관과 군인의 개인적 목표가 되고, 나아가 일본의 목표가 되었다. 이렇게 김일성과 일본은 대립하며 서로 증오하고 있었던 것이다.

마에다 부대를 전멸한 것은 분명 '고난의 행군'에 뒤이은 커다란 승리였으나, 막다른 골목에 내몰린 쥐가 고양이를 문 것과 같았으며, 패배하고 있는 추세를 만회할 만한 것은 아니었다. 상황은 더욱 악화하여 이제는 1로군 전체가 해체되기 일보직전이었다. 1로군의 최고지도자가 되어 있던 웨이 정민은 심장병 때문에 밀영에 갇혀 움직일 수 없는 상태였다. 그는 1940년 7월 모스끄바 중앙에 서한을 보내 부상자와 연장자를 소련 영내로 보내고 남은 대원은 소부대로 나누어 식량공작에 투입하겠다는 새로운 방침을 보고했다. 이어서 각 부대에 그러한 취지의 지시가 내려진 것으로 보인다. 이 방침을 접한 김일성은 부대를 이끌고 소련 영내로 들어갈 결단을 내렸다. 이는 당 상층부의 허가를 얻지 못한 것으로 비조직적·비당적 행동이긴 했지만 실질적으로 보면 합리적인 결정이자 행동이었다고 할 수 있다.

소련으로의 월경과 피난

김일성 부대는 1940년 10월에 소그룹으로 나누어 국경을 건넜다. 훈춘을 떠나 10월 23일 소련으로 들어간 김일성과 동행한 것은 조선인 대원 전문섭, 강위룡(姜謂龍), 최인덕(崔仁德), 이두익, 김정숙(金貞淑) 등이었다. 소련으로 들어가기 직전 김일성은 김정숙과의 성혼을 선언했다. 그러나 상층부의 지령을 받지 않은 채 소련으로 들어간 김일성 부대는 전원 소련 측에 구속당해 취조를 받게 되었다.

김일성 부대가 소련으로 떠난 뒤, 제1로군 가운데 제3방면군 총지휘자인 진 한장(陳翰章)이 사살당해 그의 목이 베어졌다. 또 제1로군 가운데 조선인으로 가장 경력이 긴 오성륜이 일본군에 투항했다. 웨이 정민은 결국 밀영 속에서 죽었다.

한편 제1로군의 북쪽에서 행동하던 제2로군과 제3로군은 1940년 말에 사령부를 선두로 부대 전체가 소련으로 들어가 있었다. 소련군 측이 동북항일연군 대표자회의 개최를 요구하고 있었기 때문이다. 제2로군 총사령 저우 바오중(周保中)은 11월에 하바롭스끄에 이르러 김일성 부대의 소식을 듣고 김일성 등 4명을 하바롭스끄에 오게 해달라고 소련 측에 요청했다. 하바롭스끄 회의는 1941년 1월 말부터 2월까지 열렸다. 이 회의에서 하바롭스끄 근교 아무르 강변의 비야츠꼬에에 A야영(북야영), 보로실로프(현재의 우수리스끄)에 V야영(남야영, V는 러시아 문자 B의 영어 표기)을 설치하고 항일연군의 병사들을 수용한다는 계획이 세워졌다. 김일성 부대는 V야영에 수용되었다.

이후 항일연군의 소부대는 소련령에서 출격하여 만주 각지에서 주로 정보수집 활동을 전개했다. 그들은 새로운 조건 속에서 투지를 불태우고 있었다. 그러나 곧 상황이 변했다. 1941년 4월 소일/일소중립조약이 체결된 것이었다. 일본으로 하여금 조약을 이행하게 하려면 소련은 만주에서 일본과 충돌할 가능성을 줄여야 했다. 소련은 만주에서의 유격대 활동을 중지해주기 바란다는 훈령을 내렸다. 6월에 히틀러가 소련을 침공하자 소련은 만주에서의 사태가 더욱 잠잠해지기를 바랐다. 12월에 일본이 미국과의 전쟁을 개시하자 소련은 극동에 대해 조금 안심하기는 했지만, 유격대는 변함없이 소련 영내의 야영지에서 벗어날 수 없는 상황이었다.

이렇게 격리·유폐되었던 시기인 1942년, 김일성의 처 김정숙은 보로실로프 근처 남야영에서 남자아이를 낳았다. 이 아이가 김정일이다. 한때는 김정일이 비야츠꼬에에서 태어났다는 설이 베이징에 사는 전 유격대원 리재덕(李在德)의 증언에 힘입어 신빙성 있는 이야기처럼 유포되었다. 그러나 1942년 4월 18일에 작성된 V야영 대원 명부에서 김정숙의 이름이 발견되면서 비야츠꼬에 출생설은 수정되었다(『동북지구조선인혁명투쟁자료회편(東北地區朝鮮人革命斗爭資料滙編)』). 1941년 4월 정찰을 위해 남야영에서 나와 행군 중이던 김일성은 7월 초에야 귀대했고, 김정숙이 그 이후에 임신했다면 김정일이 탄생한 것은 1942년 3월이라는 계산이 나온다. 북한에서는 김정일이 백두산 근처 밀영에서 1942년 2월 16일에 태어난 것으로 되어 있으며, 밀영은 성역화되어 있다.

말하자면 김정일은 항일유격대원인 부모에게서 태어나 항일투쟁과 복수의 노래를 자장가 삼아 들으며 유격대 캠프에서 성장했던 것이다.

88특별여단

일본이 미드웨이 해전에서 패하자 소련은 대일전에 대비해 소련령에 들어와 있던 항일유격대원들에게 훈련을 실시할 계획을 세우기 시작했다. 1942년 8월 동북항일연군 부대는 소련 국적의 나나이족 부대와 함께 적군(赤軍) 제88특별저격여단으로 편성되어 비야츠꼬에의 북야영에 집결했다. 여단장은 저우 바오중, 정치부여장(副旅長)은 장 쇼우지엔(張壽籛), 또 1명의 부여장과 참모장은 소련인 소령으로, 부참모장은 최용건으로 하는 사령부가 구성되었다. 4개의 교도영(敎導營, 대대)이 편성되었는데, 제1로군을 기초로 편성된 제1교도영의 영장(營長)은 김일성, 정치부영장(副營長)은 안길(安吉)이었다. 형식적으로는 소련 적군에 항일연군이 흡수된 모습을 하고 있었으므로,

이들은 소련군 군복을 입고 소련군 계급 체계를 따랐다. 최용건, 김일성, 안길, 김책(金策) 등은 모두 대위였다.

88여단에는 소련공산당 위원회가 설치되어 있었지만 항련(抗聯) 부분에는 중국공산당 기관이 병치되었다. 독립보병려 중공 동북당 조직특별지부국이 선출되어 위원의 호선으로 최용건이 비서, 김일성이 부비서가 되었다. 군사지도는 중국인이, 당은 조선인이 나누어 맡는 형태였는데, 조선인 가운데서는 최용건이 최고위직이었고 김일성은 바로 그 밑에 있었다.

1944년 1월 북만주에서 김책이 철수해왔다. 김책은 1903년 함경북도에서 태어나 간도의 조선인 중학교에서 배웠다. 1927년에는 조선공산당 화요파 당원으로 체포되었다. 2년 후 석방되어 만주로 돌아갔고 1930년에 중국공산당에 입당했다. 항일전쟁 중에 그는 북만주 임시 성위원회 비서가 되어 항일연군 제3로군의 당책임자로 부임했다. 또 한 사람의 고참 중공당원 최용건은 1900년 평안북도에서 태어나, 정주(定州)의 기독교계 학교인 오산학교에서 공부했다. 3·1운동 후 중국으로 건너가 윈난장우(雲南講武)학교에 입학했다. 1926년에 중국공산당에 입당했고, 광저우 꼬뮨에 참가했다. 광저우 꼬뮨이 진압된 뒤에는 만주에 파견되어 조선공산당 화요파에 들어가 화요파의 중공 입당을 위해 노력했다. 항일전쟁 중에는 제7군 참모장과 항일연군 제2로군 참모장이 되었다. 제2로군 총사령 저우바오중은 윈난장우학교 동창이다.

최용건, 김책, 김일성 등 세 사람은 88특별여단의 조선인 지도자 중 최고위급이었다. 최용건과 김책은 김일성보다 거의 열 살 연상이었으며 투쟁 경력이나 당력에서도 김일성보다 고참이었다. 그러나 북만주에서 활동했던 그들이 조선 내에서 거의 무명이었던 데 비해 동남부 만주에서 활동하면서 조선으로 진공작전을 펼친 적이 있는 김일성은 모르는 사람이 없을 정도로 유명했다. 게다가 김일성은 유능했으며 적극적이었다. 저우 바오중은 1941년 소련군에 대한 보고에서 "김일성은 가장 훌륭한 군사간부이며, 중국공산당 고려인 동지 가운데 최우수 분자"라고 기술했다(『동북지구혁명역사문건회집(東北地區革命歷史文件滙集)』甲六一). 후에 원산에서 김일성을 맞이했던 정상진(鄭尙進)은 필자에게 이 세 사람 가운데 김일성의 능력이 가장 뛰어났다고 말했다. 필자는 김책이나 최용건도 지명도 높은 김일성을 내세워 조선의 당재건 과정에서 만주 빨치산 쪽으로 주도권을 가져오려 했을 것으로 생각한다.

조선공작단의 결정

　1945년 7월 소련 측으로부터 대일전쟁에 대비해 정보요원을 차출해달라는 요청이 들어와, 부대원 가운데 상당수를 이 작전에 투입해야 했다. 이때 저우 바오중과 최용건이 상의하여 당위원회 전체회의를 열고 항일연군을 두 갈래로 나누어 각각 만주와 조선에 투입하겠다는 방침을 세웠다. 군조직이 나뉜 데

대응해서 항련의 당조직도 두개로 나뉘었다. 이 가운데 조선
으로 투입되는 조직은 조선공작단이라 불렸다. 조선공작단 단
원으로는 김일성·최용건·김책·안길·서철·박덕산(김일)·최현
등이 선발되었으며 단장에는 김일성이, 당위원회 서기에는 최
용건이 선출되었다. 조선공작단은 조선으로 돌아가 조선공산당
을 결성하는 데 구심체가 될 조직이었으며 당이 만들어질 때까
지는 중국공산당 조선공작단으로 행동하게 되어 있었다고 하
는데, 당위원회 비서가 단장과 별도로 선출된 것을 보면 공작단
이 군사조직을 의미했다는 생각도 든다. 김일성을 중심으로 북
조선에서 공작을 전개한다는 계획은 이때 결정되었던 것이다.

애초 항일연군의 부대원들은 소련의 대일선전과 함께 자신
들도 전투에 참가하여 일본군과 싸울 것을 원했다. 그러나 소
련 측은 이들의 참전을 허락하지 않았다. 당시 스탈린은 얄타
회담에서 획득한 이권을 인정받기 위해 중화민국의 쑹 즈원(宋
子文)과 교섭을 진행하고 있었다. 8월 14일에 체결된 일련의 협
정 가운데는 만주에 진격한 소련군이 국민당 대표와 합작하여
중국의 기구와 군대를 창설할 것이라는 내용이 포함되어 있었
다. 그 때문에 소련군이 중국공산당군과 손을 잡고 전쟁을 벌
인다는 것은 불가능했던 것이다.

8월 9일, 소련은 대일 선전포고 후 만주의 관동군을 공격했
다. 조선인 대원의 신분으로 전쟁에 참가할 수 있었던 것은 정
찰요원으로 소련군에 배치된 사람들뿐이었다. 북한에서는 당

시 정찰요원이었던 오백룡(吳白龍)의 회상에 따라 조선인민혁명군이 소련군과 함께 대일전에 참전하여 조선의 각 도시를 차례로 해방했다고 기술하고 있으나, 이는 그랬길 바라는 희망의 표현일 뿐 사실이 아니다.

조선에서의 공작이 예정되어 있던 제1대대 60명의 명부가 소련 국방성 문서관에 있다. 명부의 맨 위에는 "김일성, 대위, 대대장, 1931년 입당, 중등교육, 행선지 평양(위수부사령衛戍副司令)"이라고 적혀 있다. 대원 가운데 중등교육 상당의 학업을 이수한 사람은 김일성·안길·김책·서철·림춘추 등 5명이며, 14명이 초등교육을 이수한 정도였다. 41명은 거의 학교에 가지 못한 것이나 마찬가지였으니, 교육수준이 매우 낮은 집단이었다고 할 수 있다. 이들 60명이야말로 만주파의 중핵을 이루는 사람들이다. 이외에 저우 바오중, 최용건 등과 함께 만주로 향하는 부대에 배치된 조선인도 있었다. 강신봉(강건), 김광협, 김창봉, 최명석(최원) 등이 그들이다.

이즈음에 김일성이 모스끄바에 다녀왔으며 거기서 스딸린과 만났다는 이야기가 전해져왔다(『중앙일보』 1991.10.4.). 김일성의 회고록 제8권(1998)에는 모스끄바에 불려가 즈다노프(Zhdanov)를 만났다고 쓰여 있다. 이는 있을 수 있는 일이다. 스딸린은 망명 공산주의자 가운데 똘리아띠(Togliatti)나 또레즈(Thorez) 등 장래 본국에서 지도자로 성장할 가능성이 있는 인물들이 귀국할 때 만나보았다. 따라서 공산주의자 가운데 자신들이 점령하게 될 조선에서 중심역할을 할 사람이 어떤 사람인지 미리 한번 봐두겠다고 생각했다는 것은 전혀 이상한 이야기가 아니다.

귀국

이렇게 하여 김일성 그룹은 9월 5일, 일본이 항복문서에 조인하고 사흘 뒤에 하바롭스끄를 출발했다. 철도로 목단강(牧丹江)까지 갔는데 신의주로 가는 길이 끊어졌다는 사실을 알고 되돌아가야 하는 상황이 되었다. 보로실로프로 돌아온 뒤 블라지보스또끄로 가서 소련 군함을 타고 9월 19일 원산에 상륙했다. 이때 마중나온 사람이 소련 국적의 조선인으로 첩보요원으로 참전하여 원산의 인민위원회 부위원장이 되어 있던 한일무(韓一武)와 교육부부장이 되어 있던 정상진 등이었다. 나중에 필자가 알마띠에서 만난 정상진은 "김일성은 매우 젊었으며 무척 여윈 사람이었다"고 회고했다.

이렇게 하여 김일성은 조선으로 돌아왔다. 33세의 유격대 지휘관으로서 그때까지 지내온 인생은 고통스러운 투쟁의 연속이었다. 일본의 엄혹한 토벌작전을 견뎌내고 살아남아 60명의 부하와 함께 조국의 땅을 밟았다는 사실은 역시 김일성이라는 인물의 비범한 능력을 보여주는 것이었다고 생각된다. 이것이 김일성 신화의 기원이 되는 만주항일투쟁의 진실이다.

제 2 장

조선민주주의인민공화국의 탄생

(1945~48)

일본으로부터의 해방

1945년 8월 15일 일본의 항복으로 조선은 일본 제국주의로부터 해방되었다. 그러나 같은 날 미국의 제안을 소련이 바로 받아들인 결과, 한반도는 38도선을 경계로 남쪽은 미군이, 북쪽은 소련이 점령하게 되었다. 러일전쟁 위기가 고조되던 때 일본이 한반도의 세력권을 남북으로 나눌 것을 러시아에 제안한 적이 있으며, 또한 러시아가 39도선 이북을 중립지대로 할 것을 제안한 적도 있었다. 조선을 일본의 지배로부터 독립시키는 과정에서 미국과 소련 역시 똑같은 생각을 했다. 결과적으로 조선 민족은 해방이 곧 분단의 시작이라는 비극을 맞았다.

해방이 왔을 때, 조선 방방곡곡에서 크나큰 환희의 감정이 폭발했다. 우선 옥중에 있던 정치범들이 해방되었다. 8월 16일과 17일에는 거의 모든 정치범이 출옥했다. 출옥한 사람 중 대부분은 공산주의자였다. 개중에는 신사참배를 거부하던 기독교인도 있었으나, 그 수는 공산주의자보다 훨씬 적었다. 한편 민족주의자들도 속박에서 벗어나 행동을 개시했다.

북쪽에서는 사람들이 해방군으로서 소련군의 도착을 기다리고 있었다. 평양의 민족주의자 대표는 '조선의 간디'라 불렸던 조만식(曺晩植)이었다. 그는 오산학교 교장 출신의 기독교인으로, 1920년대 말 공산주의자와 민족주의자의 통일전선조직인 신간회 평양지회 회장을 역임한 적이 있다. 조만식은 해방 후 민족주의자를 중심으로 건국준비 조직을 만들었는데, 과거 신간회 활동을 함께 하던 공산주의자도 이에 포함시킨다는 방침을 세웠다. 8월 17일 오후 2시에 평안남도 건국준비위원회는, 조만식을 위원장으로 하고 공산주의자인 리주연(李周淵)을 총무부장으로 하여 출범했다.

해방된 조선 민족의 일본에 대한 울분은 현재 김일성의 거대한 동상이 있는 언덕에 세워져 있던 평양조선신사에 대한 습격으로 나타났다. 그러나 그 외에 폭력사건은 거의 없었다.

소련군에 의한 점령

소련군은 8월 15일에는 조선의 가장 북쪽 지역인 웅기(현 선봉)와 라진, 청진 등 3개의 항구를 공격하여 점령한 상황이었다.

조선을 점령할 제25군의 본대는 아직 만주에 있었으며, 사령
관인 치스짜꼬프(Chistiakov)와 그의 본대가 만주의 옌지로부
터 북부 조선의 중요도시인 함흥에 도착한 것은 8월 24일의 일
이었다.

　소련은 조선을 점령할 준비가 되어 있지 않았다. 과거 코민
테른에서 활동했던 조선인 공산주의자들 대부분은 1930년대
에 일본이 침투시킨 스파이라는 혐의로 처형되어버렸다. 그래
서 유일하게 하바롭스끄 근처의 야영에 머물고 있던 중국공산
당 계열의 동북항일연군에 속한 조선인 대원 가운데 김일성을
모스끄바로 불러 지도자로서의 가능성을 탐색해봤던 것이다.
1937년에 중앙아시아로 강제이주시킨 소련 국적의 조선인을
북조선에 군 요원으로 투입할 계획이었지만 체제가 아직 정리
되지 않은 상태였다.

　함흥에 도착한 치스짜꼬프 사령관은 함경남도 지사였던 키
시 유우이찌(岸勇一)와 만나 총독부의 하부조직에 행정을 맡기
겠다는 방침을 밝혔다. 하지만 함흥은 조선 공산주의운동의 아
성이었던 곳으로, 해방 직후 출옥한 공산주의자 대표와 건국준
비위원회 대표가 찾아와서 동등하게 힘을 합쳐 새로운 조직을
만들었으니 자신들에게 행정을 맡겨달라고 요청해왔다. 소련
측이 예상치 못했던 일이었다. 치스짜꼬프는 만족하여 키시에
게 전달했던 방침을 취소하고, 공산당 색이 강한 이 새로운 조
직에 행정을 맡기기로 했다.

치스짜꼬프는 이어 8월 26일에는 평양에 도착했다. 29일에는 조만식의 평안남도 건국준비위원회와 재건된 현준혁(玄俊赫)의 평안남도 공산당위원회 양쪽의 대표를 불러, 동등하게 힘을 합쳐 평안남도 인민정치위원회를 만들라고 일렀다. 함흥 방식이 평양에도 적용된 것이다. 조만식이 위원장, 현준혁이 부위원장으로 임명되었으나 현준혁은 9월 3일 암살당했다. 범인 등의 배경은 아직 밝혀지지 않았다.

소련의 점령방침

9월 20일, 최고사령관 스딸린의 이름으로 북조선을 점령할 방침을 담은 지령이 떨어졌다. 이 문서는 "북조선에서 모든 반일적 민주 정당 및 단체의 광범한 블록을 기초로 부르주아 민주주의적 권력을 수립하는 것을 원조할 것" 그러나 "소비에트적 질서를 도입하지 않을 것"을 지시했다. "반일적 민주적 단체와 정당"의 결성을 촉진하고 이를 원조한다는 방침이었다. 이는 소련이 점령한 북조선에 정권을 만들라는 지시였으며, 거기에는 공산당이 참가해야 했다. 소련은 조선의 통일을 우선시하기보다 자신이 점령한 지역에 친소적 정부를 수립하는 것이 좋겠다는 생각을 가지고 있었던 것이다.

소련군의 북조선 통치를 담당한 지휘관은 연해주 군관사령관 메레쯔꼬프(Meretskov)의 군사회의 위원 슈띠꼬프(Shtykov)였다. 그는 즈다노프 밑에서 레닌그라드 당비서를 역임했던 사람으로 군인은 아니었다. 그가 북조선의 개혁을 이끌어갔으며, 건국 후에는 한국전쟁 발발 시점까지 초대 소련대사를 역임했다. 그의 지휘하에 평양에 민정부가 설치되었고, 그 장관으로는 제35군 정치부장 로마넨꼬(Romanenko)가 지명되었다.

북조선 각지에서도 자발적으로 인민위원회가 조직되었다. 소련군은 이를 기초로 전국적 연합체제를 만들기 위해 10월 8일부터 10일까지 평양에서 북조선 5도회의를 소집했다. 북조선 지역에서 따로 행정조직을 만드는 데 반대하는 세력이 있었으나 억압되었으며, 대회가 끝난 뒤 11월 19일 5도행정국이 수립되었다. 소련 점령군 민정부의 각 과에 대응하여 행정국의 각 국장이 임명되었고, 민정부의 위임을 받아 행정업무를 담당하게 되었다. 10명의 국장이 임명되었는데 이 가운데 5명이 공산당원이었다. 개중에는 서울에서 파견된 자도 포함되어 있었다. 조만식이 5도행정국의 대표가 되었다.

공산주의자들

해방 후의 정치무대에 뛰어나온 것은 공산주의자들이었다. 국내에 있던 공산주의자는 모두 오랫동안 활동한 고참당원들이었는데, 대부분 전향한 경력이 있었다. 그러나 서울에서 공산당을 재건한 박헌영처럼 지하공작을 계속하면서 비전향을 관철한 사람도 있었다. 북조선을 대표하는 오기섭(吳琪燮)과 김용범(金鎔範)은 모스끄바에서 유학한 뒤 코민테른에 의해 조선에 파견된 사람들이었다. 그때 김용범은 소련 국적의 조선인 아내와 함께 왔는데, 그녀가 바로 박정애(朴正愛, 최베라)다.

국외에서 들어온 최초의 공산당원은 소련군의 첩보부원과 병사로 전쟁에 참가했던 소련 국적, 소련 당적을 가진 조선인들이었다. 대체로 젊고 다양한 직업을 가진 사람들이었으며, 정치경험을 가진 사람은 많지 않았다. 이들을 소련계라 부른다. 다음은 귀국한 김일성의 항일연군 병사들, 즉 만주파다. 이들 대부분은 교육수준이 낮았기 때문에 당무나 정무를 담당할 능력은 없었으며, 보안경찰과 군사 부문 업무를 맡았다.

국내계를 중심으로 소련군과 함께 들어온 소련계와 만주파 등이 결집하여 북조선의 공산당 조직 중앙이 만들어졌다. 10월 13일 서북5도당 책임자 및 열성자 대회가 개최되어 조선공산당 북부조선분국이 탄생했다. 당 기관지『정로』창간호는 이 사실을 다음과 같이 보도하고 있다.

백여 당원의 긴장 리에 김용범 동무 사회로 임시 집행부 선거를 니어, 귀중한 지도자 박헌영(朴憲泳) 동무의 건강건투를 비는 축전을 보낼 것을 만장일치로 가결, 다음 순서로 드러가 형제당원 네우멩이꼽프 동무의 의미심중한 국제정세 보고가 있었다. 뒤를 니어 오기섭 동무의 정치노선과 당의 임무에 대한 (그리고 — 옮긴이) 김영환(金永煥) 동무의 당 조

52

조선공산당 북부조선분국 기관지 『정로』 창간호(1945년 11월 1일자) 1면

직문제에 대한 보고가 있었다. 이밖에 지방정권급 도당사업
강화의 문제 북부조선분국 설치 급 그 위원의 선정이 있었으
며…

여기서 나오는 김영환이란 김일성의 별명이었다. 소련의 내
부자료에 따르면, 이때 김용범이 제1비서, 오기섭이 제2비서가
되었으며, 김일성은 평비서가 되었을 뿐이다. 선전부장에는 국
내계의 윤상남(尹相南)이 선출되었고, 조직부장에는 김일성과
함께 온 소련계 군의 리동화(李東華), 기관지 『정로』 편집장도

소련계의 전 중등학교 교장 태성수(太性洙)가 맡았다. 북한에서는 이 회의가 10일부터 13일까지 계속되었다고 설명하고 10월 10일을 당 창립기념일로 삼고 있다. 10일 열린 예비회담에서 김일성이 중요한 제안을 했기 때문인 것으로 생각된다.

김일성의 등장

10월 14일 평양시민대회에서 김일성이 처음으로 대중 앞에 등장하여 연설했다. 이 평양시민대회는 소련군과 함께 조선해방을 축하하는 대회였다. 단상에는 러시아어로 '스딸린 만세'라고 쓰인 현수막이 걸렸으며, 중앙에는 스딸린의 사진이 장식되어 있었다. 이 대회에 김일성이 참석한다는 사실이 예고되어 있었기 때문에 그를 보려는 시민들이 몰려들었다. 나중에 이 대회에는 김일성 장군 환영대회라는 설명이 덧붙었다. 사람들은 노장군이 나올 것으로 예상했지만 단상의 김일성은 양복 차림의 청년이었기 때문에 가짜라고 의심하는 사람도 있었다. 그러나 만주의 가혹한 환경에서 전개된 유격전은 백발의 노장군이 나설 수 있는 무대가 아니었으며, 노장군이 나오리라는 기대는 사람들의 오해에 불과했다.

김일성은 조선공산당을 재건하기 위해 돌아왔지만 이 일은 다른 사람에게 맡기고, 그 자신은 민족주의자이자 기독교도인 조만식과 합작하여 조선민주당 창당에 나섰다. 김책이 이를 도왔다. 조선민주당은 11월 3일 발족했다. 조만식이 당수가 되었

해방축하 평양시민대회의 정면 연단, 1945년 10월 14일(메크레르 제공)

고, 부위원장에는 뒤늦게 귀국한 최용건이 투입되었다. 만주파
와 기독교도 민족주의자들이 함께 만든 당이었다. 공산당만으
로는 정당 연합이 성사되지 않기 때문에 조선민주당을 만들고
이를 내부에서 통제할 생각이었던 것이다. 그러나 조선민주당
은 폭발적으로 당원을 확보해 공산당을 압도했다.

　그즈음인 11월 23일 신의주에서 학생들이 공산당 본부를 습
격하는 사건이 일어났다. 신의주 공산당의 활동에 결함이 있었
던 것이 그 원인이었는데, 사태를 수습하기 위해 김일성이 파
견되었다. 그는 신의주 공산당 간부를 비판하고, 바로잡을 곳
은 바로잡겠다고 시민에게 약속하면서 자신도 공산주의자임을
표명했다. 이를 계기로 김일성 자신이 표면에 나서서 공산당의
주도권을 장악해나가겠다고 결심한 듯 보인다.

북부조선분국 제3차 확대집행위원회

12월에는 소련 점령군이 북조선을 장악하기 위한 요원으로 불러들인 소련계, 소련 국적 조선인 제2진이 도착했다. 고등교육을 받기는 했지만 운동경험이나 행정경험을 가진 사람은 적었다. 이 가운데 가장 높은 지위에 올랐던 사람이 허가이, 본명 알렉세이 이바노비치 헤가이다. 1936년에 극동 포시에뜨 조선민족구 구당(區黨)위원회 제2서기였던 그는 1937년의 중앙아시아 강제이주 후에는 우즈베크공화국의 얀기율리 지구당위 제2서기를 역임했다. 38세였던 그는 조선어를 말하는 데 어려움을 느낄 정도로 러시아 사람이 되어 있었다. 나아가 같은 달에는 중국공산당 당원이 되어 중공당의 지휘하에 조선의용군과 조선혁명군정학교를 근거지로 항일투쟁을 전개해온 이른바 연안계 공산주의자들도 귀국했다. 이들은 노인부터 청년까지 포함된 인텔리 집단이었다. 그 중심인물인 김두봉(金枓奉)은 국문학자로 56세였다. 고참 공산주의운동가로서 서울-상해파의 일원이었던 최창익(崔昌益)은 일본 와세다(早稻田)대학에 유학한 경험이 있으며 50세였다. 장정 중에 8로군의 포병연대 지휘관을 지낸 조선의용군 총사령 무정(武亭)은 40세였다. 중국 광둥(廣東)의 중샨(中山)대학에서 공부한 김창만(金昌滿)은 33세로 김일성과 나이가 같았다. 그들 대부분은 조선독립동맹이라는 기존 조직을 유지하는 한편 무정과 김창만 등은 조선공산당에도 입당했다. 그들은 김일성을 중심으로 북조선의 체제

수립을 지지하라는 중공당의 지령을 받아 움직였을 것으로 생각된다.

이러한 새로운 참가자의 지지를 얻어 12월 17일 조선공산당 북부조선분국 제3차 확대집행위원회가 개최되었으며 김용범이 제2비서로 내려가고 김일성이 책임비서에 취임했다. 오기섭은 조직부장으로 이동하고 연안계의 무정이 간부부장에, 소련계의 허가이가 노동부장에 취임했다. 이 회의에서 김일성은 보고를 통해 당의 조직적 결함을 엄격히 비판했다.

이렇게 하여 소련계와 연안계가 지지해 김일성을 정상으로 받들어올리는 당의 모습이 분명해졌다. 그리고 김일성은 이 회의를 통해 장악한 당의 최고 지위를 죽을 때까지 49년간 놓치지 않았다.

북조선임시인민위원회

이후 북한 정치에서 최초로 일어난 일은 민족주의파와의 분열, 실질적인 단독정권의 수립이었다. 1945년 12월 모스끄바에서 미영소 3국 외상회의가 열렸는데, 조선문제와 관련해서는 미국과 소련이 공동위원회를 구성하고 협의를 통해 조선에서 통일정부를 수립한다는 것, 통일정부가 수립되면 5년 동안 미소 양국이 이를 후견한다는 것에 대해 합의가 이루어졌다. 당시 미소가 각각 조선을 자신의 세력권으로 확보하기 위해 분단 지향적인 자세를 취하고 있었으므로, 이 합의는 분단을 피할 수 있는 마지막 기회였다. 모스끄바 3상회의의 결정은 실현하기가 매우 어려웠지만, 조선민족으로서는 이 곤란을 민족적인 지혜로 극복해나가야 했다. 그러나 5년 동안의 후견제는 5년 동안의 신탁통치와 다를 바 없다며 민족주의자들은 남에서도 북에서도 맹렬히 반대했다. 김일성과 최용건이 조만식을 필사적으로 설득했지만 조만식은 이를 받아들이지 않았다. 결국 1946년 1월 5일 조만식은 평안남도 인민위원회 위원장을 사임했으며, 소련군은 반소적인 인물이라는 이유로 조만식을 호텔에 연금했다. 10일 평양에 도착한 슈띠꼬프는 치스짜꼬프에게 다음과 같이 지시했다. 즉 조만식과 같은 자 수백명이 타격을 가해오는 상황이니 "조선의 동지들에게도 계급투쟁의 본질을 가르쳐주어야 한다"는 것이었다. 조만식은 일체의 공직에서 추방되었으며, 조선민주당의 위원장은 일시적으로 김일성의 모친 쪽 친척이며 목사인 강량욱(康良煜)이 대행했다가 뒤에 만주파의 최용건이 부위원장에서 위원장으로 승격했다.

한편 김일성을 정점으로 연안계와 소련계가 장악한 공산당 내부에서는 서울 중앙으로부터 독립하겠다는 방침이 명확해졌다. 서울의 지도자 박헌영이 조선통일정부의 수립을 목표로 민주주의민족전선의 결성을 추진하고, 박헌영이야말로 '조선민족의 지도자'라는 구호를 내걸자 북조선의 공산주의자는 반발했다. 연안계의 조선독립동맹은 조선신민당으로 조직을 개편하고, 남조선으로 조직을 확대하려 움직이기 시작했다.

그리고 1946년 2월 8일, 소련군정의 지시하에 김일성 등은 북조선임시인민위원회를 발족했다. 이 조직은 북조선의 행정 책임자들로 구성된 내각이라는 성격과 각 정당 대표가 참가하는 통일전선조직이라는 성격을 동시에 지니고 있었다. 후자는 명백히 서울의 민주주의민족전선 결성 움직임에 대항하는 의미였다.

임시인민위원회 위원장에는 김일성이 취임했다. 이로써 그는 이 시점에 벌써 당의 수장이자 정권 최고의 권력자로 올라서게 되었다. 부위원장에는 연안에서 돌아온 독립동맹의 김두봉이, 비서장에는 조선민주당의 강량욱이 선출되었다. 김일성은 20항목으로 이루어진 정강을 발표했다.

2월 15일에는 공산당 북부조선분국의 제4차 확대집행위원회에서 윤상남 선전선동부장과 당의 선전선동 활동이 비판을 받았으며, 이 부문의 활동을 강화한다는 결의가 이루어졌다. 이 직후에 선전선동부장이 연안계의 김창만으로 교체된 것으로 보인다.

토지개혁

북조선임시인민위원회가 최초로 실시한 것은 토지개혁이었다. 토지개혁은 소련점령군의 준비와 김일성의 개성이 만나 화학작용을 일으키면서 매우 급격히 이루어졌을 것으로 생각된다. 소련군의 징발 때문에 식량이 부족했던 것도 토지개혁의 배경이 되었다. 강원도에서는 1945년 가을의 수확물 전량이, 평안북도에서는 8할이 징발되었다. 주민에게 배급할 곡물이 없는 상황이었다. 특히 함경남북도와 평안남도의 식량사정이 긴박했다. 농민으로부터의 곡물 조달을 더 늘리기 위해서라도, 농촌 체제를 일신하여 농민이 원하는 토지개혁을 실시해야 했다.

애초에는 조선공산당의 방침에 따라 3·7제를 채택했다. 일본에 협력한 지주의 토지와 일본인의 토지는 전부 몰수하지만 조선인 지주의 토지는 그대로 두며, 수확의 3할을 지주에게 지불하고 7할을 소작인이 갖는 방식으로 북쪽에서도 이 방침에 따랐던 것이다. 그런데 2월 8일 김일성은 북조선임시인민위원회의 결성에 즈음하여 토지국유화와 소작제 완전폐지, 무상토지 분배를 준비하여 실시한다는 급진적인 방침을 발표했다. 한국의 연구자 김성보는 이 새로운 방침이 "소련 군정을 지도하던 연해주 군관구의 입장과 일치하는 것이었다"며, 2월 중에 메레쯔꼬프와 슈띠꼬프가 같은 내용의 토지개혁안을 모스끄바에 보냈다는 사실을 밝혀냈다. 김일성의 방침과 이 연해주 군관구 안이 3월에 공포되는 토지개혁법령의 기초가 되었던 것이다. 결정 과정에 공산당 북조선분국은 관여하지 않았으며, 점령군과 연결된 김일성의 강력한 주도로 추진된 것이었다.

토지개혁의 전야에는 테러사건들이 일어났다. 3월 1일, 평양에서 열린 집회에서 수류탄이 투척되었는데 소련군 장교가 피해를 막으려 이를 손으로 잡았다가 부상을 입었다. 3월 13일에는 강량욱의 자택이 습격당해 장남 등 3명이 살해당했다. 이는 조만식의 열성적인 지지자가 벌인 것으로 여겨졌다. 반동 지주 세력의 사회적 기반을 분쇄해야 한다는 생각이 토지개혁을 가속화했다.

3월 5일에 결정된 법령 자체에도 토지개혁을 월말까지 실현한다는 목표가 명기되었다. 공산당을 비롯해 모든 단체를 동원하여 거의 수면도 휴식도 없이 열광적으로 선전하고, 조직하고, 조사하여 분배했다. 공산당 북조선분국 선전부의 선전대강에는 이 토지개혁을 통해 농민의 요망에 대답함과 동시에 북조선임시인민위원회가 "우리 민족 역사상에 있어본 적이 없는" 진정한 인민의 정권이자 "철저한 민주주의의 정권이라는 것을 증명"했다고 적혀 있다. 나아가 "토지개혁은 (…) 김일성 장군의 직접 지도하에 실시된 것이다. 이를 통하야 누가 정말 오늘 조선민주혁명의 지도자인가를 증명한다"라고도 했다(『북조선토지개혁에 대한 해석』, 조선공산당 북조선분국 선전부 1946). 암스트롱은 이렇듯 매우 빠른 속도로 진행된 방식이 항일전쟁기 만주의 해방구에서 실시했던 토지개혁에 기원을 두고 있다고 보는데, 이는 타당하다.

토지를 얻은 농민은 지주-소작 관계에서 완전히 해방되었다. 농업현물세가 제정되어 수확의 25퍼센트를 국고에 납입하고, 나머지 곡물에 대해서는 양곡매수제에 입각해서 국가가 소비조합을 통해 구입한다는 것이 토지개혁의 내용이었지만, 사실상

할당제로서 농민들은 국가에 강제로 곡물을 매도해야 했다.

토지개혁과 동시에 사법제도가 정비되었다. 3월 6일 재판소와 검찰소의 구성에 관한 원칙이 공포되었다.

소련형 인사제도

토지개혁 이후 김일성과 공산당의 권위가 현저하게 높아졌다. 토지개혁을 총괄한 4월 10일의 북조선분국 제6차 확대집행위원회에서 이후의 각 도 인민위원회 간부선거는 반드시 상부의 공산당 조직에 보고하여 허가를 받아야 한다는 결정이 내려졌다. 도 인민위원회는 물론 각 군 인민위원회의 부장급 이상 간부는 공산당 북조선분국의 허가에 따라, 군의 과장 이하 면 간부까지는 도당 조직의 허가에 따라 선출하게 되었다. 이로써 사실상 당의 상급조직이 지명하는 후보가 자리에 앉았다. 이것은 소련의 인사제도인 노멘끌라뚜라 제도(nomenklatura)를 도입하는 시초가 되었다.

나아가 같은 해 초부터 만주에서 활동하던 연안계가 돌아와 공산당에 입당했다. 그 가운데 4월에 귀국한 박일우(朴一禹)는 중국공산당의 엘리뜨로, 김일성과 나이가 같았고 만주 옌벤 지역 출신이었다. 학교 교사였다가 중국공산당에 입당하여 관내(關內)에서 활동했으며, 중공당학교 제4부를 졸업하고 1943년 조선혁명군정학교 부교장으로 부임한 경력이 있었다. 그는 귀국하자마자 곧바로 무정을 대신하여 당 간부부장이 되었다.

5월 1일, 메이데이 축전을 위해 조직된 준비위원회는 일찌감치 개인숭배 작업에 착수하여 『김일성 장군』이라는 소책자를 간행했다. 그리고 5월 상준 조선공산당 북조선분국은 조선공산당 중앙위원회로 개칭하고, 서울 중앙으로부터 북조선 당조직의 독립을 선언했다. 2월부터 당 선전선동부장에 취임해 있던 연안계의 김창만은 이즈음 열린 당 회의에서 김일성을 북조선의 지도자로 받들어올려야 한다고 주장했다. 마오쩌둥사상을 당의 지도사상으로 선언한 중공 7전대회를 경험하고 돌아온 그에게 각국 당이 자신들의 스딸린과 마오 쩌둥을 가진다는 것은 자연스러운 일이었으며, "조선에는 아직 당수가 없다"는 사실은 문제로 보였다.

북조선당에 있어서 그동안 로선을 바로잡고 각종 정책을 정확하게 세우고 당을 정말 근로대중 속에 건립하는 데 있어서 일성동지의 결정적인 령도를 우리는 똑똑히 인식하여야 한다. 일성동지를 그 지도자로 한 분국의 령도에 더 굳게 단결하여야 할 것이다. 민주주의 조선임시정부 수립을 앞두고 이 정부의 최고지도자로 일성동무를 추대하게 되는 것은 결정적이다.(『당의 정치로선 및 당사업 총괄과 결정』 1946)

김창만은 6월 10일에는 "우리 민족의 위대하신 령도자 김일성 장군 만세"라는 구호를 처음으로 선보였다.

노동법령과 남녀평등권법

토지개혁이 큰 성공을 거두었다는 평가에 따라, 곧이어 노동법령(6월 24일)이 발포되고 8시간 노동제가 도입되었다. 7월 8일에는 김일성종합대학이 설립되었다. 원래의 학교명은 북조선종합대학이었지만 개교하자마자 곧바로 김일성종합대학이라 불리게 되었다. 이는 다른 사회주의국가에 유례가 없는 일이다. 7월 30일에는 조선여성들에게 복음이라 할 남녀평등권법이 공포되었다. 8월 10일에는 산업국유화령이 발표되었다. 일본이 15년전쟁을 치르는 동안 조선에서는 군수생산을 위한 중화학공업이 창출되어 발전했는데, 그 대부분은 북조선에 집중되어 있었다. 소련군은 일본의 국영기업이나 다름없는 시설들을 접수해 장악하고 있었고, 이는 자연스럽게 북조선정부의 소유가 되었다. 공업부문의 건설에는 잔류 일본인 기술자들이 조직적으로 협력했다.

8월 15일의 축일을 앞두고 김일성 개인숭배 분위기는 더욱 무르익었다. 작가 한설야(韓雪野)가 위원장을 맡고 있는 북조선예술총동맹이 '김일성 장군 찬양 특집' 『우리의 태양』을 간행했다. 여기에 한재덕(韓載德)이 쓴 「김일성 장군 유격대 전사」와, 리찬(李燦)과 김원균(金元均)이 작사·작곡한 「김일성 장군의 노래」가 수록되어 있다.

북조선로동당의 탄생

  정치 면에서는 중앙에서 지방까지 정당과 사회단체의 통일 전선을 수립해야 했다. 여기에 갑자기 사회주의혁명을 위한 강력한 전위당을 만들어가야 한다는 과제가 함께 주어졌다. 스딸린이 개입한 결과였다.

  1946년 7월 중순 김일성과 박헌영은 모스끄바에 초청되어 스딸린과 만났다. 스딸린은 둘에게 공산당과 신민당이 합동해 새로운 당을 만드는 게 어떻겠냐고 제안했다. 갑작스러운 이야기에 둘은 당황했으나 노력하겠다고 약속하고 돌아왔다. 공산당의 당원 수는 토지개혁을 종료한 단계에서 4만 3000명으로, 14만명에 달했던 민주당보다 훨씬 적었다. 신민당은 새로 출범한 지 얼마 안됐지만 1만 5000명의 당원을 확보한 상태였다. 스딸린은 선거를 치르려면 이런 상황을 타개해 공산당을 강화해야 한다고 생각했던 것으로 보인다. 스딸린의 이 한마디로 김일성은 귀국하자마자 분주해졌다.

  8월 28일에서 30일에 합당대회가 열려 북조선로동당이 탄생했다. 대회에서는 김일성과 김두봉이 보고를 맡았다. 김일성은 보고의 결론에서 남북의 관계에 대해 언급했다.

  로동당의 중심임무는 조선의 민주주의적 완전독립을 하루 빨리 촉성하는 데 있으며, 이를 위하여 첫째로 북조선의 민주주의 근거지를 더 공고히 하며 둘째로 우리의 민주주의

적 모든 과업을 남조선의 민주주의적 정당사회단체를 도와
서 전조선에 실행하도록 하여야 한다.

신민당의 김두봉이 새로운 당의 위원장이 되고 김일성이 부
위원장이 되었지만, 대회를 통해 지위에 관계없이 김일성이 최
고지도자라는 것이 명확히 드러났다. 김두봉 자신이 보고의 말
미에서 "우리의 지도자 김일성 장군 만세"라는 구호를 열창했
던 것이다. 중앙위원과 상무위원의 면면을 보면, 중앙위원 43명
가운데 연안계가 16명으로 가장 많았으며 소련계도 8명이나
되었지만 만주파는 4명에 불과했다. 김일성과 함께 만주파의
중진이었던 최용건은 민주당 위원장으로 로동당의 바깥에 있
는 사람이었다. 상무위원의 경우 13명 가운데 만주파는 김일성
과 김책 등 2명에 불과했으며, 그 바깥으로 김두봉·최창익·김
창만·박효삼·박일우·김교영(金敎英) 등 연안계 6명과 허가이·
태성수 등 소련계 2명이 둘러싼 모습의 지도부가 구성되었다.
국내파는 주영하(朱寧河), 박정애, 오기섭 등 3명이었다. 실무적
으로도 조직부장은 소련계의 허가이가, 간부부장과 선전선동
부장은 각각 박일우와 김창만 등 연안계가 맡았다.

당원 수는 이후 급격히 증가하여 1947년 1월에는 56만명이
되었다. 로동당이 만들어진 뒤 처음으로 본격적인 당 건설이
이루어졌던 것으로 보인다. 새로운 당 기관지로 발행되기 시작
한 것이 『로동신문』이었다. 제1호는 9월 1일 발간되었다.

남조선에서도 같은 해 11월, 박헌영을 위원장으로 하는 남조선노동당이 탄생했다.

군 창설을 위한 준비

이와 동시에 군이 창설되었다. 보통의 사회주의국가에서 군은 당의 군으로서 존재한다. 중국에서는 당의 군대이기 때문에 중공당의 군사위원회가 중국인민해방군을 관리했는데, 북조선에서는 당과 별도로 군이 조직되었다. 보안간부학교 교장이 된 박효삼(朴孝三)과 부교장으로 선출된 김웅(金雄)은 모두 연안에서 돌아온 간부였다. 이 간부학교와 거의 동시에 보안간부대대가 조직되었는데, 이것이 군의 모체가 되었다. 이 조직의 사령관이 된 것이 민주당 당수이자 보안국장인 최용건, 부사령관이 되었던 것이 김책이며 이 둘은 만주파의 중진이었다. 여기에 김일(金一) 이하 만주파가 대거 집결했다. 이렇게 하여 만주파를 중심으로 연안계를 포함해 군이 조직되었다. 보안국장은 연안계 최대의 거물인 박일우로 교체되었다. 당의 외부에서 성장하는 군을 김일성과 김책이 당과 연결했다.

이렇게 김일성을 꼭대기로 하여 그 밑에서 당무와 정무는 연안계와 소련계 그리고 국내계가 담당하고, 군무는 만주파를 중심으로 연안계가 참가하는 모양이 갖추어졌다.

북조선인민위원회의 성립

1946년 11월 3일, 우선 도와 시, 군 등의 선거가 실시되었다. 이 선거는 여느 사회주의국가의 선거와 같은 방식으로 이루어졌다. 민전이라는 통일전선조직에 각 정당 및 제 단체의 대표자가 모여 후보자를 결정한다. 정해진 숫자의 선거구에 동수의 후보자를 세운다. 투표는 한 사람의 후보자에 대해 찬성인가 반대인가를 묻는 형식이었다. 찬성이면 투표용지를 하얀 상자에, 반대라면 검은 상자에 넣었다. 투표함이 가려져 있지 않기 때문에 비밀이 지켜지지 않았다.

12월 18일에는 5-3-3제로 교육제도가 개혁되었다. 소학교가 5년제, 초급중학이 3년제, 고급중학이 3년제로 운영되는 형태였으며, 그 위에 대학이 위치했다. 또한 12월 19일에는 사회보장법이 도입·실시되었다.

이러한 제도개혁에 이어 12월에 건국사상총동원 운동이 전개되었다. 김일성은 최초 제안에서 "건국정신총동원"이라고 표현했는데, 이는 일본 식민지시대 말기의 '국민정신총동원 운동'을 더 낮게 바꾸려는 취지였다. 그러나 연안에서 정풍운동을 경험했던 김두봉이 일본식 표현인 '정신총동원'을 중국식 표현인 '사상총동원'으로 바꾸었다.

11월 3일 선거로 도·시·군에서 선출된 대표 1200명은 1947년 2월 17일, 도·시·군 인민위원회 대회에 집결했다. 거기서 237명으로 이루어진 입법기관, 즉 북조선인민회의가 구성되었다. 의장에 선출된 것은 김두봉이었다. 그리고 인민회의에서 행정부 기능을 수행할 북조선인민위원회를 승인했다. 위원장은 김일성이, 부위원장은 김두봉을 대신하여 김책이 맡았다. 부장직은 임시인민위원회의 부장들 가운데 9명이 유임했다. 이는 북조선에서 공식적으로 정부가 출범함을 뜻했다. 더이상 '임시' 인민위원회가 아니게 된 것이다. 이후에는 출입국관리도 이 인민위원회가 관장하게 되는 바, 이는 사실상의 국가기관이었다.

당의 부위원장으로서 실질적인 정상의 자리에 있던 김일성은 이제 정식으로 정부의 수반이 되었다. 1947년 2월의 인민위원회 대회에서는 한층 더 김일성 숭배의식이 고취되었다. 대회에서 김일성의 이름을 부르는 사람은 예외 없이 "우리 민족의 영명한 영도자"라거나 "우리 민족의 위대한 영도자"라는 수식어를 붙였다.

남조선 혁명기지

이렇게 하여 북조선에서는 이미 선거에 기초한 정권이 수립된 상태였다. 소련 점령하이긴 하지만 의회와 내각을 갖춘 조선인의 정권이 탄생했던 것이다. 다른 한편 남조선에서는 미군정하에서 공산주의자가 지도하는 대중적 저항운동이 일어나고 있었다. 1946년 10월 대구를 중심으로 격렬한 반란(10월항쟁)이 일어났으며, 1947년 3월에는 전국적 규모의 총파업이 실시되었다. 북조선은 스스로가 남조선혁명을 위한 기지라고 생각했다.

북쪽의 민주 근거지를 더욱 강화하고 북으로부터 남으로 바람을 불어넣어 남쪽의 변혁을 한층 더 촉진시킨다는 방책이 취해졌다.

1946년 10월, 김일성은 만주 항일유격대원의 유가족 자녀들을 중심으로 혁명투사 유가족 자녀를 위한 교육기관인 평양혁명가유가족학원을 창설했다. 9년제 엘리뜨 교육기관이었는데 이것이 뒤에 만경대혁명학원이 된다. 교장에는 만주파의 리봉수(李鳳洙)가 임명되었다.

전진하는 경제건설

북조선에서는 당과 정부의 주도로 경제건설에 박차를 가해, 매우 이른 시기부터 인민의 모범운동이 실시되었다. 1946년 12월에는 농민 김제원(金濟元)을 모범으로 하는 애국미 헌납운동이 조직되었다. 김제원은 토지개혁으로 토지를 갖게 해주어 감사하다는 의미에서 무상으로 자신의 잉여미를 국가에 헌납했다. 김일성이 이 이야기를 거론하며 "김제원 동지가 한 일은 매우 훌륭하다"라고 칭찬한 것을 발단으로, 농민동맹 회의와 해주시 대회 등에서 결의가 채택되고 그를 따르자는 운동이 일어난 것이다.

또한 김황일(金黃一)이라는 탄광노동자를 모범으로 하는 생산돌격대 운동도 조직되었다. 말하자면 그는 조선의 스따하노프(Stakhanov)였다. 그가 매우 높은 생산성을 발휘하자 김일성이 이를 거론하여 매우 훌륭하다고 칭찬했다. 이를 계기로 직업동맹 전체가 그를 따르자는 운동을 전개했다.

'돌격대'라는 말은 러시아어에서 온 것으로, 1946년 농촌에서 토지개혁을 실시할 때와 현물세를 납세하게 할 때 등 매우 일찍부터 몇차례에 걸쳐 '돌격대운동'이 전개되었다. 소련계가 도입한 것을 김일성이 받아들여, 개개인이 적극적으로 노력하도록 장려하는 방식을 중핵으로 조직화가 진행된 것이다.

이런 가운데 1947년에는 인민경제부흥발전계획을 채택해 목표를 세웠다. 일본 식민지 시기에 만들어진 중화학 공업이 국유화되었으며, 이것이 공업발전의 기초가 되었다. 따라서 경제는 전체적으로 상당히 발전했을 것으로 생각된다. 단 북조선은 농업이 취약했기 때문에 여기에 더욱 역점을 두었다.

미소공동위원회의 결렬

조선의 통일임시정부 수립을 위한 미소공동위원회는 1946년 3월 20일 서울에서 개최되었다. 여기서 슈띠꼬프 소련대표는 "소련은 조선이 진실로 민주주의적이며 독립한 국가라 생각하고, 조선을 소련의 우호국으로서 장래 소련에 대한 공격 기지가 되지 않도록 하는 데 큰 관심을 갖고 있다"고 연설했다. 무척이나 솔직하게 속내를 드러낸 셈이었다. 소련은 조선의 북부에 친소적인 정권이 수립되기를 바랐던 것이다. 미소의 교섭은 난항을 겪었다. 5월 6일 휴회한 뒤 이듬해 1947년 5월 21일에 재개되었지만 미소의 대화와 타협에 기초해 조선의 통일정부를 수립한다는 것은 거의 불가능한 일이 되어버렸다. 어떤 단체를 임시정부의 모태로 인정할 것인가를 둘러싸고, 쌍방은 상대가 제시하는 단체를 서로 거부하여 합의를 이루지 못했다.

결국 1947년 9월, 미국은 유엔에 문제를 이관하기로 결정하고 10월에 미소공동위원회를 중단했다. 11월 14일에 유엔총회 결의를 채택했는데, 유엔 감독하에 총선거를 실시하고 선거 감시를 위한 임시조선위원회를 설치한다는 내용이었다.

조선인민군과 헌법안

당연하게도 북조선은 이에 강력히 반발했다. 우선 첫번째 조치로 1948년 2월 8일, 조선인민군의 창건을 발표했다. 이전부터 비밀리에 훈련해온 군대였는데, '북조선'인민군이 아니라 '조선'인민군이라는 이름으로 공개한 데서 북조선 지도부의 생각이 드러난다. 입법·행정 조직은 북조선인민회의와 북조선인민위원회인데, 군대만 유독 조선인민군이라고 이름 붙였던 것이다. 이날 조선인민군 창건을 기념하는 열병식에서 조선인민군 총사령관에 취임한 최용건은 "우리들의 수령 김일성"이라는 표현을 사용했다. 김일성이 처음으로 '수령'이라는 호칭으로 불린 순간이었다. 민족보위상은 김책으로 교체되었다.

나아가 1947년 가을부터 준비해온 조선민주주의인민공화국 헌법안이 2월 10일 발표되었다. 이는 북조선 쪽에서 남쪽과 상의하지 않은 채 통일 조선에 대한 이미지를 선제적으로 제시하는 움직임이었다. 헌법안은 최종적으로 모스끄바에 송부되어 스딸린의 검증과 승인을 얻었다. 소련 점령하에서 건국이 이루어졌으므로 점령자가 엄격하게 헌법을 검증하는 것은 당연했다. 란꼬프는 이러한 사실로부터 북조선이 소련의 '괴뢰국가'였다는 인상을 도출하는데, 일본인으로서는 의문을 갖게 된다. 일본 헌법은 미 점령군이 원안을 만들고 일본 측이 수정한 것이다. 그렇다고 해서 일본이 미국의 괴뢰국가라고 단정지을 수는 없다.

북조선의 건국 추진세력 내부가 상당히 경직되어 있음을 알게 해준 것은 3월 27일에 개최된 북조선로동당 제2회 대회였다. 인사는 기본적으로 변한 것 없이 중앙위원회는 연안계(18명)와 소련계(14명)를 중심으로 구성되었으며, 만주파는 여전히 3명에 불과했다.

이 대회의 특징은 국내계가 엄격한 비판을 받았다는 점이다. 비판은 국내계가 해온 과거의 일에도 소급되었다. 통일 문제가 부상한 시점에 북측 책임자 가운데 남측의 공산주의자들과 가장 가까운 국내계가 된서리를 맞은 것이다. 그리고 연안계의 김창만이 선전선동부장직에서 해임되고 소련계의 박창옥이 후임으로 임명되었다. 이즈음부터 당 선전의 어투가 소련식으로 변해가는 것을 볼 수 있다.

단독선거와 분단국가의 탄생

유엔 조선위원회는 남조선에서 1948년 3월 12일에 첫 단독선거를 치르기로 결정했는데, 이에 대한 저항운동이 고조되었다. 그 중심은 4월 3일의 제주도 항쟁이었다. 북조선에서는 남측 정당 및 단체 대표를 평양으로 불러 4월 19일부터 북측 정당 및 단체와의 연석회의를 열었다. 그러나 단독선거를 향한 움직임은 멈추지 않았다. 드디어 5월 10일, 남조선에서 유엔 감시하에 국회의원 선거가 실시되기에 이르렀다. 북조선에서는 선거를 치를 수 없었다고 하여 해당 의석을 공석으로 처리하는 형태로 국회가 개최되었고, 한반도를 판도로 하는 대한민국의 건국이 결정되었다.

7월 10일 북조선인민회의는 조선민주주의인민공화국 헌법을 시행할 것과, 그 헌법에 기초해 조선최고인민회의 선거를 실시할 것을 결정했다. 조선민주주의인민공화국 헌법 제103조에는 "조선민주주의인민공화국의 수부는 서울시다"라고 규정되어 있다. 이전까지는 북조선만의 정권이었으나 국가 범위를 한반도로 확대한다는 것이다. 선거는 8월 25일 북조선 전역과 남조선 지하에서 실시되었다.

이보다 앞서 8월 15일 서울에서는 대한민국이 전조선을 영토로 한 한반도 유일의 합법국가임을 내세우며 정부수립을 선포했다. 조선민주주의인민공화국의 수립은 9월 9일에 선언되었다. 이쪽도 스스로가 전조선을 영토로 하며 서울이 수도인 조선 유일의 합법 국가임을 주장했다.

조선민주주의인민공화국 수상에는 김일성이 취임했는데, 제
1부수상 겸 외상에는 남쪽의 공산주의자 가운데 1인자인 박헌
영이 선출되었다. 제2부수상 겸 산업상은 김책이었다. 제3부수
상은 홍명희(洪命憙)였다. 그밖에는 박문규(朴文奎) 농림상, 백
남운(白南雲) 교육상, 리승엽(李承燁) 사법상, 허문택(許文澤)
노동상 등이 남쪽 출신이었다. 즉 종래의 북조선 정권에 남조
선 인사가 가세하여 남북통일정권이라는 모양새가 취해진 것
이다. 김일성과 박헌영의 결속은 북과 남의 합작을 의미했으
며, 이들은 새로 탄생한 조선민주주의인민공화국에서 중핵을
차지했다.

제3장

한국전쟁

(1948~53)

사진 설명

1950년 12월, 중국인민지원군 평양에 입성하다. 『항미원조전쟁(抗米援朝戰爭)』, 중국사회과학출판사 1990.

국토완정과 북벌통일

헌법상 조선민주주의인민공화국의 수도는 서울이며, 평양은 임시수도일 뿐이다. 대한민국의 영토는 헌법에 한반도 전체라고 쓰여 있다. 어느 쪽에서 보아도 38선 너머에 있는 정부라는 것은 자신들의 판도에 진을 치고 앉은 외국의 괴뢰정권에 불과하다. 논리적으로 대한민국과 조선민주주의인민공화국은 서로 받아들일 수도, 화해할 수도 없는 존재였다.

건국한 조선민주주의인민공화국의 과제는 1948년 9월 10일 김일성이 발표한 공화국 정강 제1항에 명기되어 있다.

남북한 인민의 총의에 의하여 수립된 중앙정부는 전조

선 인민들을 전부 주위에 튼튼히 단결시켜가지고 통일된 민주주의 자주독립국가를 급속히 건설하기 위하여 전력을 다할 것이며 국토의 완정(完整)과 민족의 통일을 보장하는 가장 절박한 조건으로는 량군 동시철거에 대한 쏘련정부의 제의를 실천시키기 위하여 전력을 다할 것입니다.(『인민』 1948년 9월호, 10월호)

이러한 북측의 '국토완정' 안에 대해 남측의 '북벌통일' 안이 대항했다. 1948년 한반도를 판도로 하는 2개의 국가가 탄생했을 때, 무력으로 상대방을 제거하여 국토를 통일하겠다는 구상이 쌍방에서 나타날 토대가 이미 마련된 셈이었다. 일본의 식민지 지배로부터 벗어나 민족국가를 재건하겠다는 염원을 고려할 때 국토통일은 반드시 성취되어야 할 민족의 목표였다. 주목할 점은 그러한 구상이 이웃 국가 중국의 경험에서 나왔으며, 중국 역사의 전개과정으로부터 직접 영향을 받으며 실행에 옮겨졌다는 것이다. '국토완정'도 '북벌통일'도 중국어였다. 서로 간의 무력 행사는 중국의 경우처럼 민족 내부의 내전으로 여겨졌다. 그러나 국제 질서 속에 편입된 한반도에서 그 내선은 이제 막 건설이 시작된 두 국가 사이의 전쟁이라는 성격을 갖기에 이르렀다. 그런 의미에서 이 전쟁은 중국 역사의 연장으로 생각할 수 없는, 서로 다른 역사현상이었다.

이미 예정되어 있던 소련군 철수는 10월부터 시작되어 12월

에는 완료되었다. 소련군의 점령이 끝나고 슈띠꼬프가 대사로
부임해왔다.

북한 측의 의욕과 대국에 의한 억제

북한의 지도자는 중국 국공내전의 진전에 크게 자극을 받고
있었다. 1948년 11월에는 만주 전역이 중공군의 지배하에 들어
갔다. 만주에서 전쟁이 벌어졌을 때 피난처를 제공하고 이를
직접 원조했던 북한은 크게 고무되었다. 만주의 조선족 미디어
도 조선민주주의인민공화국의 건국과 만주의 해방을 불가분의
문제로 다루면서 장 제스(蔣介石)와 함께 이승만을 타도하라는
목소리를 내기 시작했다.

남한의 이승만은 북한과는 반대로 중국의 사태에서 위기감
을 느꼈고, 1949년 초부터 '북벌통일'을 공공연히 주장하기 시
작했다. 이 구상은 과거 국민당정부가 북방의 군벌을 타도하려
전개한 중국의 내전을 모델로 했다. 1월 말부터 2월에 걸쳐 남
측의 경찰과 군은 38도선을 넘어 공격을 가했다. 이승만은 이
즈음 방한한 미 육군장관 로열에게 북진의 희망을 전하고, 병
력 증강과 장비 및 무기 제공을 요구했다. 그러나 미국정부는
이를 거부했다.

2차대전 후의 동북아시아는 미소 합의, 즉 얄타협정과 연합
국 최고사령관 일반명령 그리고 1945년 12월 모스끄바 3국 외
상회담 결의 등에 따라 통제되었다. 이때의 합의 가운데 중요

한 부분이 한반도는 미소가 분할 점령한다는 것이었다. 유럽에서 냉전이 시작되었지만 스딸린은 아시아에서 이 합의의 틀에 충실했다. 김일성과 박헌영은 1949년 3월 건국 이래 최초의 정부대표단으로서 소련을 방문했다. 3월 14일 스딸린, 몰로또프와의 비밀회견에서 한반도의 두 지도자가 '국토완정'의 희망을 전했지만 스딸린은 이를 허락하지 않았다.

3월부터 한국 측의 침입·공격 사건이 또다시 일어났으며, 4월에는 한국의 북진공격이 6월에 있을 것이라는 비밀정보가 전해져 소련 지도부가 불안해했다. 다른 한편, 4월 23일에 중국 인민해방군이 양쯔강을 건너 난징을 함락했다. 북한의 사기는 더욱 고조되었으며, 소련은 중국혁명을 인정해야 하는 상황에 처했다.

김일성과 박헌영은 4월말에 소련 대사에게 무기 및 장비 제공을 요청함과 동시에 김일(金一)을 중국으로 보내 중국혁명에 참가했던 조선인부대를 북한에 파견해달라고 요청했다. 마오쩌둥은 이를 받아들여 각각 1만명 규모인 조선인 2개 사단을 언제든 인도할 수 있다고 회답했다.

6월, 남과 북의 노동당은 조직을 통일하기로 결정했다. 김일성이 새로운 조선로동당 위원장에 올랐고, 박헌영이 허가이와 함께 부위원장이 되었다. 같은 달 한국군은 옹진반도에서 공세를 펴, 북측의 은파산(銀波山)을 점령했다. 이 당시 한국군은 6개 사단이었던 데 비해 북의 인민군은 3개 사단과 1개 여단뿐이었기 때문에 소련 대사는 노심초사했다. 7월 선양(沈陽)을 출발한 인민해방군 제166사단 및 창춘(長春)을 출발한 제164사단이 북한에 도착했다. 전자는 인민군 제6사(사단장, 방호산方虎山)가, 후자는 인민군 제5사(사단장, 김창덕金昌德)가 되었다. 정예 2개 사단이 인민군에 가세함으로써 군사력 격차는 줄어들었다.

무력통일의 의사표명

김일성과 박헌영은 8월 슈띠꼬프 대사와의 간담회에서 무력통일의 의지를 명확히 밝혔다. 이때 김일성은 옹진반도를 점령한 뒤 사태의 전개를 지켜본다는 작전을 제안하고 이를 인정해주면 좋겠다는 생각을 전했다. 모스끄바에 돌아온 슈띠꼬프는 이 계획이 소련을 궁지에 빠뜨릴 수 있으며, 미국이 무기를 원조하고 일본군을 파견하는 방식으로 개입할 위험성이 있다며 스딸린에게 반대의 뜻을 전했다. 나아가 9월에도 슈띠꼬프는 북한 지도부의 남북 병력격차 평가는 과장되어 있으며, 남측은 총수 8만 5000명인 데 비해 북측은 보병 5개 사단·1개 여단·1개 기계화여단 등 8만명이며, 이 정도의 병력으로 남쪽의 군대를 "완전히 괴멸"하지는 못한다고 하여 북한 측의 안에 반대하는 의견을 피력했지만, 이번에는 옹진작전에 대해서는 생각해볼 수 있다고 하여 타협하는 자세를 보였다. 9월 24일 소련 공산당 중앙위원회 정치국은 남쪽으로의 공격을 개시하는 것은 "군사적으로도 정치적으로도 준비가 되어 있지 않아" 불가능하다며, 옹진작전도 전쟁개시와 같은 것이라면서 이를 거부하고 남쪽에서의 빨치산 투쟁 강화를 권고한다는 결정을 내렸다. 스딸린의 소련은 이처럼 1949년 말까지 한반도의 미소분할을 전제로한 정책을 수정하려는 기미를 보이지 않았다.

남한의 이승만도 9월 30일 그의 비서였던 미국인 로버트 올리버에게 보낸 서한에서 "나는 우리가 공격적 방책을 취하여, 우리에게 충실한 북측의 공산군과 합류하여 평양에 있는 그 이외의 공산군을 일소하는 데 지금이 절호의 심리적 기회라는 것을 절실히 느낀다"라고 토로했다. 그러나 올리버는 10월 10일 "그러한 공격, 또는 공격을 언급하는 것조차 미국의 관과 공의 지지를 잃게 한다"면서 침략에 가까운 행위를 피하고, "일어날 일에 대한 비난이 러시아인에게 향하도록" 해야 한다고 회답했다. 이승만도 기다리는 수밖에 없었다.

개전의 승인을 요구하는 북한

1949년 10월 마오 쩌둥이 톈안먼(天安門) 위에서 중화인민공화국의 건국을 선언했다. 12월 6일 마오 쩌둥은 소련 방문길에 올랐다. 일본에서는 미점령군이 강경한 탄압책으로 전환하여 일본공산당의 친GHQ(General Headquarters, 연합군 총사령부)노선이 파탄상태에 이르렀다. 스딸린은 마오 쩌둥을 받아들이면서 관동군 이시이(石井)부대의 세균전 연구를 폭로하여 극동재판을 다시 열 것을 요구함과 동시에, 일본공산당과의 관계를 공식화하고 반미투쟁에 그들 또한 동참케 하는 데 나서기를 촉구했다. 이것이 드러난 것이 1950년 1월 6일의 코민포름 비판이다.

이와 같은 변화를 북한의 김일성 등이 방관할 리가 없었다. 1950년 1월 17일 박헌영 외상이 주최하는 오찬회에서 김일성은 슈띠꼬프 대사 및 대사관 참사관들 앞에서 "중국이 해방을 완수한 지금 남에서 조선인민의 해방이 일정에 오르고 있다"라며 말문을 열었다.

빨치산은 상황을 결정할 수 없다. 남쪽의 인민은 우리가 우수한 군대를 가지고 있다는 것을 알고 있다. 최근 나는 전 국토의 통일문제를 어떻게 해결할지 생각하면 밤에도 잠이 오지 않는다. 만일 남부조선 인민의 해방과 국토통일의 사업이 연기된다면 나는 조선인민의 신뢰를 잃게 된다. (…) 모스끄바를 방문했을 때, 스딸린 동지는 남쪽을 공격해서는 안 되지만 이승만의 군대가 북쪽으로 공격해 올라온다면 조선 남부에 대한 반격으로 행동을 옮겨도 좋다고 말했다. 그러나 이승만은 오늘까지 공격해오지 않고 있으며, 남부 인민의 해방과 국토통일은 연기되고 있다. 따라서 나는 다시 스딸린 동지를 방문하여 남조선 인민해방을 목적으로 하는 인민군의 공격행동에 대한 지지와 허가를 받는 것이 필요하다고 생각하고 있다.

김일성은 독자적으로 공격을 개시할 수는 없으며 스딸린 동지의 지시는 자신에게는 법이기 때문에 허가와 지지를 얻지 못한다면 공격하지 않겠다고 말했지만, 다른 한편 "만일 지금 스딸린 동지와 만나는 것이 불가능하다면 나는 마오 쩌둥이 모스끄바에서 귀국한 뒤 그를 만날 생각이 있다"라며 도전적인 주장도 서슴지 않았다.

스딸린의 고(Go) 사인

김일성은 여기서 중국과 소련의 지지를 저울질하며 흥정하는 듯한 모습을 보이고 있다. 김일성의 의도를 알게 된 스딸린은 결정적인 전환을 시도했다. 이는 1월 12일에 나온 애치슨 연설을 한반도에서 전쟁이 일어나도 미국이 자동 개입하지는 않을 것이라는 의미로 해석했기 때문일 수 있다. 1월 30일 스딸린은 슈띠꼬프에게 전보를 보냈다.

나는 김일성 동지의 불만을 이해한다. 그러나 그가 기도하고 있는 남조선에 대한 이러한 커다란 사업은 많은 준비를 필요로 한다. 너무 큰 위험이 없도록 일을 조직하지 않으면 안 된다. 그가 이 건으로 나와 이야기하고 싶다면 나는 언제든지 그를 만날 것이다. 이상의 모든 사실을 김일성에게 전하고, 내가 이 건으로 그를 원조할 용의가 있다고 말해주기 바란다.

이는 분명 고(Go) 사인이었다. 김일성은 즉각 3개 사단을 추가 편성하기로 결정하고 이를 위한 장비 구입 대금 명목으로 소련에 1951년도분의 차관을 앞당겨 1950년도분에 추가해달라고 요청했다. 중국에는 조선인부대를 무기와 함께 인도해줄 것을 요청했다. 두가지 모두 받아들여졌다. 1만 7000명의 조선인 병사가 정저우(鄭州)에 집결하여 4월에는 북한으로 들어갔으며, 인민군 제12사(사단장, 전우全宇)가 되었다. 중국에서 온 조선인부대를 두고 이들이 북한에 귀국한 것으로 설명하는 일이 종종 있는데 이는 옳지 않다. 이들은 모두 만주가 고향이며, 중국 내전이 끝나면 만주로 돌아갈 사람들이었다. 이들은 당적도 국적도 중국이었다. 그런 사람들이 북한에서 인민군으로 편성되었다는 것은 중국공산당의 명령에 의한 파견이라고 보아야 한다.

김일성의 소련 및 중국 방문

3월 30일 김일성과 박헌영은 모스끄바로 출발하여 4월 10일 스딸린과 회견했다. 스딸린은 최종적으로 OK라는 뜻을 전했지만, 일단 중국에 가서 마오 쩌둥의 의견을 듣고 결정하라고 요구했다. 두 사람은 5월 13일 베이징에 도착했다. 이야기를 들은 마오는 스딸린에게 문의하여 대답을 들은 뒤 본격적인 회담에 들어갔다. 스딸린은 "변화한 국제정세를 위해" 북한의 동지들의 생각에 동의했지만 중국의 동지가 동의하지 않는 의견이라면 결정은 연기하겠다고 전해왔다. 마오 쩌둥은 대만 해방 이후라면 충분히 도울 수 있지만, 지금 무력통일을 개시하기로 결정했다하더라도 동의한다고 김일성 등에게 말했다. 김일성은 2만 내지 3만의 일본군이 파견될 가능성은 있지만 문제 없다고 말했다. 마오 쩌둥은 미군이 참가할 가능성이 있다고 보았으며, 그렇게 되면 중국은 군대를 파견하겠다고 말했다.

3단계 작전계획

두 사람은 베이징에서 돌아온 뒤 맹렬히 준비하기 시작했을 것이다. 소련 군사고문 바실리예프가 3단계 작전계획을 입안했다. 제1단계가 "적의 방어선을 돌파하여 적의 주력을 분쇄한다", 제2단계가 "공격을 진전시켜 적의 예비병력을 분쇄한다", 제3단계가 "적의 잔당을 일소하여 남쪽 해안에 도달한다"는 것이었다. 서울을 점령할 때까지 한국군 주력부대를 괴멸하겠다는 계획이었다. 북한의 각 군은 훈련 명목으로 6월 12일부터 전선으로 이동했고, 23일에는 전군의 배치가 완료되었다. 7개 사단과 1개 전차여단이었다. 전차는 T34가 258대 있었다. 이때 한국군은 38도선에 4개 사단, 서울에 1개 사단이 배치되어 있었다. 전차의 경우 한국군은 1대도 보유하지 않았다.

개전

6월 23일과 24일에 공격명령이 내려졌다. 그리고 인민군의 군사행동은 25일 새벽 38도선 전역에서 개시되었다. 슈띠꼬프 대사는 26일 다음과 같이 모스끄바에 보고했다.

부대는 6월 24일 24시까지 출발위치에 도착했다. 군사행동은 현지시간(25일) 오전 4시 40분에 시작되었다.

6월 25일은 일요일이었으며 인민군 부대의 공격은 한국군에게 완전히 불의의 기습이었다. 한국군은 필사적으로 방어했으나 압도적인 공격 앞에서 속수무책이었다. 그러나 이승만 대통령은 태연했다. 그날 정오 직전 무초(Muccio) 주한 미대사가 대통령 관저로 방문하자, 이승만은 다음과 같이 말했다.

나는 조선을 제2의 사라예보로 만들지 않기 위해 노력해왔다. 그러나 어쩌면 현재의 위기는 조선문제를 일거에 전면적으로 해결하기 위한 최선의 기회를 부여하고 있는지도 모른다. (…) 미국의 여론이 공산주의의 침략에 대해 나날이 강력해지고 있다.

개전은 한반도를 "제2의 사라예보"로 만들고, 미국을 끌어들여 국지전쟁을 세계전쟁으로 확대함으로써 한국군은 미군과 함께 북진통일을 성취할 수 있다. 따라서 이는 "조선문제를 일거에 해결하기 위한 최선의 기회"가 된다는 것이다.

나아가 이 대통령은 이날 밤 정부를 대전으로 이전한다는 결정을 독단으로 내렸다. 대통령은 서울을 사수하려는 생각이 없었다. 무초가 서울 잔류를 설득하자 이 대통령은 정부, 즉 대통령은 포로가 되는 위험을 무릅써서는 안 된다고 거듭 주장하며 결정을 번복하려 하지 않았다. 자신이 포로가 되지 않는 한, 퇴각 끝에 미국의 지원군과 함께 반격하여 북진통일을 할 수 있다는 것이 이 대통령의 구상이었을 것이다. 현실적으로 생각하면 북벌통일을 완수하기 위해서는 그 외에 방법이 없었다.

6월 26일 북한은 한국의 "전면적인 침공"을 막아내고 "결정적인 반격전"에 나섰다고 발표했다. 이러한 움직임은 자료로 확인되지 않지만 김일성이 스딸린의 요구를 고려하여 침공에 대한 반격전의 형태를 취하기로 결정한 것이라고 생각된다. 스딸린의 생각으로는, 소련이 지지하여 북한이 먼저 공격했다는 사실은 절대로 세상에 알려져서는 안 되는 것이었다.

이 대통령은 6월 27일 새벽에 서울을 탈출했고, 한국군도 이날 서울을 포기했다. 서울은 6월 28일 점령당했다. 그리고 북한 인민군은 후퇴하는 한국군을 추격하여 계속 남쪽으로 진격해 들어갔다. '해방'지역에서는 인민위원회를 부활하여, 북한식으로 토지개혁과 노동법령을 실시했다. 한국은 이미 5년 동안 별개의 사회였으며 별개의 동력이 있었지만, 이에 아랑곳하지 않고 조선민주주의인민공화국의 질서를 확대해나갔다. 북한에게 서울 점령은 자신들의 수도를 되찾은 것에 불과했다.

유엔군 통일사령부와 인천상륙작전

미국은 유엔안보리를 움직여 25일 중에는 북한의 침략행위에 대한 비난 결의를 채택하게 하고, 27일에는 무력공격을 당해 이에 맞서고 있는 한국을 원조할 것을 요구하는 결의를 채택하게 했다. 나아가 6월 30일, 미국정부는 토오꾜오의 매카서(MacArthur)에게 지상군의 파견을 허락하는 결정을 내렸다. 스딸린과 김일성의 예상은 완전히 빗나갔다. 7월 7일 유엔에서는 유엔군 통일사령부를 설치하기로 결정했다.

그러나 인민군의 공세는 계속되었다. 한국군과 미군은 8월 낙동강변까지 밀려났고 인민군은 산 위에서 남해가 보이는 곳까지 진격했다. 종군작가 김사량은 다음과 같이 적었다. "바다가 보인다. 거제도가 보인다. 바로 여기가 남해바다다." 통일까지는 이제 마지막 한걸음밖에 안 남은 듯 보였다. 그러나 인민군의 보급로는 너무 길게 뻗어 있었다. 매카서는 9월 15일 인천상륙작전을 감행하여 북한군의 허리를 잘라 치명적인 타격을 가했다. 인민군은 총체적으로 무너져 퇴각했다.

서울을 점령했던 북한 당국은 많은 사람들을 연행해갔다. 북을 지지한 국회의원들만이 아니라 이용가치가 있다고 생각되는 요인들도 함께 데려갔다. 이른바 '납북인사'들이다.

이번에는 미군이 10월에 한국군과 함께 38도선을 넘어 북진했다. 처음에는 침략을 저지하기 위해 참전한 것이었지만 이번에는 한반도에 "통일, 독립, 민주 정부"를 수립한다는 유엔총회 결의(10월 7일)에 입각해 북으로 공격해 들어갔다. 어떤 의미에서는 이승만 대통령이 꿈에 그리던 대로 전개된 셈이었다. 10월 20일 한국군과 미군은 평양을 점령했다.

중국의 출병 결정

전쟁은 제2단계로 접어들었다. 이미 9월 30일에 김일성과 박헌영은 연명으로 스탈린에게 서한을 보내 원군을 요청한 상태였다. "적들이 (…) 계속 진공하야 38도 이북을 침공하게 되는 때에는 우리 자체의 힘으로서는 이 위기를 극복할 가능성이 없습니다. 그러므로 우리는 당신의 특별한 원조를 요구하지 않을 수 없게 됩니다." 두 사람은 "소련군의 직접적 출동"이나, 그것이 불가능하다면 중국과 기타 국가의 "국제의용군"의 출동을 간청했다. 10월 1일에는 박헌영이 중국인민해방군의 출동을 요청하는 김일성과의 연명 요청서를 가지고 베이징에 도착했다. 스탈린은 중국지도부에게 출병을 요청하는 전보를 보냈다.

중국은 북한군의 진격을 불안한 눈으로 보고 있었다. 미군의 인천상륙작전은 두려워하던 대로 전개된 사태였다. 스탈린으로부터도 출병을 요구하는 서한을 받은 마오 쩌둥은 10월 2일 중공정치국 확대회의에서 출병을 결정하려 했지만 결론을 내리진 못했다. 다음날인 3일, 마오 쩌둥은 스딸린에게 출병계획에 반대하는 의견이 많아 결정할 수 없다고 통지했다. 그러나 마오 쩌둥 자신은 무슨 일이 있어도 출병해야 한다고 생각했다. 그는 미국과 혁명 중국이 한번은 부딪힐 수밖에 없다는 일종의 숙명론을 가지고 있었던 것으로 보인다.

중국공산당의 내부에 출병반대론이 있었던 것은 당연한 일이었다. 마오 쩌둥은 펑 더화이(彭德怀)를 불러 거듭 논의한 끝에 10월 5일에는 결국 출병이라는 결정을 이끌어냈다. 8일에는 펑 더화이를 총사령으로 인민지원군을 설립하라는 명령이 떨어졌으며 북한에도 출병결정을 통지했다. 또한 같은 날 저우언라이(周恩來)가 소련에 파견되었다. 공군의 지원과 무기를 얻어내기 위한 방문이었다. 저우 언라이는 출병할 수 없게 되었다고 말하면서 협상을 시도했지만 스딸린은 공군의 경우 전선의 후방에 한해 지원하는 것이 최선이라는 발언을 되풀이할 뿐이었다. 마오 쩌둥은 이에 대한 보고를 받고 한때 출병을 중지했지만, 12일의 회의에서 최종적으로 참전을 결정했다.

미중전쟁의 개시

10월 19일 중국인민지원군 12개 사단이 압록강을 건넜다. 일주일 후에는 추가로 6개 사단이 이를 뒤따랐다. 18만명이 넘는 대규모 병력은 조용히 한국군과 미군에 접근해 25일부터 전투에 들어갔다. 미군과 한국군은 막대한 타격을 받고 퇴각했다.

11월 8일 미군과 한국군이 다시 공격해오자 중국군은 이를 자신의 진영 깊숙이 끌어들이고는 25일과 26일부터 반격에 나섰다. 이에 당혹한 트루먼 미국 대통령은 원폭의 사용 가능성을 들먹였지만, 영국 애틀리 수상의 충고를 받아들여 단념했다. 12월 6일 결정적인 타격을 입은 미군은 38도선을 향해 퇴각했다. 중국군은 평양을 수복했다.

한반도의 내전으로 시작된 이 전쟁은 중국인민지원군이 참전한 시점부터 미중전쟁으로 전화했다. 미군은 이미 유엔군으로서 한국군의 지휘권을 획득한 상태였다. 중국과 북한 측에도 12월에 조중연합사령부가 설치되었다. 연합사령부가 일체의 전쟁을 지휘하고, 북한정부는 후방 동원과 훈련, 군정 경비 등을 맡았다. 연합사령부 사령원 겸 정치위원에는 중국 인민지원군 사령원 펑 더화이가 임명되었으며, 부사령에는 중국 측에서는 덩 화(鄧華)가 북한 측에서는 연안계의 김웅이 임명되었다. 부정치위원에는 북한 측의 연안계 최고지도자 박일우가 임명되었다. 실은 중국군을 북한에 파견할 때 마오 쩌둥이 박일우를 중국인민군으로 보내달라고 요구했다. 북한 지도부가 이를 받아들여, 박일우는 이미 인민지원군의 부사령 겸 부정치위원이 되어 있었다. 개전 당시 북한의 내무상·군사위원회 위원·정치국원이었던 그가 조중연합사령부 안에서 당의 2인자로 올라섰던 것이다. 한편 김일성은 이후로도 조선인민군 최고사령관 자리를 유지하기는 했지만 전쟁의 작전지도에서는 완전히 배

펑 더화이와 김일성(『항미원조전쟁』, 중국사회과학출판사 1990)

제되었다. 이는 김일성에게 굴욕적인 일이었다. 전쟁은 이렇게 조직적인 면에서도 미군과 중국군 사이의 전쟁으로 전화했던 것이다.

이 시점에 김일성과 박헌영은 12월의 당중앙위 전원회의에서 전선의 지휘관들에게 패배의 책임을 묻고 무정, 김일, 최광(崔光), 림춘추(林春秋) 등을 해임했다.

연말에 수세에 몰려 있던 미군 수뇌는 다시 공산군이 남하해오면 최종적으로 한반도에서의 철수도 고려해야 한다는 생각으로 기울어 있었다. 매카서는 중국 본토에 대한 제한전쟁을 결단해야 한다는 의견을 제시했지만 워싱턴은 이를 거부했다. 북한과 중국의 군대는 12월 31일 38도선을 넘어 다시 남진하여, 1951년 1월 4일 서울을 재점령했다.

일진일퇴의 공방

이렇게 되자 미국정부는 즉시 정전 구상을 지지했고, 중국에 대한 타협조건을 제시한 인도·캐나다·이란의 3인위원회의 제안도 받아들였다. 그러나 승리에 취한 마오 쩌둥은 이를 거절했다. 그는 1월 14일 펑 더화이에게 서한을 보내, "최종적 일격" "최후의 결정적 타격"을 준비하라고 지시했다.

미군은 리지웨이(M. B. Ridgeway) 제8군사령관의 지시하에 1월 25일에 공격을 개시했다. 2월 11일 중조연합군은 반격했지만 3월 7일 미군은 리퍼(Ripper)작전을 개시하여 마침내 14일에 서울을 탈환했다. 3월말 중조연합군은 38도선 이북으로 철수하지 않을 수 없었다. 4월 11일 매카서가 트루먼에 의해 해임당하고 리지웨이가 후임 유엔군사령관에 임명되었다. 이를 좋은 기회로 생각한 조중연합군은 3월 22일 세번째로 38도선을 넘어 남진했다. 서울의 북부까지 진격했지만 유엔군의 반격으로 조중연합군은 다시 38도선 이북으로 쫓겨났다. 이때 중국인민지원군 1개 사단이 전멸했다. 6월 중순 네번째 남진이 시도되었지만 더이상의 큰 전진은 불가능했다.

정전회담의 추진

한편 스딸린은 그동안 미국의 움직임을 불안한 눈으로 주시하고 있었다. 중국이 참전했다고 해서 한국전쟁을 승리로 이끌 수 있으리라고는 생각하지 않았다. 매카서가 사라졌다고 안심

할 수는 없었다. 미국이 전쟁을 확대해 소련을 공격하는 등의 사태는 절대로 피해야 했다. 정전회담을 추진하라는 스딸린의 뜻에 따라 1951년 5월 말리끄 유엔대사가 미국 측과 접촉했다. 31일 그는 케넌과 만났다. 6월 3일 김일성이 베이징을 방문하여 마오 쩌둥 등과 회합을 가졌다. 그길로 김일성은 중국 동북부의 최고지도자 가오 강(高崗)과 함께 모스끄바로 가서 스딸린과 회담했다. 스딸린은 정전회담을 열도록 설득했다. 가오강과 김일성은, 정전이란 "상당히 장기간에 걸친 군사행동의 정지를 의미하지만 쌍방은 여전히 교전상태에 있는 것"이라는 스딸린의 설명을 받아들였다. 스딸린에게는 정전회담이 개시되면 미국이 소련에 대해 전쟁을 확대할 수 없을 것이며, 다른 한편 회담을 진행하며 전쟁을 이어가면 미국이 더욱 피폐해질 것이라는 계산이 있었다.

처음에는 '조선인'으로서 정전을 받아들이기 어려웠을 것이다. 통일을 이루지 못한 채 여기서 전쟁을 그만둔다면 그동안 치른 희생은 무엇을 위한 것이었던 말인가. 그런 기분이었을 것이다. 그러나 김일성은 여러가지로 정세를 생각하면서 스딸린이 말하는 대로, 그리고 중국이 말하는 대로 정전회담을 받아들여야 한다고 판단했다. 형식상으로는 중국인민지원군 대표와 조선인민군 대표가 대등한 자격으로 정전회담에 참석했다.

이에 비해 미국 쪽에서는 이승만 대통령의 의견은 참고하지도 않았으며, 그를 설득하지도 않았다. 다만 정전회담이 열린다고 통고했을 뿐이다. 정전회담에는 유엔군 대표로 미군 장성 4명과 한국군의 백선엽(白善燁) 장군이 참석했다. 백선엽이 이 승만 대통령을 만났을 때 이승만은 정전이 분단으로 이어질 것 이라며 반대의사를 내비쳤다. 백선엽이 그러면 회담에 참석하 지 않겠다고 말하자, 이승만은 회담에는 참석하라고 대답했다.

정전회담의 개시

1951년 7월 10일 개성에서 정전회담이 시작되었다. 이승만은 7월 20일에 리지웨이에게 서한을 보내 다음과 같이 호소했다. "분단된 조선은 파멸의 조선이며, 경제적·정치적·군사적으로 불안정하다.""조선은 실제로 독립된 실체이기를 포기할 것인 가, 아니면 민주적으로든 공산주의적으로든 단일체가 될 것인 가 둘 중에 하나를 선택해야 한다." 이것이 남과 북의 모든 이 들의 심정이었을 것이다.

정전회담이 시작되었지만 전쟁은 끝나지 않았다. 지상에서 는 38도선을 사이에 두고 진지전이 계속되었으며, 하늘로부 터는 미군의 북폭이 이어졌다. 북한은 한미군에 점령된 지역 을 회복하고, 국내체제를 정비하면서 전쟁을 수행해나갔다. 군 사 지휘권을 빼앗긴 김일성은 국내체제 정비에 힘을 쏟았다. 1951년에 당을 재건하는 가운데, 그동안 줄곧 당조직 방면의 책임자였던 당 부위원장 허가이가 해임되고 부수상으로 강등 되었다. 소련계의 일인자였던 그는 입당자격을 강화하여 전쟁

중에 당원증을 상실하거나 파기한 당원을 엄격하게 처분했다. 김일성은 현지지도를 하면서 평당원의 불만을 듣고 허가이의 노선을 비판했다. 이렇게 김일성은 당을 직접 장악했다. 그는 대량입당을 인정하고 당원에 대한 처분을 취소했다.

전쟁의 최종단계

1952년 초 정전교섭은 포로문제를 제외하고 거의 모든 점에서 합의가 이루어졌으나 미국이 자유의지에 의한 포로송환 원칙을 내세워 대립하는 바람에 벽에 부딪쳤다. 리지웨이를 대신해서 유엔군 사령관이 된 클라크(Mark W. Clark)는 6월부터 북한에 대한 맹렬한 폭격을 퍼부었다. 수풍댐이 연속공격을 받아 북한은 전력의 90퍼센트를 잃었다. 7월에는 평양공습이 하루 1254회에 달했다. 평양방송은 사망자가 7000명이라고 보도했다.

그럼에도 중국 측은 포로 전원송환이라는 원칙을 버리지 않았다. 북한 측은 정전교섭의 조기타결을 바라는 강한 의지를 가진 세력과 이에 반발하는 세력으로 나뉘었는데, 타결을 바라는 편에는 김일성이 있었다. 전쟁에서의 승리를 더이상 바랄 수 없는 상황에서 김일성은 명목상의 최고사령관에 불과했기 때문이다. 한편 박헌영은 남쪽의 해방을 고집하며 전쟁이 계속되길 바랐을 것이다.

북한은 위기상황이었다. 1952년 1월에 작성된 펑 더화이의 서한에 따르면, 1951년에는 곡물 64만톤이 세금으로 징수되었는데, 그것은 전체 수확량 가운데 너무나 큰 부분을 차지했다. 펑 더화이는 중국정부에 주민의 10퍼센트가 기아에 허덕이고 있으며, 농민 대부분도 4~5월까지 버틸 식량밖에 없으니 원조하기로 결정한 곡물 3만톤을 빨리 보내달라고 요청했다.

김일성은 평양공습이 끝난 뒤인 7월 14일, 마오 쩌둥에게 미국 안을 받아들이고 정전교섭을 타결로 이끌 것을 제안한 것으로 보인다. 마오 쩌둥은 이를 반대했고, 스딸린에게 북한 측의 제안에 대해 알렸다. 하는 수 없이 중국의 의견을 받아들인 김일성 역시 스딸린에게 보고했다. 스딸린은 마오 쩌둥을 지지했지만, 그 진의는 미묘했을 것으로 생각된다. 스딸린은 김일성을 동정하고 있었던 것이 분명하다. 게다가 미군의 폭격은 북한만의 피해로 끝나는 것이 아니라 북한의 전후 부흥을 위한 소련의 지출도 키울 게 뻔했다. 사태는 명백히 소련에 불리하게 돌아가고 있었다.

스딸린의 생각은 8월에 저우 언라이가 소련을 방문했을 때 드러났다. 회담에서 저우 언라이가 전쟁을 계속하는 것이 공산당 측에 유리하다는 마오 쩌둥의 생각을 전하자 스딸린은 마오 쩌둥이 옳다며 더 분발하도록 북한 인민들을 설득해야 한다고 말했다. 그런 한편 북한 인민이 망연자실한 상태에 있다고 몇번이나 언급하면서 동정심을 드러내보이기도 했다. 저우 언라이가 "지도자들 가운데 패닉상태에 빠진 사람들도 있는 것 같다"고 전하자 스딸린은 "그런 분위기가 있다는 것은 김일성이 마오 쩌둥에게 보낸 전보를 통해 알고 있다"고 말했다. 스딸린은 소련 대신 참전해준 중국에 대한 의리를 지키고 싶어 했기 때문에 끝까지 중국을 지지해야 하는 입장이었다. 그러나 김일성을 동정하고 있었으며, 본심으로는 전쟁을 그만해도 좋다고 생각하기에 이르렀던 것이다.

스딸린과의 재회와 회담

저우 언라이는 스딸린이 직접 설득해주기를 바라며 김일성을 불렀다. 김일성은 박헌영과 함께 모스끄바에 왔다. 미국 '냉전사 국제 프로젝트'의 회보 14, 15호에는 모스끄바를 방문한 김일성과 박헌영의 스딸린 회담 기록(1952.9.4.)이 실렸다. 저우 언라이와 펑 더화이가 동석한 가운데 스딸린은 우선 "조선 인민들의 사기는 어떤지" 물었다. 김일성도 박헌영도 "사기는 높다"고 대답했다. 이에 더해 김일성은 "공습만 없으면 전반적인 정세는 유리하다"고 덧붙였다. 이어서 스딸린은 "중국인과 조선인은 미국과의 교섭을 추진하며 의견의 불일치를 보였다고 하는데"라며 직접적으로 이야기를 꺼냈다. 김일성은 다음과 같이 대답했다.

나의 의견으로는 심각한 의견 대립은 없습니다. 우리는 중국의 동지가 제안한 새로운 제안에 찬성했습니다. 그러나 조선인민이 처한 중대한 상황을 고려하면 우리는 가능한 한 빨리 정전협정에 조인하는 데 관심이 있습니다. 우리들의 중국인 동지도 이에 대해 관심이 있습니다.

이 대답에는 힘이 느껴진다. 발표된 기록 가운데 어디서도 중국 측 통역인 스 저(師哲)의 회상에서 나온 "미국 안에 동의할 필요는 없다. 이것은 입장의 문제다"라는 스탈린의 발언은 찾을 수 없다. 스탈린은 중국인들 앞에서도 북한 측에 동정을 표하고, 정전회담 타결에 대한 자신의 제안을 북한 측에 전했다. 김일성은 중국 측과 같은 의견이라고 거듭 말하면서도 회담의 조기타결을 희망한다는 의견을 넌지시 전하는 정치 수완을 발휘해 스탈린의 호감을 샀다. 한편 스탈린은 첫머리의 발언 이후 줄곧 침묵을 지킨 박헌영에 대해서는 불신하게 되었다.

한국전쟁은 한반도의 통일을 가져오지 못하고 실패했다. 이 실패의 책임을 누구에게 물을 것인가가 스탈린의 관심사였다. 해가 바뀌어 1953년 1월부터는 평양에서 박헌영·이승엽 등 남로당계가 해방 전의 전향과 해방 후의 배신을 추궁당해 체포되었다. 남쪽에서 빨치산투쟁을 조직하고 지도한 조선로동당 연락부는 괴멸적 타격을 받았다. 스탈린의 지시 또는 동의 없이 김일성이 이러한 행동에 나설 수는 없었을 것이며, 스탈린이 전쟁을 그만두겠다고 생각하지 않았더라면 남쪽의 빨치산 공작을 지휘하는 책임부국을 괴멸하는 것을 용인하지 않았을 것이다. 또한 1953년 2월, 김일성은 중조연합사령부로 나와 있던 연안계의 박일우를 소환하고 그 자리에 최용건을 대신 앉혔다. 중국의 특별한 비호를 받고 있던 박일우의 존재를 더이상 참을 수 없었던 것이다.

정전협정 조인

이러한 상황을 보고 중국의 지도부는 정전교섭을 재개하기 위해 양보해야 할 시기가 왔다고 판단했다. 2월 22일, 미국이 부상병 포로 교환을 제안해온 것이 기회였다. 3월의 스딸린 사망과 장례를 계기로 중국은 자신의 방침을 소련과 협의했다. 스딸린의 후계자들은 전쟁을 즉각 그만둘 것을 요구했다.

1953년 7월 27일, 정전협정이 조인되었다. 우선은 유엔군 사령관 클라크와 인민군 최고사령관 김일성이, 다음날 중국인민지원군 사령원 펑 더화이가 조인했다. 한국에서는 정전을 원하지 않는 이승만 대통령의 의향에 따라 환영행사가 전혀 거행되지 않았지만 북한에서는 7월 28일 평양시 중심에 11만의 시민이 운집했다. 김일성은 미국을 패퇴시킨 "위대한 역사적 승리"라고 연설했다. 그 가운데 "조선인민은 우리의 평화적인 도시와 농촌을 잿더미로 만든 미국의 공군기지들이 일본에 있으며 한국전쟁 시기 일본이 미군의 병기창으로, 후방기지로 되어 있었다는 것도 잘 알고 있습니다"라고 말했다. 사람들은 B-29의 공습이 끝났다는 것을 진정으로 기뻐했다.

엄청난 희생

'조선'을 통일민족국가로 재건하겠다는 민족주의자의 희망을 실현하기 위해 시작된 전쟁은 북쪽의 공산주의자에게도, 남쪽의 반공주의자에게도 실패로 끝났다. 미중전쟁으로 전화한 한반도의 내전은 무승부로 막을 내렸다.

희생은 엄청나게 컸다. 미군의 전사자는 3만 3629명, 기타 유엔군 전사자는 3143명, 한국군 전사자는 23만 7686명이었다. 커밍스와 할리데이의 추산에 따르면 한국 측 민간인 사망자는 100만명에 이른다. 중국인민지원군의 손실은 전사자 11만 6000명, 포로 및 실종이 2만 9000명이다. 북한은 인적 피해 상황을 발표하지 않았지만 군인과 민간인 사망자는 한국의 두배에 가까울 것으로 추측된다.

전쟁 결과, 남북에서는 철저한 이질화가 진행되었다. 북에서는 기독교 교회가 사라졌다. 한국전쟁 직전까지는 교회와 교회학교 모두 기능하고 있었다. 그러던 것이 완전히 소멸되었다. 그리고 남에서는 공산주의자가 일소되었다. 남으로 피신하는 사람들이 사라진 뒤, 북한에 남은 사람들은 이제 김일성을 중심으로 결속해갔다. 남았다는 것은 이를 선택한다는 뜻이었다. 전쟁 결과 대량의 이산가족이 생겨났고, 그 수는 1000만명에 이르렀다.

김일성의 정치적 승리

전쟁은 김일성에게 군사적으로는 실패를 가져다주었지만, 정치적으로는 승리를 안겨주었다. 1953년 3월 박일우가 내상에서 해임된 뒤 소련계인 방학세가 후임이 되어 숙청을 추진했다. 부수상으로 강등되었던 허가이는 정전협정 성립 직전인 7월 2일에 자살했다. 그는 박헌영을 숙청하는 데 소극적이라며 비판받고 있었다. 정전 직후인 8월 3일 이승엽 등 남로당계 12명은 미국의 스파이라는 혐의로 재판을 받았고 그중 10명에게 사형판결이 내려졌다. 이미 체포되어 있던 당과 정부의 2인자 박헌영은 8월 5일부터 열린 중앙위원회 총회에서 다른 국내계 간부와 함께 당에서 제명되었다. 당 부위원장에는 국내계이면서도 북 출신인 박정애, 소련계인 박창옥, 만주파의 김일이 선출되었으며, 위원장인 김일성과 연안계의 장로 김두봉을 합쳐 5명이 당 정치위원회를 구성하게 되었다. 이렇게 하여 남로당계, 연안계, 소련계의 우두머리들이 퇴출되었고 2인자들마저 모두 사라져 김일성의 권위는 더욱 강화되었다. 그러나 실무적으로는 여전히 국내 북부 출신들과 함께 다수의 연안계와 소련계가 그를 뒷받침하고 있었다.

제 4 장

부흥과 사회주의화

(1953~61)

사진 설명

복구와 건설이 진행되고 있는 평양. K Nepomniashchii, *Putevye ocheki in reportazh*, Moscow 1955.

전후 부흥과 사회주의 국가들의 원조

전쟁 후, 북한의 전국토는 1945년 8월의 일본보다 더 심각하게 파괴되어 있었다. 평양에는 제대로 된 건물이 하나도 남지 않았다. 김일성의 집무실과 극장도 지하에 만들어져 있을 정도였다. 지방도시도 마찬가지였다. 전국의 공장과 발전소가 파괴되어 있었다.

제로 상태로부터의 부흥이었다. 소련과 동유럽 국가들은 사회주의진영의 명예를 위해 기꺼이 원조에 나섰다. 소련은 1953년 8월 3일, 북한 부흥을 위해 10억 루블을 무상원조하기로 결정했다. 소련과 동유럽 국가들은 원조 대상을 분담했다. 정전과 함께 시작된 평양의 부흥은 소련이 맡기로 했다. 평양의 중심은 남북을 가르는 스딸린 거리였는데, 이 도로가 확장되어 그 양쪽으로 새로운 건물들이 들어섰다. 김일성광장과 이에 이웃한 마오쩌둥광장도 새로 만들어졌다. 이렇게 만들어진 큰 거리와 두 광장이 북한의 새로운 상징이 되었다.

제2의 도시인 함흥은 동독이 담당했다. 1954년 11월 동독의 제1진이 함흥에 도착했으며 최종적으로 188명의 팀이 구성되었다. 함흥 재건을 위해 투입된 자금은 3억 6000만루블에 달했다(Rüdiger Frank). 당연하게도 재건된 도시는 한반도 특유의 정취 없이 소련이나 동독의 도시 같은 인상을 주었다.

중국도 이 원조경쟁에 뛰어들었다. 한국전쟁 중에 제공한 물자와 비용은 모두 증여로 하고, 1954년부터 1957년까지 4년 동안 중국인민폐로 8조위안의 차관을 제공한다는 내용의 조중경제문화협력협정이 체결되었다. 주둔중이던 중국인민지원군이 부흥을 위해 노동력을 제공한 것도 큰 도움이 되었다.

중국군의 주둔

정전이 되었지만 잠시 사격이 중지된 것뿐, 평화가 도래한 것은 아니었다. 북에 있는 중국인민지원군에게는 남의 미군에 대항하는 역할이 기대되었다. 정전 시점에 중국인민지원군은 약 120만명이었다.

남에서는 유엔군 사령관이 한국군의 지휘권을 계속해서 보유하고 있었다. 당연히 북에서도 전쟁 중의 조중연합사령부가 그대로 유지되었을 것이지만, 연구자들이 아직 이에 대해 문제를 제기하기를 두려워하고 있는 듯하다. 적어도 1954년 9월 귀국하기 전까지는 펑 더화이가 조중연합사령부 사령원으로서 조선인민군의 지휘권을 줄곧 지니고 있었을 것으로 생각된다. 펑 더화이의 귀국과 함께 7개 사단이 철수했다. 인민지원군 사령원은 1954년 10월에는 양 더즈(樣得志)로 교체되었다. 반년 후에는 양 더즈도 귀국하였고 이와 함께 6개 사단이 철수했다. 연합사령부는 이즈음에 해체되었을 것으로 추측된다. 이후 1955년 말까지 6개 사단이 더 철수했다. 사실 보병 6개군, 포병 및 고사포병, 철도병 20개 사단 등은 정전 직후부터 비밀리에 철수한 상태였다. 1956년 초까지 95만명이 철수했으며 남은 병력은 15개 사단, 25만명이었다.

경제의 재건

공업이 다시 일어나기 시작했고, 농업에서는 초보적인 협동화 방안이 시도되었다. 1953년 8월 당중앙위 전원회의 보고를 통해 김일성은 인민경제의 각 부문을 전반적으로 동시에 부흥·건설하는 것은 불가능하며, 우선 "기본적 공업시설", 즉 제철·기계·조선·비철금속·전력·화학·건설자재 등 중공업을 우선적으로 일으키겠다고 했다. 농업협동화에 대한 방침은 소극적이었다. 1954년부터 "토지와 생산용구의 사유는 그대로 인정하고 일부 지역에서 시범사례로 농업협동조합을 조직할 것"이라는 이 보고는 논의를 불러일으켰기 때문에 당시에는 발표되지 않았다.

그런데 9월 김일성이 방소한 뒤 이러한 방침은 수정되었다. 말렌꼬프 수상이 대중소비물자 생산과 경공업의 우선적 발전을 제창한 직후였다. 1954년 1월의 중앙위원회에서는 농업협동조합의 세가지 형태론이 제기되었다. 첫째는 공동으로 경작하면서 생산물은 각 농가가 취득하는 '노력호조반(勞力互助班)', 둘째는 소유물을 출자하여 공동으로 경작하고 토지와 노동에 따라 생산물을 분배하는 반(半)사회주의형, 셋째는 토지·농기구·가축을 공유하고 노동에 따라 분배하는 꼴호즈형이다. 나아가 중앙위원회는 농민의 자유의사를 존중하며 기계적으로 다음의 높은 형태로 이행해서는 안 된다고 경고했다.

1954년 3월 중앙위 전원회의에서는 경제각료가 일신되었다. 농업상만은 만주파의 김일이었지만, 국가계획위원회 위원장 박창옥과 경공업상 박의완은 소련계이고, 재정상 최창익과 상업상 윤공흠(尹公欽)은 연안계로 네 사람은 모두 경공업 우선론자들이었다. 4월에 열린 최고인민회의에서는 박창옥의 보고를 기초로 경제부흥 3개년 계획이 채택되었다. 그는 소비물자 생산량을 급속히 늘려야 한다고 강조했다.

당시 농업에 대해서는 낙관적인 전망이 제시되고 있었다. 풍작으로 300만톤의 수확이 기대되며, 이듬해에 협동조합화와 관개시설 정비가 이루어지면 350만톤으로 늘어나리라는 기대였다. 20만톤까지는 매입할 수 있으며, 중국으로부터 20만톤이나 수입하기 때문에 배급은 걱정할 필요가 없다는 것이었다(『수즈달레프 대사 일지』1954.8.31.). 이는 환상에 불과했다.

한편 전쟁 중에 형편이 어려워진 영세개인농들 사이에서는 협동조합화를 원하는 분위기가 있었으며, 이해 11월에 이미 전 농가의 21.5퍼센트가 협동조합에 참가했다. 11월의 중앙위 전원회의에서는 농업상 김일이 중요한 보고를 했다. 김일성은 결론 부분에서, 최초의 '노력호조반'으로부터 반드시 "단계적으로 점차 이행해야 할" 필요는 없으며 이는 농민의 의지에 달린 일이라고 말했다. 회의에서 결의된 사항에는 농민이 원한다면 단번에 제3단계인 꼴호즈형으로 이행해도 된다는 내용이 포함되었다. 곡물의 국가 매입이 강화된 것과 더불어 농업집단화의 속도가 빨라졌으며 1955년부터는 전면적으로 꼴호즈화가 추진되었다.

곡물 매입의 위험

그러나 실제로 농업은 심각한 상황에 놓여 있었다. 1955년 초에는 곡물 매입에서 문제가 생겨 곡물부족, 식량부족이 발생했다. 2월 1일과 2일에 열린 중앙위 상무위원회의에서 "우리가 량곡수매사업을 진행하는 과정에서 많은 과오들을 범하였으며 그로 말미암아 광범한 인민들에게 리익을 주기 위한 사업이 도리여 많은 농민들에게 불안을 가져오게 하였으며 또한 도시 주민들에게도 만족감을 주지 못하였다"라고 밝혔다. 예상 곡물 수확량이 과대하게 부풀려진 탓이었다. 실제로 1954년 수확량은 270만톤밖에 되지 않았던 것이다. 이는 현물세가 4~6퍼센트 인상된 효과를 불러왔다. 그럼에도 이(里)와 군의 많은 곳에서 공작원들은 매입계획의 달성, 때로는 초과달성이 가능하다고 보고하고, "수단을 가리지 않고 매입계획을 달성"하는 데 매달렸다. 결과는 비극적이었다.

1955년 4월 1일부터 4일까지 당중앙위 전원회의가 개최되었다. 김일성이 곡물 매입의 실패는 당원의 공작방법이 잘못된 탓이라고 비판했다. 그는 회의 첫날, 「당원들 속에서 계급교양사업을 더욱 강화할 데 대하여」와 「당과 정권기관의 사업에서 보이는 관료주의의 사실을 일소할 데 대하여」 등 두가지 보고를 했다. 주목되는 것은 전자로, 김일성은 "맑스-레닌주의의 학설과 원칙들"을 북한의 "구체적인 현실과 결부하여 연구할 것이며, 창조적으로 활용할 것"을 강조하고, "다른 나라 당들의 이론과 투쟁경험을 기계적으로 받아들여 당원들에게 불어넣는 경향을 절대로 허용하지 말아야 할 것"을 주장했다.

회의 이틀째에는 박창옥이 공업 면에서의 결함을 지적하고, 일부 기업과 그 지도간부의 "약탈과 낭비"주의를 엄격하게 비판했다. "국가 재산과 협동조합 재산의 약탈, 생산과 건설의 현장에서의 노동력·자재·화폐재의 낭비와 싸우는 것은 낡고 썩은 이데올로기를 구축하기 위한 투쟁이며, 이 투쟁을 강력한

인민운동으로 전화시킬 것이 필요하다."(소련당 외국 공산당 연락부
자료)

말하자면 김일성은 자주성을, 박창옥은 경제관리를 나란히
주장했던 것이다.

남일 성명의 파문

1955년 2월 25일, 남일(南日) 외상은 일본정부에 무역과 문화
분야에서 관계를 열자고 제안하는 성명을 발표했다. 53년 10월
에 개시된 한일회담이 쿠보따(久保田) 전권위원의 식민지배 긍
정 발언으로 결렬된 일이 있었지만, 55년 1월에 소련정부가 서
한을 보내 일본과의 국교정상화 교섭 개시의 의사를 표명한 것
이 발단이 되어 성명을 발표하기에 이른 것이다. 이를 계기로
재일조선인의 북한으로의 집
단적 도항이 시작되었다.

가만히 있을 경우 미국의
지지하에 한일 국교수립으로
나아갈 수밖에 없을 듯 보이
는 한국전쟁 이후의 동북아
시아 정세 속에서, 북한으로
서는 한국에 대한 우위를 주
장하기 위해 취한 움직임이
었다. 일본으로부터 높은 기

남일의 묘, 평양의 애국열사릉

술력을 지닌 인재를 자국으로 받아들일 수 있다면 북한에게는 예상외의 행복한 전개가 될 터였다.

소련계 비판의 개시

바깥으로는 적극적인 관계 개선을 제안하면서 국내 사정은 불안한 가운데, 당과 정부의 중핵을 이루어온 소련계에 대한 비판이 일기 시작했다. 이 시점에서 당과 정부의 요직에 앉아 있던 소련계는 196명이었다. 우선 이들이 여전히 소련 국적을 유지하고 있다는 점이 문제시 되었다. 조선로동당은 이들을 북한 국적으로 변경하도록 소련 당에 요청했고, 소련 측은 11월 29일의 최고회의 간부회에서 소련 국적 이탈을 인정하고 예외적으로 이중국적도 인정한다는 결정을 내렸다. 그러나 1956년 3월 말까지 국적을 변경하기로 한 사람은 67명, 이중국적을 선택한 사람은 24명에 불과했다. 이바노프 대사로부터 간부회 결정을 전달받았을 때, 김일성은 북한에서 지도적 지위에 있는 소련계는 모두 북한 국적을 취득해야 한다고 강조했다(『이바노프 대사 일지』, 1955.12.1.). 국적변경 문제가 처리되는 과정에서 김일성에게 불신감이 싹튼 것으로 보인다.

원래 소련계 인사 가운데는 능력도 경험도 없는 사람이 적지 않았는데, 이들은 소련 점령군을 배경으로 요직에 앉아 권력을 휘두르고 있었다. 거만한 태도로 반발을 산 사람도 있었으며, 비리사건도 발생했다. 문제가 일어나 강등당하면 소련에 귀국하

116

겠다며 물의를 빚는 사람도 나왔다.

소련계의 수장이었던 허가이가 자살한 뒤로 소련계의 실력
자는 박창옥과 박영빈(朴永彬)이었다. 만주파의 최용건과 연안
계의 최창익, 국내계의 정일룡(鄭一龍) 등이 이들 두 사람을 해
임하라고 몇차례 주장했지만 김일성은 그때마다 이를 물리치
고 도리어 두 사람을 승격시켜 요직에 앉혔다. 박창옥은 부수
상 겸 국가계획위원회 위원장으로서 김일성과 가까워져 강력
한 지지를 얻고 있었다. 당 선전선동부장 박영빈도 당 정치위
원 자리를 차지하고 있었다.

김일성이 박창옥에게 불만을 드러내기 시작한 것은 1955년
초의 일이었다. 김일성이 최용건을 당 정치위원회에 받아들이
자고 제안했을 때 박창옥이 반대한 일이 있었다. 하지만 정치
위원회의 다른 위원들도 박금철을 제외하고 모두 반대했기 때
문에 이것이 불신의 계기가 되었다고는 생각되지 않는다. 김일
성이 소련계에 대해 경계심을 갖기 시작한 것은, 증거는 없지
만 소련으로부터 박헌영을 구명하라는 압력이 가해져왔기 때
문이 아닐까 추측된다.

박헌영은 이 시점에 아직 옥중에 남아 자신에게 씌워진 스
파이 혐의를 부인하고 있었다. 내무부 부상이었던 강상호(姜尙
昊)에 따르면 스딸린 사후인 1954년 봄에 소련 신정부는 박헌
영에 대한 조사단을 평양에 파견했다. 김일성은 내정간섭이라
며 박헌영 사건의 재검토를 거절했다. 그뒤로도 소련은 외교

박헌영(임경석 『이정 박헌영 일대기』, 역사비평사 2004)

채널을 통해 압력을 가해왔다고 한다(『중앙일보』 1993.7.26.). 소련
의 태도로 미루어 소련계를 통해 공작이 이루어질 수도 있으리
라고 본 김일성이 긴장하며 사태를 주시했을 가능성이 있다.

1955년 12월 당중앙위 전원회의

12월 2일과 3일 당중앙위 전원회의가 열렸다. 이 회의에서는
우선 김일 농업상이 농업의 부흥과 발전에 관한 보고를 하고,
이에 기초해서 결정이 채택되었다. 이어서 김일성이 "당의 조
직 규율에 대하여" 연설했다(소련 당 외국 공산당 연락부 자료). 이 연
설은 북한에서는 공표되지 않았다. 김일성은 연설에서 박일우
와 허가이에 대해 비판했다.

박일우는 1953년 2월 체신상(遞信相)에 임명되었는데, 이 전

허가이(林穩『北朝鮮王朝成立秘史』, 自由社 1982), 가운데 인물

원회의 직전에 해임당한 상태였다. 김일성은 박일우의 인격적 결함 및 그의 일가주의(一家主義)와 파벌주의를 비판했다. 김일성은 조중연합사령부에서의 활동에 대해서는 일체 언급하지 않고, 박일우가 조중연합사령부로부터 소환된 뒤 좌천당했다고 불만을 드러냈다는 사실을 들어 비판하고 있다. 1953년에 자살한 허가이에 대해서도 같은 내용으로 비판을 가하고 있으며, 도덕적으로 타락한 김렬(金烈)을 봐줬다고 지적했다. 허가이와 관련하여 박영빈도 거론되었다. 그가 허가이의 후임으로 당조직 지도부장이었던 때의 인사와, 박헌영 일파인 림화(林和)와 리태준(李泰俊) 등이 쓴 '반동문학'을 옹호했다는 사실도 비판받았다. 소련계의 기석복(奇石福), 정률(鄭律, 정상진鄭尙進), 전동혁(田東赫) 등도 같은 죄목으로 비판당했다. 박창옥에

대해서는 언급이 없었다.

이 연설이 소련계 전체를 겨냥한 것은 아니었다. 김일성은 "소련에서 온 동지, 연안에서 온 동지, 국내의 동지, 빨치산 부대에 있던 동지 모두가 혁명활동을 한 것이다" "사람을 경력과 혁명활동을 했던 장소로만 평가하는 것은 옳지 않다"라고 결론을 맺었다.

전원회의는 박일우에 대해서는 당에서 제명하고 중앙위원직에서 해임하기로 결정했으며, 이와 함께 소련계의 김렬 전 황해도당 위원장에 대해 권력을 남용하고 여성 30여명의 "정조를 유린"했다고 하여 당 제명과 중앙위원 해임에 더해 인민재판을 결정했다(로동당『결정집』). 그리고 다음과 같이 인사를 개편했다. 최용건과 박금철을 당 부위원장으로, 연안계의 림해(林海)를 검렬위원장으로 선출했다. 박영빈이 해임되었고, 리일경(李一卿)이 후임 선전선동부장이 되었으며, 한상두(韓相斗)가 간부부장에서 조직부장으로 자리를 옮겼고, 리효순(李孝淳)이 간부부장에 임명되었다. 박금철과 리효순 두 사람은 보천보전투에서 김일성 부대를 도왔던, 당시 함경남도 갑산군의 공산주의자들로서 갑산계라고 불린다. 한상두와 리일경도 국내계다.

소련계를 둘러싼 문제는 이후에도 이어졌다. 12월 5일 김일성은 부수상과 각 부의 부상(副相)에 임명된 소련계 등 요직에 있는 소련계 인사 전체를 모아 회합을 열고, 소련 최고회의 간부회 결정에 기초해서 북한 국적을 취득하도록 촉구했다(『이바

12월 15일에는 박헌영에 대한 비공개 재판이 열렸다. 박헌영은 기소사실을 전면적으로 인정했고 바로 그날 사형판결이 내려졌다. 재판장 최용건 아래로 판사는 갑산계의 전 최고재판소장 김익선(金翊善), 소련계의 내상 방학세(方學世), 국내계의 최고재판소장 조성모(趙誠模) 그리고 림해 등이었다. 검사는 검사총장 리송운(李松雲)으로, 갑산계였다. 문자 그대로 국가의 총력을 동원해 박헌영을 매장했던 것이다. 결과는 『로동신문』에 보도되었다. 사람들 사이에서 긴장이 고조되었고 새로운 배신자를 색출해야 한다는 분위기가 만들어졌다.

또 하나의 12월 회의

12월 27일과 28일에 당중앙위 확대상무위원회 회의가 400명 이상이 참가한 가운데 열렸다. 이 회의는 문학계의 당노선과 관련하여 소련계 간부의 행동을 비판하는 자리였다(『이바노프 대사 일지』 1955.12.29.). 여기서 박창옥과 박영빈에게 문학정책에 대한 자기비판이 요구되었다. 기석복, 정률, 전동혁도 이를 피해갈 수 없었다. 그들이 남에서 온 "스파이" 림화와 "부르주아 작가" 리태준, 김남천 등을 지지한 것이 잘못이라고 비판한 사람은 작가동맹의 한설야와 리기영(李箕永)이었다. 박창옥에게는 질문공세가 이어져, 국가의 제1인자나 제2인자가 되려 했다는 비판을 받았다. 회의의 마지막에 김일성이 일어나 15명의 소련계 인사들을 허가이의 지지자로 언급하며 중앙위 전원회의에서보다 더 날카로운 논조로 공격을 가했다. 김일성의 이 연설은 지방의 당 위원회에 송부되어 집회에서 낭독되었다고 한다.

그러나 이 회의에서는 조직적인 결론이 나오지 않았다. 김일성은 회의가 끝난 뒤 박창옥과 5시간이나 회합을 갖고 "이 건은 이것으로 끝내자. 부수상과 국가계획위원회 위원장 자리에서 적극적으로 일을 계속해주기 바란다"고 부탁했다. 따라서 아직 결정적인 대립이 시작된 것은 아니었다.

이 회의가 열린 것에 대해서도 김일성의 연설에 대해서도 당시에는 일체 공표되지 않았다. 1960년 5월에야, 1955년 12월 28일에 당의 선전선동 활동가들 앞에서 김일성이 연설했다고 하여 후에 유명해진 '주체' 연설의 원문이 발표되었다. 오늘날 연구자들은 이른바 '주체' 연설이 확대상무위원회에서 이루어진 연설의 원고였다고 받아들이고 있는데, 민족자주의 견지에서 비판하는 내용의 연설이 1955년 12월 시점에서 나왔을리가 없다.

해가 바뀌어 1956년 1월 18일, 당중앙위 상무위원회가 열렸다. "당의 사상전선과 문예 정책에서 반당적 오류를 범했다"며 박창옥과 박영빈은 정치국원에서, 기석복은 중앙위원에서 해임되었다. 기석복, 정률, 전동혁의 오류에 대해서는 이후 더 검토하겠다는 방침이었다. 이 처분을 확정한 상무위원회는 문학예술에서 "당파성, 계급성, 인민성"의 원칙을 고수할 것을 주장했다(로동당 『결정집』). 박창옥은 국가계획위원회 위원장직을 사임하고 기계공업상에 임명되었다.

스딸린 비판의 영향

이런 상황에서 2월 말 소련공산당 제20회 대회에서 스딸린 개인숭배에 대한 비판이 일어났다는 소식이 북한에 충격을 주었다. 조선로동당 대표로 대회에 참석한 최용건 이효순 등은 3월 초에 귀국했다. 보고를 들은 김일성도 큰 충격을 받았다. 그는 문자 그대로 스딸린을 숭배하고 있었기 때문이다. 한편 이 소식에 큰 기대를 거는 사람들도 있었다. 박창옥은 당 지도부 대다수가 20회 대회에서 채택된 결정에서 "필요한 결론을 이끌어낼 것"이며, "김일성도 많은 점에서 지도의 형태와 방법을 바꾸게 될 것"이라고 소련 대사관원에게 말했다.

20회 당대회 대표단의 보고를 듣는 중앙위 전원회의는 3월 20일에 열렸다. 최용건이 3시간에 걸쳐 길게 보고했다. 그는 흐루쇼프의 중앙위원회 보고를 자세히 소개하고, "거의 20년 동안에 걸쳐 우리 당에는 사실상 집체적 령도가 없이 (…) 개인숭배가 만연해 있었다"라고 지적한 미꼬얀의 연설 가운데 일부도 소개했다. 그러나 최용건은 조선로동당은 소련의 당과 달리 "창립 이래 일관해서 당 령도의 최고원칙으로서 집체적 령도의 원칙을 준수해왔다"라고 강조했다. 이어서 김일성이 일어나 오로지 개인숭배 문제를 언급하면서, 몇몇 동지들이 그에 대해 너무 많이 이야기하는 경향이 있다며 조선로동당에서 개인숭배란 박헌영 숭배를 의미한다고 지적했다. 최용건과 김일성은 "개인숭배"는 소련의 현상으로, 자국의 김일성 숭배는 "개인숭배"가 아니라는 논법으로 대처하기로 했던 것이다.

그러나 그뒤에 중대한 일막이 기다리고 있었다. 이효순이 흐루쇼프 비밀보고의 한국어 번역문 전문을 낭독한 것이다. 이는 참석자들에게 압도적인 인상을 주었을 것으로 생각된다. 이 보고가 끝난 뒤에는 일제 토론이 없었으며, 다만 김일성이 "흐루쇼프 동지의 보고를 통해 개인숭배가 얼마나 유해하며 위험한 결과를 초래하는지 알 수 있다. 당원 한 사람 한 사람이 이를 잘 이해해야 할 것"이라고 말하고 회의를 마쳤다(『이바노프 대사 일지』 1956.3.21.).

레닌식 지도에서 정식화된 집단성 원칙의 위배, 적법성의 위배, 개인숭배 등 스딸린의 과오들을 단죄하는 소련의 움직임을 받아들이면서 북한에는 박헌영에 대한 개인숭배만이 있었을 뿐이라고 주장한다는 방침이 정해졌다. 4월 초 조선로동당은 이 내용을 「소련공산당 20회 대회에서의 흐루쇼프 보고의 학습에 관련한 약간의 제 문제」라는 비밀서한 형태로 각 지방 조직에 내려보냈다. 나아가 4월 23일에서 29일까지 브레즈네프를 맞이하여 열린 조선로동당 제3회 대회의 김일성 보고에서도 이러한 방침이 관철되었다. 이 보고에서 김일성은 당의 "사상 활동은 적지 않은 부문에서 주체가 없이" "우리나라 실정에 맞건 안 맞건 덮어놓고 남의 것을 기계적으로 받아들여 통체로 삼키는 교조적인 방법으로 진행되고 있습니다"라며 비판하고 있다. 여기서 '주체'를 강조한 것은 소련공산당의 개인숭배 비판을 기계적으로 북한에 적용하지 말라는 주장이었다.

대회에서 브레즈네프는 집단적 지도원칙이 "유일하게 올바른 길"이라고 말하고, 각 당 기관이 "집체적 령도의 레닌적 원칙을 완전히 수립하도록 원조할 것"을 당 대회에 요구했다. 이는 명백히 소련공산당의 스딸린 비판을 받아들이라는 압력이었다.

대회 결정서는 박헌영 파와 허가이, 박일우 등 "반당적 분파분자"의 숙청을 승인하고, "집체적 령도의 원칙"을 지켜 "개인숭배와 사상에 반대할 것"을 분명히 했으며, "주체를 잃고 타인의 것을 기계적으로 받아들이는 경향"을 비판했다. 채택된 당 규약 개정안에는 "당적 령도의 최고원칙인 집체적 령도에 대한 레닌적 원칙"에 입각한다는 내용이 포함되었다.

인사가 개편되어 부위원장에 최용건, 박정애, 박금철, 정일룡, 김창만(金昌滿)이 선출되었다. 중앙위원 71명 가운데 만주파는 8명으로, 갑산계는 3명으로 늘어났지만 여전히 연안계가 19명으로 가장 많았으며, 소련계도 9명이 자리를 차지하고 있었다. 상무위원은 김일성·최용건·김일·김광협(金光俠, 만주파)·박금철(갑산계)·김두봉·최창익·림해(연안계)·남일(소련계)·박정애·정일룡(국내계) 등이며, 상무위원 후보는 이효순

(갑산계)·김창만(연안계)·박의완(소련계)·리종옥(李種玉, 국내계) 등이었다. 역시 소련계의 배제가 현저했다.

대회 직후의 당 상무위원회에서 김일성은 일부 간부가 외국인과 만나는 것은 바람직하지 않으며, 앞으로는 외교부와 무역부를 통해서만 외국인과 만날 것을 당부했다.

김일성 부재 중의 반대파 결집

6월 1일 김일성은 소련의 초청을 받아 소련, 동유럽, 몽골 등을 공식 방문하는 일정에 나섰다. 모스끄바에서 흐루쇼프, 미꼬얀 등으로부터 비판을 듣고 반성을 표명하지 않을 수 없었다. 헝가리와 폴란드 등의 정세가 소란스러웠던 동유럽에서는 불안한 가운데 여행이 계속되었다.

김일성의 장기 외유를 틈타, 김일성에 대한 개인숭배를 비판하고 그의 경질을 시도하려는 세력이 행동을 개시했다. 연안계의 부수상 최창익, 상업상 윤공흠, 직업총동맹 위원장 서휘(徐輝), 황해남도당 위원장 고봉기(高峰基), 국내계의 전 내무부 부상 리필규(李弼奎), 소련계의 건설부 장관 김승화(金承化) 그리고 박창옥 등이 결속했다. 그들은 제3회 대회에 참석하기 위해 귀국한 연안계의 소련대사 리상조(李相朝)와 협의하고 있었다. 연안계의 장로 김두봉도 이들의 움직임에 지지를 보냈던 것으로 보인다.

모스끄바로 돌아간 리상조가 첫번째로 행동을 취했다. 그

는 5월 29일 외무차관 페도렌꼬를 방문하여 김일성에 대한 개
인숭배 상황, 역사 왜곡, 내무기관의 적법성 일탈 등을 지적하
고 소련공산당 측에서 조선로동당 지도부, 특히 김일성에 대해
"중대한 이데올로기적 정치적 원조"를 보내주기 바란다고 요
청했다. 그러나 소련 측은 이 요청에 응하지 않았다.

김일성의 외유 중에 평양의 반대파도 소련대사관을 움직이
려 시도했다. 란꼬프의 연구에 따르면 7월 14일 리필규가 대리
대사 페뜨로프와 만나 김일성 등 현 지도부의 배제를 구상하는
그룹이 있다고 밝혔다. 그 목적을 달성하기 위해서는 당내 투
쟁, 즉 비판 및 자기비판을 통하는 길과 폭력적 변혁의 길 두가
지가 있었다. 전자는 불가능했다. 후자를 위해서는 "지하공작"
이 필요한데, 중국인민지원군이 지지해줄 것이라고 리필규는
말했다. 그러나 이를 위한 준비가 얼마나 구체적으로 이루어지
고 있었는지는 의문이다.

8월 중앙위 전원회의

실제로 취해진 것은 제1의 길, 즉 비판과 자기비판의 길이었
다. 김일성이 귀국하자, 최창익은 7월 20일 김일성에 대해 정면
으로 문제를 제기했다. 김일성의 측근인 박정애, 박금철, 정일
룡, 정준택(鄭準澤) 등이 식민지 시대에 일본에 협력했으므로
신뢰할 수 없다는 것이었다(『이바노프 대사 일지』). 이는 명백한 선
전포고였다.

8월 21일과 23일에 열린 당 상무위원회는 대결의 장이었다. 최창익은 정준택의 경질을 제안하고, 박정애와 정일준에 대해서도 부정적인 평가를 내렸다. 그리고 박금철을 공격했다. 김두봉은 박금철이 당 부위원장을 사임해야 한다고 발언했는데, 이는 명백히 최창익에 동조한 것이었다. 김일성은 이들에 대한 자료를 조사했지만 비난의 논거를 찾을 수 없었다고 반론하고 당 지도부를 옹호했다. 이들의 대립은 이미 건널 수 없을 만큼 큰 간극을 드러내고 있었다(『이바노프 대사 일지』 1956.8.24.).

그럼에도 최창익과 김두봉은 김일성의 보고안을 검토하는 28일 당 상무위원회에 참석했으며, 보고안에 대해 비판을 하긴 했지만 결국에는 승인했다. 김일성 측은 이날 반대파에 가담한 김승화를 모스끄바의 사회과학대학교에서 연수하도록 파견해버렸고, 박의완에게는 전원회의에서 발언하지 말라고 강력히 요구하는 등 조치를 취했다(『이바노프 대사 일지』 8.29.).

이어서 8월 30일에서 31일에 중앙위 전원회의가 열렸다. 우선 김일성이 소련과 동유럽 여행에 대해 길게 보고했다. 보고의 말미에서는 개인숭배 문제에 관한 그의 생각을 되풀이하여 밝혔다. 반대파의 결기는 전혀 준비되어 있지 않았다. 세번째 토론자로 나선 윤공흠은, 자신에 대한 비난이 난무하는 가운데 다음과 같은 내용의 발언을 이어갔다. 제3회 당대회에서는 소련공산당 제20회 대회의 정신이 느껴지지 않았으며, 당중앙위원회는 맑스-레닌주의 사상을 성실히 실현하지 못했다고 비판

했다. 이어서 최용건을 느닷없이 로동당 부위원장에 임명한 것
은 당내 민주주의 위반이라고 주장했는데, 이에 대해 최용건
이 육두문자를 동원하여 매도하자 더이상 발언을 계속할 수 없
었다. 황급히 최창익이 일어나 윤공흠을 옹호하려 했지만 그의
발언도 간단히 봉쇄당하고 말았다.

반대파의 패배

　형세가 너무 불리하다고 판단한 윤공흠, 서휘, 이필규, 이 세
사람은 저녁 회의에는 참석하지 않았다. 저녁 회의에서는 윤공
흠에 대한 비판이 이어지는 가운데, 최창익이 이번에는 수위를
낮춘 어조로 당의 정책은 올바르지만 개인숭배에 대해서는 논
의를 해야 하고 이는 당을 좀먹은 문제라면서 당중앙위원회는
개개인의 차원에서는 오류를 범했다고 지적했다. 그에게 질문
공세가 쏟아졌다. 그러한 상황에서 김일성이 발언했다. 그는 당
지도부에 대한 불만세력의 중심으로 최창익과 박창옥을 지목
하고, 불만세력의 지도자가 소련대사관을 방문했다는 소문이
일고 있다고 지적했다. 박창옥이 일어나 자신은 어떠한 분파와
도 관계가 없다고 해명했지만, 비난의 집중포화 속에서 더이상
발언하기는 어려웠다. 마지막으로 김일성은 최창익과 박창옥
및 기타 관련자들에 대한 조직적 처분을 제안했다. 그 결과 결
정이 채택되었다(『이바노프 대사 일지』 9.1.). 윤공흠, 서휘, 리필규
는 동료인 금강(金剛)과 함께 그날 밤이 새기 전에 압록강을 건

너 중국으로 망명하고 말았다. 너무나도 허무한 결말이었다.

채택된 결정은 4명이 "종파적 음모" "반당적 음모"를 기획하여 평양시당 위원회와 황해남도당 위원회의 일부 세력 그리고 인민군의 일부까지 일당으로 끌어들였고, 전원회의에서 불시로 공격하여 중앙위원회가 혼란 속에서 분열하면 평양 시내에서 열성자회의를 소집해 황해남도에서도 호응하게 할 계획이었다고 단정하고 있다. 최창익은 상무위원·중앙위원·부수상에서 해임되고, 박창옥은 중앙위원·부수상·기계공업상에서 해임되었으며, 윤공흠·서휘·리필규도 모든 직책에서 해임된 뒤 당에서 제명되었다(로동당『결정집』).

소련과 중국의 개입

거사에서 패배한 뒤 반대파가 의지한 것은 소련공산당이었다. 리상조는 9월 3일, 김일성을 규탄하는 내용으로 조선로동당 중앙위원회 앞으로 보내는 장문의 서한을 소련 지도부에 제출했다. 이 서한은 시모또마이 노부오(下斗米伸夫)에 의해 발견되어 처음으로 공개되었다. 리상조는 김일성에 대한 개인숭배 양상을 상세히 기술하면서, 김일성과 그 주변에서는 당 내에 개인숭배가 없다고 억지를 쓰고 있지만 "김일성과 그 지지자들에게 20회 대회의 문서는 호랑이보다 무서운 것"이라고 지적했다. 리상조가 사회주의적 적법성이 유린되었다고 지적한 사실들은 확실히 심각한 내용이었다. 리상조는 또한 역사가 왜곡되고 있다며, 김일성의 만주 항일무장투쟁만이 조선인민의 민족해방투쟁사를 이루고 있다는 역사기술을 비판하고 있다. 보천보전투도 경관 3명을 살해했을 뿐인 작은 전투에 불과하다고 적었다. 틀린 말은 아니었지만, 이 전투로 김일성의 이름이 한반도에 널리 퍼졌다는 사실에 대해 언급하지 않은 것은 인식부족이라 할 수 있다. 마지막으로 리상조는 레닌적 당원칙에 반하는 자는 단죄될 것으로 믿는다며 이 서한을 모든 중앙위원과 후보위원에게 알리도록 요구했다.

이 서한은 실제로는 소련공산당 중앙위원회에 보내졌다. 이 서한을 받은 뒤, 9월 6일 소련공산당 정치국에서는 북한 사태에 대해 토의했다. 정치국은 중공 당대회에 참석할 예정이었던 미꼬얀에게 북한 측과 "진지하게 대화를 나눌 것"을 지시했다. 또한 중국 측과 베이징에서 "의견을 교환하라"는 지시도 있었다.

중국의 8전대회는 9월 15일부터 열렸다. 소련으로부터 미꼬얀과 뽀노말료프가 대표로 도착했다. 마오 쩌둥과의 대화를 통해 북한에 대한 개입이 결정되었으며, 양당 대표단을 평양에 보내기로 했다. 중국 측에서는 국방부장 펑 더화이와 참모총장 니 룽전(聶榮臻)이 대표로 선출되었다. 마오 쩌둥은 미꼬얀과의 회합에서 김일성을 엄격하게 비판했으며, 이 자리에서 김일성을 현직에서 배제해야 한다는 결론이 나왔던 것으로 보인다.

9월 중앙위 전원회의

대표단은 9월 19일 베이징을 출발해 같은 날 평양에 도착했다. 그러나 평양에 도착해서 알게 된 것은 김일성을 물러나게 하는 것은 불가능한 일이라는 사실이었다. 김일성은 완전히 당을 장악하고 있었다. 따라서 중소 양당대표는 사태를 수습하여 원래대로 회복하라고 요구했다. 조선로동당 측은 굴복할 수밖에 없었다. 9월 23일 중소 대표가 참석한 가운데 조선로동당 중앙위원회 회의가 열렸다. 김일성이 보고를 하고 도망친 4명의 연안계를 포함해서 모든 제명처분을 취소할 것을 제안했다. 보고에서 김일성은 "그들이 적이 아닌 이상 동지적 세심함으로 그들이 오류를 교정할 시간과 가능성을 줄 필요가 있다"라고 말했다(소련 당 외국 공산당 연락부 자료). 결의는 8월 회의가 문제를 처리하는 데 있어 신중하지 못했으며, 오류를 범한 동지를 "교양적 방법으로 시정시키기 위한 인내성 있는 노력이 부족했다"라고 인정했다. 당내에서 일어나는 문제를 "조직, 행정적 방법으로 처리할 것이 아니라 광범한 비판과 토론의 방법으로" 사리를 규명할 것, "당내 민주주의를 확대 발양시키며, 당내 비판과 자기비판, 특히 밑으로부터의 비판을 강화하며 당원 대중의 적극성을 (…) 제고"하기 위해 노력하겠다고 표명했다(로동당 『결정집』). 김일성은 미꼬얀과 펑 더화이에게 8월과 9월의 중앙위원회 전원회의의 자료를 공개할 것을 약속했다. 박일우를 중국으로 출국시키겠다는 약속도 했다. 중소 대표는 그날 본국으로 돌아갔다.

9월 29일자 『로동신문』은 9월 전원회의 결정에 대한 간단한 소개 기사를 실었다. 기사에는 최창익과 박창옥 등의 규율문제에 관한 8월 전원회의 결정이 재심의된 사실, 그들이 범한 과오는 중대하지만 그들을 관대히 옹호하고 그들에게 자신의 과오에 대해 반성할 기회를 부여하며 바른 길로 돌아오도록 하기 위해 처분을 취소하기로 했다는 사실만 간단히 소개되었다.

소련과 중국에서 각각 9월 전원회의 자료를 공개하도록 지속적으로 요구했지만 북한 측은 버텼다. 박일우의 출국도 허락하지 않았다. 그러다가 10월에 헝가리사건이 일어나 흐루쇼프가 스스로 "스딸린주의자"임을 자처하자, 김일성의 태도도 변했다. 소련정부도 또한 10월 30일에 발표한 성명의 첫머리에서 헝가리사건과 관련해 "사회주의 국가와의 관계에서 평등의 원칙을 경시한 위반과 오류"를 범했다고 자기비판했다. 이 성명은 북한에서도 환영받았다. 그러한 일들이 겹치면서 9월 전원회의의 자료는 결국 공개되지 않았다. 그 이면에서 반대파에 대한 철저한 추궁이 준비되고 있었다.

소련계와 연안계에 대한 억압과 추방

1956년 12월부터 당증 교환사업이 개시되었다. 당내 불순분자를 적발하고 숙청하는 일반적인 사업이었지만 8월의 반대파 사건이 일어난 뒤였기 때문에 그와의 관련성에 이목이 집중되는 것은 당연했다. 해가 바뀌자 김일성종합대학장 유성훈(兪成勳, 소련계 군인 유성철의 형)과 역사학자 리청원 등 개인에 대한 비판이 시작되었다. 남에서 월북해 살아남은 리청원은 연안계인 최창익과의 관계가 문제시되었다. 이후 체포자 수가 늘어났다. 헝가리사건의 영향 속에서 한국으로부터의 공작원 잠입에 의한 반혁명 조직을 경계하는 조치도 취해졌다. 1957년 5월 31일에는 김일성 명의로 '반혁명분자와의 투쟁을 강화할 데 대하여'라는 포괄적인 당 상임위원회 결정이 제출되었다.

1957년 7월부터 본격적으로 반대파 숙청이 시작되었다. 소련측이 얻은 정보에 따르면 8월 말까지 68명이 체포되었다. 지방의 시멘트공장 지배인이 되어 있던 박창옥도 역사유산 보호 관계 일을 하고 있던 최창익도 '인민의 적'으로 몰려 체포되었다. 8월 19일에는 김일성이 소련의 신임 대사 뿌자노프에게 격노하며 이르기를, 반대파가 당위원장에 김두봉을 내세우고 최창익 수상·이상조 외상·이필규 내상 등으로 구성되는 정부를 만들려 했을 뿐 아니라, 8월 15일 시위 때 간부단을 습격해 지도부를 체포하겠다는 쿠데타 계획을 세우고 있었다는 것이다(『뿌자노프 대사 일지』).

같은 해 11월에는 러시아혁명 40주년을 기념해 모스끄바에서 세계공산당회의가 열렸다. 이때 마오 쩌둥은 김일성과의 회견에서 1956년의 개입에 대해 사죄했다. 이는 김일성을 한층더 고무했다. 김일성이 귀국한 뒤 12월에 중앙위 전원회의가 열렸다. 반대파였으나 이제는 완전히 굴복한 고봉기가 자신들은 박일우를 당위원장으로 추대하고, 최창익·박창옥·김승화를 부위원장에 앉히려는 계획을 세웠노라고 '고백'했다. 내상 방학세가 이것은 무장봉기를 일으키려는 음모라며 몰아세웠다. 연안계의 장로 김두봉은 이미 모든 지위에서 해임되어 있었는데, 비난을 받고 변명과 자아비판을 했다. 이 전원회의는 반대파 숙청으로 향하는 '새로운 파도로의 신호'(란꼬프)가 되었다. 이후 대대적인 체포활동으로 연안계는 거의 모두 투옥되었다. 군대 내의 연안계 숙청은 철저했다. 소련계는 50명 정도가 처형되거나 행방불명되었고, 약 250명이 소련으로 귀국했다.

1958년 3월 제1차 당대표자대회가 열렸다. 박금철이 '당의 단결과 결속을 더욱 강화할 데 대하여'라는 제목으로 반대파 숙청작업에 대해 종합적으로 보고했다. 재판은 연기되어 1960년 2월이 되어서야 겨우 비공개재판으로 치러졌다. 피고는 35명이었으며 이 가운데 20명에게 사형판결이 내려졌다. 그 가운데는 박창옥과 최창익도 있었다. 김두봉은 이미 병사한 상태였다.

이 모든 과정을 추진한 것은 소련계의 내상 방학세와 당 지도부의 박금철과 이효순 그리고 김일성의 동생 김영주였다. 소련계와 연안계를 일소한 뒤, 당의 기구를 담당하게 된 것은 전쟁 전후로 모스끄바에 유학을 떠났다가 스딸린 사망 이전에 귀국한 젊은 엘리뜨들이었다. 1957년에 당조직 지도부장이 된 김영주가 그 대표격이었으며, 그 외에 1958년에 당 선전선동부 차장에서 부장으로 승진한 김도만(金道滿), 민주청년동맹 위원장에서 당 국제부장이 된 박용국(朴容國), 김일성의 사상비서가 된 황장엽(黃長燁), 1960년에 『로동신문』 주필이 된 허석선(許錫宣), 당 학교교육부장이 된 고혁(高赫) 등을 들 수 있다.

이러한 숙청 분위기 속에서 1955년부터 현안이었던 김일성의 겸직문제, 즉 김일성이 당의 책임자와 수상을 겸직하고 있는 상태를 해소하는 문제가 슬쩍 자취를 감추고 말았다. 애초에 이는 소련에서 당 제1비서와 수상을 겸임할 수 없게 된 이후 그 영향으로 북한에서도 논의되고 있었으나, 최용건을 수상에 앉히려는 김일성의 의사를 모두가 반대한 상황이라 진전되지 않았다. 그러던 중 1958년 3월에 흐루쇼프가 소련에서 수상 겸임을 부활시키자 북한에서도 이 문제는 더이상 논의되지 않게 된 것이다.

사회주의체제의 성립

1957년부터는 국민경제발전 제1차 5개년 계획이 시작되었다. 국유화된 공업을 기초로 한 계획적인 부흥·건설 작업이 순조로이 진행되었다. 1949년의 생산고를 100이라고 했을 때 전쟁이 끝난 1953년에는 75로 줄었으나, 3개년 계획의 결과 1956년에는 162로 증가했으며, 1960년에는 더욱 크게 증가하여 364가 되었다.

농업 협동화율도 1954년 말에는 30.9퍼센트였던 것이 1956년 말에는 80.9퍼센트로 올랐으며, 1957년 말에는 거의 100퍼센트에 달했다. 김일성은 이해 12월 20일의 연설에서 다음과 같이 말했다. "조선 인민은 머지않아 흰 쌀밥에 고깃국을 먹고, 비단 옷을 입고 기와집에 살게 될 것입니다. 이는 공상이 아니라 내일의 현실입니다."(『김일성 저작집』 11권) 수공업을 포함한 공업부문의 개인경영도 완전히 협동화되었다. 사회주의화가 완료되어 국가사회주의체제가 완성되었던 것이다.

1958년 6월의 최고인민회의 연설에서 김일성은 "모든 노동자는 당의 요청에 대답하여, 천리마의 속도로 사회주의화를 목표로 전진하고 있습니다"라고 말했다. 이 말이 실마리가 되어 1959년부터 '천리마' 운동이 시작되었다. 1959년 3월 9일, 강선제철소의 한 작업반이 '천리마' 작업반 운동을 제안하여 실천한 것이 시초였다. 천리마란 조선의 전설에 등장하는 하루에 천리를 달리는 말을 가리킨다. 천리마를 탄 마음가짐으로 모든 소극주의를 물리치고 생산성을 향상해나가자는 이 운동은 스따하노프 운동의 북한판이라고 할 수 있다. 그렇다고 '천리마'가 반드시 북한 고유의 상징이라고는 할 수 없었다. 1961년에는 평양 시내의 언덕에 '천리마' 동상이 세워졌는데, 말은 날개를 달고 있어 그리스 신화의 페가수스와 유사하다.

1961년 4월 15일 준공된 천리마동상(『영광의 50년』, 외국문종합출판사-조선화보사 1995)

중국군의 철수

8월 종파사건에서 반대파가 중국인민지원군에 기대어 쿠데 타를 시도했다는 것이 사실이라면, 김일성의 입장에서 중국군 의 철수는 더이상 미룰 수 없는 문제였다. 1957년이 저물기 전 에 북한정부가 중국군 철수를 위한 교섭을 요구한 것으로 보 인다.

1958년 2월 14일, 결국 저우 언라이 수상이 북한을 방문하 여 중국인민지원군의 철수문제를 협의했다. 2월 19일 북한과 중국은 지원군이 자발적으로 북한에서 철수한다는 방침을 담은 공동성명을 냈다. 다음날인 20일에는 지원군 총부(總部)가 1958년 내로 전면철수된다는 성명을 발표했다. 실제로 3월과 4월에 6개 사단 등 제1진 8만명이, 7월과 8월에 6개 사단 등 제2진 10만명이, 마지막 9월과 10월에 지원군 총부와 3개 사단 등 제3진 7만명이 철수했다. 이로써 중국인민지원군은 모두 북한에서 철수했다.

일본으로부터의 귀국선 도착

마치 철수하는 중국군인들을 대신하듯 일본으로부터 재일조선인 975명을 태운 귀국선이 1959년 12월 16일 청진항에 도착했다. 다음날 『로동신문』은 시내가 '명절날처럼' 들뜬 가운데 5만여명의 환영군중으로 넘쳐났으며, 부두에는 1만여명이 입추의 여지 없이 들어찼다고 보도했다. 재외 조선공민 중앙응접위원회 환영단 단장인 이주연(李周淵) 부수상 이하, 박성철(朴成哲) 외상, 강량욱(康良煜) 민주당 위원장, 한설야 최고인민회의 상설위원회 부위원장, 김천해(金天海) 조국전선 의장단 의장, 김응기(金應起) 조선적십자 위원장 등이 마중나왔다. 사설은 "실로 재일 조선 공민들의 귀국 — 이것은 우리 민족 역사에서 또 하나 특기할 사변이며, 큰 경사다"라며 이들을 환영했다. 2면에는 "어머니 조국의 품에 안기며"라는 제목으로 귀국자들의 담화가 실렸다. 여기에는 "자식을 여섯이나 둔 나는 그들의 장래를 생각할 때마다 항상 가슴이 답답해지곤 했습니다. 어린 것들을 위해서라도 하루 속히 조국으로 돌아가리라" 생각했다는 여성, "천년 만년 살고 싶다"라는 노인, "배우고 또 배우겠다"라는 소년의 말들이 기록되어 있다.

12월 21일에는 귀국자들이 평양에 도착해 시민 15만명의 환영을 받았으며, 귀국자 대표가 김일성을 만났다. 김일성은 "전쟁 직후에는 물론 우리나라 사정이 어려웠다. (…) 그러나 전후 우리 근로자들은 당의 주위에 결집하여 3개년 인민경제계획을 성과적으로 완수했으며, 제1차 5개년 계획도 2년 만에 완수했다. 그리하여 오늘 우리나라의 사정은 달라졌다. (…) 오늘 우리들은 모두 다 걱정 없이 먹고 입고 평안히 지낼 수 있는 형편이 되었다"라고 말했다.

이러한 상황에서 생활고에 신음하고 차별에 절망하던 재일조선인들이 북한에서 희망을 발견하고 수만명 규모로 민족이동을 감행했던 것이다. 귀국자 수는 다음해인 1960년에는 4만 9036명으로 급증했으며, 1961년에는 반감하기는 했지만 그래도 2만 2801명을 기록했다. 이에 대한 김일성의 방침은 '조국의 따뜻한 품에' 모두를 받아들인다는 것이었으며, 귀국 희망자를 무제한 무심사로 입국시켰다. 외부와의 경계를 폐쇄하는 국가사회주의체제 국가로서는 이례적인 행위였다. 미국과 일본, 한국의 정보기관이 이 기회를 이용하려고 했을 가능성이 없지 않다. 그런데 전쟁이 끝난 지 7년이 지난 북한의 현실은 귀국자들이 꿈꿔온 희망의 땅과는 분명 크게 달랐을 것이다.

한편 1960년 4월에는 한국에서 이승만 대통령을 타도하는 학생혁명(4·19)이 일어났다. 이 대통령의 부정선거에 항의하는 마산의 시위에서 한 중학생이 죽임을 당한 사건으로 전국민이 분노하는 가운데, 4월 19일 서울의 학생들이 들고 일어나 투쟁을 전개했고 186명의 사망자가 발생했다. 25일 학생들이 흘린 피의 댓가를 치르라면서 교수단이 시위행렬에 가세하여 결국 대통령은 사임하고 출국했다. 한반도에 새로운 희망의 빛이 비친 순간이었다. 학생들 가운데서 남북 간 접촉을 요구하는 목소리도 들리기 시작했다.

주체 선언

1960년 김일성은 조용히 주체선언에 나섰다. 1955년 12월에 이루어졌다는 '주체 연설'을 1960년 5월에 간행한 『김일성 선집』 제4권에 발표한 것이다. 이는 사상비서 황장엽과 함께 김일성이 새로 쓴 작문이었다고 생각된다. 여기에는 1955년부터 이 글이 발표될 때까지의 과정에 대한 입장이 총체적으로 제시되어 있었다.

우리 당 사상사업에서 주체는 무엇입니까? (…) 우리는 어떤 나라의 혁명도 아닌 바로 조선혁명을 하고 있는 것입니다. 이 조선혁명이야말로 우리 당 사상사업의 주체입니다.

(…) 인민학교에 가보니 사진을 걸었는데 마야꼽쓰끼, 뿌슈낀 등 전부 외국사람들뿐이고 조선사람이란 한 사람도 없었습니다. 이렇게 아이들을 교양해서야 어떻게 민족적 자부심이 생기겠습니까? (…) 어떤 사람들은 쏘련식이 좋으니 중국식이 좋으니 하지만 이제는 우리 식을 만들 때가 되지 않았습니까?

이 '우리 식'의 체제를 만들어나가자는 요청은 소련계와 연안계를 완전히 일소한 뒤 소련 및 중국과의 관계에서 자주적 태도를 강조한 1960년의 김일성 정신의 구현이었다.

이 '주체' 정신을 구현한 예로 부각된 것이 1960년 2월 평안남도 청산리 마을의 사례에서 김일성이 착안한 농촌 공작의 정신과 방법인 '청산리 정신' '청산리 방법'이다. 상급기관이 하급기관을 도와 대중의 의욕과 열정을 끌어낸다고 하는 특별할 것 없는 내용이었지만, 독자적으로 개발한 것이라며 여기에 의미부여한 것이 특징적이다.

나아가 1961년 12월에 김일성은 평안남도 대안전기공장에 체류하면서 '대안의 사업체계'를 제안했다. 이는 기업을 지배인에게 단독으로 맡기지 않고 그 관리를 당위원회의 지도 아래 일원화하는 것이었는데, 이 또한 독자적 방식이라고 하여 선전되었다.

두 상호원조조약의 동시 체결

'주체'의 입장이 가장 잘 발휘된 것은 소련 및 중국과 안전보장조약을 동시에 체결한 것이었다. 중국인민지원군의 철수 이후 국가의 안전보장을 위해 김일성은 소련과 중국 양쪽으로부터 안보 지원을 얻으려 했다. 우선 소련에 대한 접근을 강화했다. 1958년 2월의 북중 공동성명에서는 위급한 경우 중국군이 재투입될 것이라는 점이 확인되었으나 뜨까첸꼬의 연구에 따르면, 김일성은 이를 기대할 수 있는지 의심스럽다는 속마음을 모스끄바 쪽에 내비쳤다. 교섭 결과 1959년 흐루쇼프는 평양방문 시 조약에 조인한다는 데 동의했다. 그러나 흐루쇼프는 이해 미국을 방문했고, 그 뒷처리를 위해 베이징을 방문하는 등 일정이 밀려 있다는 이유로 약속을 지키지 않았다.

1960년 5월 김일성은 비밀리에 베이징을 방문했다. 거기서 그가 어떤 이야기를 했는지는 알려지지 않았지만 모스끄바와의 교섭에 대해 설명하고 중국과 조약을 체결하고 싶다는 바람을 전한 것은 틀림없다. 뜨까첸꼬의 연구에 따르면 이어서 6월에 또 비밀리에 모스끄바를 방문한 김일성은 흐루쇼프에게 중국 측이 북한을 소련당 지도부에 대항하는 음모에 끌어들이려 시도했지만 자신은 이를 분명히 거절했다고 말했다. 그는 나아가 한국이 70만에서 40만으로 군축한다는 안을 내고 있는데, 조선인민군은 32만이며 국경경비군이 6만이라 자신들도 병력 추가 삭감이 필요하다고 말했다. 흐루쇼프는 같은 해 9월에 북한을 방문할 테니 그때 조약을 체결하자며, 그렇게 되면 병력 삭감이 가능할 것이라 답했다. 그러나 흐루쇼프는 1960년에도 북한을 방문하지 않았다.

김일성은 1961년 3월 부수상 김광협을 소련에 파견하여, 흐루쇼프에게 북한을 방문해줄 것을 요청했다. 흐루쇼프는 케네디와의 회담이 있다며 방문은 내년이 될 것이라고 시사했다. 4·19혁명 후 사회불안에 위기감을 키워가던 한국 군부는 5월 16일 쿠데타를 일으켰다. 박정희 장군의 정권이 수립되자 이번에는 김일성이 위기감을 갖게 되었다. 6월 베트남의 지도자 호찌민이 평양을 방문했다. 남베트남해방 민족전선이 1960년에 탄생하여 활동을 개시하고 있던 터였다. 김일성에게 호찌민의 방문은 흥분되는 순간이었을 것이다.

그러한 흥분이 식기 전인 6월 29일, 김일성은 소련 방문길에 올랐다. 여러차례 북한에 공수표를 날렸던 흐루쇼프도 더이상 방문을 피하지 못하고 7월 6일 김일성과 북소우호협력상호원조조약을 체결했다. 모두 6개 조항으로 이루어진 조약이었다. 제1조는 한쪽이 군사적 공격을 받아 전시상황이 되면 다른 한쪽은 모든 수단을 이용해 즉각 군사지원을 행한다는 규정이었다. 제5조에는 한반도의 통일은 평화적 기반에서 이루어져야 한다고 되어 있어 군사적 통일에 대해서는 경계하고 있었다. 기한은 10년으로 파기통고가 없을 경우 5년 동안 자동연장되도록 정했다.

중요한 것은 김일성이 귀국길에 베이징에 들러 중국과 북중 우호협력상호원조조약을 체결할 예정이라는 것을 소련 측에 알리지 않았다는 사실이다. 김일성은 베이징에서 마오 쩌둥과 회견하고, 7월 11일에 조약에 조인했다. 중국과의 조약은 7개 조항으로 만들어졌는데 소련과 맺은 조약과 거의 같은 내용이 었으며, 차이가 있다면 무기한의 조약이라는 점이었다. 북한이 소련 및 중국과 같은 조약을 동시에 체결하여 안전을 확보할 수 있었던 것은 김일성의 중소 등거리외교, 자주외교의 성과였다.

승리자의 대회

1961년 9월 로동당 제4회 대회가 열렸다. 중앙위원회 보고 가운데 김일성은 국가의 '사회주의적 개조의 완성'을 선언했다. 농업의 협동조합화가 완성되었다는 보고에 뒤이어, 수공업 및 도시의 자본주의적 상공업의 사회주의적 개조가 완성되었다는 보고가 있었다. 공업부문 5개년 계획에서는 총생산고 목표가 2년 반만에, 중요 제품의 현물 지표는 4년 만에 완수되었다는 사실이 발표되었다. 천리마운동의 의의가 강조되고 새로운 7개년 계획이 설명되었다.

가장 먼저 토론에 나선 박금철은 다음과 같이 말했다. "오늘 전당이 당중앙위원회의 사상과 의지대로 사고하고 활동하고 있으며, 전체 인민이 우리 당과 한덩어리가 되어 나아가고 있습니다. 이것은 간고(艱苦)한 혁명투쟁에서 세련된 김일성 동지를 비롯한 공산주의자들을 핵심으로 하는 맑스-레닌주의적 령도 체계가 우리 사회에서 전면적으로 확립되었다는 것을 말하여줍니다."(『제4차 대회 토론집』) 결론에서 박금철은 "김일성 동지를 수반으로 하는 당중앙위원회 주위에 한마음, 한뜻으로 굳게 단결하여 (…) 전진합시다"라고 다짐했다. 이 맺음말 표현은 거의 모든 토론자가 사용했다.

1956년의 제3회 당대회와 비교해 중앙위원의 면면에 큰 변화가 있었다. 중앙위원 85명 가운데 연안계는 19명에서 3명으로 줄고, 소련계는 10명 가운데 남일 하나만 남았다. 이에 반해 만주파는 8명에서 30명으로 크게 늘었다. 갑산계도 3명에서 5명으로 늘었다. 거기에 김일성의 동생인 김영주도 중앙위원이 되었기 때문에 만주파와 갑산계, 만주파 자제를 합치면 총 85명 가운데 무려 36명에 달했다.

정치위원 중 만주파는 김일성·최용건·김일·김광협, 갑산계는 박금철·이효순 등으로 11명 가운데 6명이었으며, 연안계와 소련계에서는 김창만과 남일 만이 남았다. 위원장은 김일성, 부위원장은 최용건·김일·박금철·김창만·이효순이었다.

김일성을 중심으로 만주파와 갑산계가 당과 정부, 군을 통일적으로 지도하는 독점체제가 만들어져 정치에서의 일원화가 완성되었다. '당=국가체제'가 형성될 때에는 어느 국가에서든 이와 비슷한 형태로 주류에 의한 일원적 지배가 나타난다. 소련에서는 1934년의 제17회 당대회가 이에 해당하는 것이었으며, '승리자의 대회'라 불렸다. 북한의 제4회 대회야말로 바로 이러한 '승리자의 대회'라 불릴 만한 것이었다. 북한에서의 국가사회주의체제, '당＝국가체제'는 여기서 성립했다.

유격대국가의 성립

(1961~72)

당초의 전제

국가사회주의로 거듭난 사회주의국가 북한에서는 제4회 당대회에서 박금철이 내건 구호, 즉 '김일성 동지를 수반으로 하는 당중앙위원회의 주위에 굳게 결속해서 (…) 전진하자'라는 정식이 공식적인 견해로 자리잡아갔다. 승리한 주류파에는 모든 만주파와 갑산계가 포함되어 있었다.

이와 동시에 미묘한 변화가 생겼다. 해방 초기에는 김일성 장군의 전기(戰記)뿐이었는데, 만주파와 갑산계 인사들의 개인적인 회상기가 잇달아 발표되기 시작한 것이다. 1959년부터 1961년까지 5권이 나온 김일성 숭배적인 『항일 빨찌산 참가자들의 회상기』의 출판이 중지되고 1960년에 갑산계인 박달(朴

達)의 회상기가 출판된 데 이어 1963년에는 최현(崔賢)의 회상기가 단행본으로 출판되었다. 1964년에는 조선혁명박물관을 소개하는 앨범이 출판되었는데, 앨범에는 김일성과 나란히 최용건·김책·김일·안길·강건·유경수에 대한 내용이 수록되었으며, 나아가 갑산계인 박금철·박달의 사진도 실렸다. 또한 이해부터 『혁명선렬의 생애와 행동』이 세권 출판되었다. 여기서는 갑산계 인물로 일제에 의해 사형에 처해진 이제순(이효순의 동생)에 대한 이야기가 대대적으로 소개되었다. 1965년 12월에는 박금철의 부인이 사망해 장례위원회가 만들어졌다는 사실이 『로동신문』에 보도되었다(12.17.).

1965년 무렵의 『로동신문』은 보통의 사회주의국가에서 발행된 신문과 별반 다르지 않다. 제호 옆에는 구호들이 적혀 있는데, 가장 중요한 구호는 '조선 인민의 모든 승리의 조직자이며 고무자인 조선로동당 만세'다.

이 시기의 큰 화제는 1964년 2월 중앙위 전원회의에서 김일성이 발표한 「우리나라 사회주의 농촌문제에 관한 테제」였다. 국가의 지원으로 도시와 농촌의 격차를 없애나간다는 구상이었다. 농업현물세가 폐지된다는 약속도 들어 있어 농민들의 기대도 고조되었다.

중소대립의 사이에서

바로 이때 중소논쟁이 격렬해지고 있었다. 북한은 처음에는 중국 측으로 기울었다. 1962년 10월의 중인분쟁에서는 네루정부를 '침략자'로 비난했다. 소련이 꾸바에 핵무기를 배치하려 했다가 이를 알게 된 미국이 최후통첩을 던졌던 꾸바위기 때에는 북한은 흐루쇼프의 미사일 철거 결정에 불만을 표시했다. 12월 북한은 전인민의 무장화, 전국토의 요새화, 전군대의 현대화, 전군인의 간부화 등 4대군사노선을 채택했다. 1963년 6월 최용건은 베이징을 방문하여 류 샤오치와 함께 사회주의국가의 외교정책을 평화공존정책에 가둬놓으려는 소련의 처사에 대해 비난하는 공동성명을 발표했다. 7월 25일에는 미영소가 공동으로 부분적 핵실험금지조약에 조인했는데 북한은 중국과 함께 이에 반대했다. 가장 공공연한 소련 비판은 가을에 나왔다. 김석형(金錫亨) 등 3인의 역사가가 소련 과학아카데미판 『세계사』의 한국사 기술에 대해 비난하는 소책자를 제작 발표한 것이다. 여기에는 '맑스-레닌주의 사학의 기본적 요구에 배치되는 중대한 오류' '조선사에 대한 무지와 편견으로부터 오는 왜곡, 위조와 날조' 등의 표현이 실렸다. 1964년이 되자 북한은 더욱 공공연히 소련을 비난했다. 『로동신문』의 1월 27일자 사설은 '현대 수정주의자'와 '모종의 사람들'이 아시아 아프리카 라틴아메리카의 인민에게 반제투쟁을 그만두게 하려 한다고 비난했다. 6월에 평양에서 열린 제2회 아시아 경제 세미나는 소련을 비난하는 장이 되었고, 자력갱생의 자주경제 건설과 평등호혜, 주권존중의 경제협력 등을 주창하는 평양선언이 채택되었다. 7월 27일자 『로동신문』은 일본공산당의 내부분열을 기도하는 소련 당의 행위가 '대국배외주의'에서 나오는 것이라 비난했다.

그러나 소련과 대립함으로써 소련으로부터의 원조가 삭감되었고 그 때문에 1961년부터 개시된 7개년 계획 수행이 난항을 겪었다. 1964년에 흐루쇼프를 대신해서 등장한 브레즈네프 정권이 화해의 제스처를 보이자, 북한은 이에 즉각 응했다. 1965년 2월에는 꼬시긴과 셸레삔을 평양으로 불러들였다. 3월에는 북한 대표단이 모스끄바를 방문하여 석유를 제공받기 위한 교섭을 벌였다.

한일조약과 한국군의 베트남 파병

1963년에 케네디가 암살당한 뒤 대통령이 된 존슨 치하에서 1964년부터 본격적으로 미국의 베트남전쟁이 시작되었다. 8월 통킹만 사건이 조작되었고, 이를 구실로 1965년 2월부터 미국은 북베트남 폭격을 개시했다. 이어 3월에는 남베트남의 다낭에 미해병대 2개 대대 등 3500명이 상륙했다.

이런 가운데 한국의 박정희 정권은 한일조약 교섭의 타결을 서둘러 6월에는 한일기본조약에 조인하기에 이르렀다. 일본에게 식민지 지배를 반성하고 사죄하게 하는 내용 없이 한국은 무상 3억달러, 유상 2억달러의 경제원조를 약속받았다. 미국이 재촉하여 일본과 한국이 국교를 수립한 데 대해 북한은 강력히 반발했다. 한국군은 미국의 요구에 응해 곧바로 베트남전쟁에 참전했다. 북한에게 베트남은 사회주의 우방이다. 프롤레타리아 국제연대의 원칙을 지켜 북베트남 측에 서서 행동해야 한다는 생각이 대두하기 시작했다. 그런 가운데 남한혁명이 현실의 목표로 부상했다.

김일성, 주체사상을 확립하다

1965년 4월, 김일성은 수카르노 대통령의 초청으로 인도네시아를 방문했다. 여기에 아들 김정일이 수행했다. 4월 14일, 김일성은 알리 알함 사회과학원에서 강연을 했다. 그는 "우리 당이 조선인민 혁명투쟁과 건설사업을 올바로 지도하는 데 무엇보다도 중요한 것은 주체를 철저히 확립하는 것이었다"라고 말하고, "조선의 공산주의자는 조선에서 혁명을 추진하고 있다"며 "주체의 사상"이라는 말을 사용하여 "사상에서의 주체, 정치에서의 자주, 경제에서의 자립, 국방에서의 자위"가 당의 일관된 입장이라고 강조했다.

그해 10월 『근로자』 19호에 신진균의 논문 「주체사상은 공산주의적 자주, 자립의 사상이다」가 게재되었다. 이것이 처음으로 주체사상을 정식화한 논문이다. 논문은 맑스-레닌주의는 세계적·보편적으로 타당한 "일반원칙"이지만 이것으로 무장함과 동시에 "사대주의, 교조주의, 민족허무주의"와 투쟁하여 "주체를 확립하는 방침을 갖지 않으면 안 된다"라며, "자주성

창조성의 원칙과 자력갱생의 원칙은 혁명의 주인으로서의 당과 인민의 립장인 두 측면에 관한 문제로서 전일적인 주체사상을 이루고 있다"라고 주장했다. 또한 "주체를 확립하기 위한 당의 투쟁"을 되돌아보면서 당이 1955년 4월의 중앙위 전원회의에서 "주체를 확립하기 위한 전면적 투쟁을 전개했다"라고 썼다. 같은 해 12월 김일성은 "우리 당의 주체사상은 바로 처음으로 전면적 체계적으로 진술되었다"라고 연설했다. 1960년에 발표된 이른바 '주체' 연설을 '주체사상' 형성의 역사 속에 자리 잡게 한 최초의 언급이었다. 이 논문은 아마도 4월까지 김일성의 사상비서였던 황장엽이 김일성과의 논의를 거친 뒤에 필명으로 발표한 것이라 생각된다.

1965년 10월 10일 로동당 창건 20주년 경축대회에서 김일성은 "우리 당은 1955년에 교조주의를 극복하여 모든 분야에서 주체를 확립하기 위한 단호한 방침을 내세우고 그것을 관철하기 위하여 계속 견결히 투쟁했습니다"라고 연설했다. 11월 2일 자 『로동신문』에는 창간 20주년 기념집회에서 책임주필 정준기(鄭浚基)가 연설한 내용이 게재되었는데, "1955년 사상사업에서 교조주의와 형식주의를 퇴치하고 주체를 확립할 데 대한 김일성 동지의 교시를 관철하기 위하여 신문은 우리 당의 주체사상의 본질을 해설 침투시키며, 우리나라의 력사를 비롯한 제반 자료들을 지면에 소개 선전"하는 데 노력해왔다고 강조했다.

김일성 주변에서는 1955년부터 주체의 입장을 확립하기 위

한 투쟁이 시작되었다고 보고, '주체사상'을 전면에 내세워 역
사를 새로 쓰는 작업에 착수했다. 그러나 그것은 당 선전선동
부의 공식 견해가 되지는 않았다. 1966년이 되어도 『로동신문』
지면에서 주체사상은 전혀 논의되지 않았으며, 김일성에 대한
언급도 여전히 억제되어 있었다. 7월 24일에는 신문 1면에 "맑
스-레닌주의는 우리 혁명의 무기다"라는 제목의 머리기사가
실릴 정도였다.

그런데 1966년 8월 12일자 『로동신문』에 갑자기 작성자를 밝
히지 않은 채 「자주성을 옹호하자」라는 제목의 논문이 1면 머
리에서부터 3면에 걸쳐 실렸다. 논문은 "1955년에 우리 당은 모
든 분야에서 교조주의를 반대하고, 주체를 확립할 데 관한 투
쟁을 전당적으로 전개했다"라는 문장으로 시작되어, 이하에서
는 "자기 머리로 생각해야 한다" "자기 힘을 믿어야 한다" "맑
스-레닌주의는 행동의 지침이다" "남의 경험을 기계적으로 모
방하지 말아야 한다" "민족적 긍지를 가져야 한다" "자립적 민
족경제는 자주성의 물질적 기초다" "자주성을 서로 존중하여
야 한다" "자주성을 견지하면서 반제 공동투쟁을 강화하자"라
고 주장했다. 발표의 형식이나 문장에서 전례를 찾아볼 수 없을
만큼 매우 강력한 힘을 지닌 주장이었다.

북중관계의 냉각

북한이 소련과 관계를 개선하자 이번에는 중국과의 관계가

급격히 냉각되었다. 1966년 9월 15일자 『로동신문』은 뜨로쯔끼즘 비판이라는 형식으로 문화대혁명의 폭력주의를 비판했다. 그리고 10월 5일 당대표자회에서 김일성은 조선로동당과 일본 공산당에 대한 중국의 내정간섭을 비판했다. "현대 수정주의" 보다 "좌경 기회주의"가 더욱더 위험하다는 것이었다.

남조선혁명노선의 채택

1966년 10월 5일부터 12일까지 조선로동당 제2회 대표자회의가 개최되었다. 이 대표자회의에서 김일성은 "조선혁명은 세계혁명의 한 고리이며"라는 말로 보고를 시작했다. 미국의 베트남 침략과 이에 대한 베트남 인민의 투쟁이 오늘날 세계의 초점이며, 모든 사회주의국가는 "힘을 합쳐 싸우는 웰남 인민을 지원하여야" 하고, 북한의 당과 인민은 "웰남에 대한 미제의 침략을 자신에 대한 침략으로 인정하며" 싸울 것을 선언했다. 베트남에의 의용병 파견도 주장했다. 이와 관련하여 사회주의국가 속에 있는 "현대 수정주의"와 "좌경 기회주의"에 반대하는 "반제 공동행동과 반제 통일전선", 사회주의 진영의 단결을 촉구했다. 한반도의 "민족적 과업"이란 "조국의 통일과 혁명의 전국적 승리"이며, 이를 위해 북반부의 사회주의 건설을 추진하여 북반부를 "혁명의 위력한 기지"로 만들고, 이와 함께 남한에서 혁명세력을 강화하여 혁명투쟁을 발전시켜야 한다고 주장했다. 북반부의 강화 및 발전을 위해서는 사대주의를 뿌리째

뽑고, "모든 분야에서 주체를 더욱 철저히 세우고 자력갱생의 혁명정신을 더욱 발양하여야" 한다고 강조했다. 남조선혁명의 기본적 임무는 "미제국주의의 침략세력과 그 주구들을 타도" 하는 것이며, 이를 위해서는 맑스-레닌주의 당을 조직하여, 혁명세력을 준비해야 한다고 강조했다(『로동신문』 10.6.). 혁명에 의한 통일 구상이 천명된 것이었다.

대표자회의 직후의 중앙위 전원회의에서 새로 인사가 단행되었다. 먼저 정치위원회에 상무위원회가 신설되어 김일성, 최용건, 김일, 박금철, 리효순, 김광협이 위원으로 추대되었다. 정치위원회에는 정규위원으로 5명이 추가되었는데, 그 가운데 민족보위상인 김창봉(金昌奉)이 주목된다. 정치위원 후보에는 11명이 올랐다. 그리고 위원장 및 부위원장 제도를 폐지하고 총비서 제도를 만들어 비서국을 두었다. 총비서는 김일성이었다. 비서에는 최용건, 김일, 박금철, 리효순, 김광협(국방상), 석산(石山, 사회안전상), 허봉학(許鳳學, 군정치국장), 김영주(조직지도부장), 박용국(朴容國, 민청위원장, 국제부장), 김도만(선전선동부장) 등 10명이 선출되었다. 앞의 5명은 정치위원회 상무위원이었으며, 나머지 5명은 김도만을 제외하고 정치위원 후보였다. 비서국이 김일성을 지원하는 체제가 출범한 것이었다.

베트남에 대한 지원병 파견은 곧바로 결정되었다. 김일성은 10월 19일, 파견을 앞둔 제203 공군부대 조종사들을 격려했다(宮本悟).

해가 바뀌어 1967년 1월 1일자 『로동신문』 사설은 "남조선혁
명"을 호소하고, 베트남 인민의 투쟁을 스스로의 투쟁으로 여
기고 맞서 싸워 미 제국주의의 베트남 침략을 저지하며 제국주
의를 타도하자고 요청했다. 1월 28일자 신문 제호 옆에는 "언제
나 항일 빨찌산들이 백두산에서 싸우던 그 혁명적 정신으로 살
며 투쟁하라"라는 새로운 구호가 자리했다. 2월 8일의 지면은
하루 전에 열린 조선인민군 창건 19주년 기념집회에 대해 보도
하며, "전체 인민군 장병들은 당과 혁명에 무한히 충실하고, 김
일성 동지를 수반으로 하는 당중앙위원회를 목숨으로 사수하
며, 당과 수령의 부름이라면 물불을 헤아리지 않고 당의 혁명
위업을 철저히 방위하며 조국을 통일하고 남반부를 해방할 수
있도록 전투력을 일층 강화할 것"이라는 김창봉 민족보위상의
명령을 실었다. 2월 9일자 『로동신문』은 김일성이 김창봉과 함
께 군부대를 방문한 사진을 실었는데, 이와 함께 최용건·김일·
박금철·김광협 등 4명이 각각 군부대를 방문한 사실을 보도하
고 있다.

1967년 1월에는 홍위병이 김일성을 공격했으며 북한 내부에
서 정변이 일어나고 있다는 대자보가 내걸렸다. 조선통신사는
1월 26일 항의성명을 발표했다(『로동신문』1.27.). 2월부터 3월까
지 김일 등의 대표단이 모스끄바를 방문하여 경제·과학기술협
력 협정에 조인했다.

유일사상체계의 확립

1967년 3월 17일부터 24일까지 열린 도·시·군 및 공장 당 책임서기협의회에서 김일성이 행한 연설이 『저작집』 21권에 실려 있다. 당시의 『로동신문』에는 이 회의와 연설에 대한 언급이 전혀 없다. 이 연설 가운데 김일성은 "당의 유일사상체계를 철저히 세울" 것을 요구하면서, 항일유격대의 경험을 반복해서 언급하고 이를 모범으로 삼아야 한다고 말했다. 반면 선전선동부가 맑스주의 고전 학습 및 애국주의 교육을 권장하는 것을 비계급적이라고 비난하고 연구 교육면에서 뒤떨어져 있다며 비판했다. 연설 후반에서 김일성은 "혁명적 대사변을 맞이할 준비"를 갖추어야 한다고 주장하고, "남조선혁명을 완수하여 조국통일을 실현하는" 과제를 수행하는 데 "모든 것을 종속시킬 것을 요구한다"며 "전쟁에 대처할 준비를 잘할" 것을 강조했다. 이 시점에 김일성이 생각했던 바가 잘 표현된 연설이라고 여겨진다.

베트남전쟁에 호응하여 남조선혁명을 조직하고 필요하다면 다시 혁명전쟁을 일으킬 것이며, 이를 위해 수령의 유일지도를 확립해 전인민이 항일유격대원의 정신으로 행동해달라는 것이 당시 김일성의 주장이었다. 베트남 사태와 한국의 출병에 자극을 받은 김일성은 한국에서의 혁명이 현실적으로 가능하다고 믿었다. 이러한 김일성의 방침을 둘러싸고 대립이 일어나는 것은 당연했다. 박금철과 남조선혁명을 책임지는 당연락부장 리효순, 선전선동부장 김도만 등이 비판세력으로 등장했을 것으로 생각된다.

1967년이 보천보전투 30주년에 해당하는 해였다는 것은 숙명적인 무엇인가를 말해주는 것 같다. 어떠한 기념비를 제작할 것인가, 어떠한 기념행사를 거행할 것인가를 두고 갑산계와 만주파의 감정이 서로 엇갈렸던 것으로 보이는데, 이것이 기본노선에서의 대립으로 발전해갔다. 보천보전투가 두 계파를 연결하는 고리였다는 점에서 이를 둘러싼 대립은 치명상이 될 가능성이 있었다.

1967년 4월부터 『로동신문』 지면은 크게 바뀌었다. 책임주필 정준기가 김일성의 지시에 따라 새로운 방침을 도입했을 것이다. 4월 15일, 김일성의 생일에 『로동신문』은 사설 「당과 수령의 주위에 굳게 단결하는 조선 인민은 필승불패이다」를 게재했다. 4월 20일부터 시작된 전국 교원대회에서는 보통교육상 윤기복(尹基福)이 교원들에게 "당의 유일사상체계"로 무장할 것을 요구했다. 4월 23일자 『로동신문』은 교원대회의 결의문을 게재했다. 거기에는 "공산주의 교양을 혁명전통 교양과 결합시킬" 것과 "주체를 확고히 세울" 것에 대한 다짐, 그리고 "수령의 교육전사가 되는 무한의 긍지"가 담겨 있었다.

이러한 대립 속에서 5월 4~8일 당중앙위 제15차 전원회의가 열렸다. 이 회의의 자료는 오늘날까지 공개되지 않았다. 『조선로동당략사』에 회의 내용이 어떠했는지 짐작해볼 만한 기술이

162

있을 뿐이다. "유일사상체계" 수립이 논의되었으며, "부르조아 및 수정주의 분자"가 등장했다고 하는 내용이 들어 있다. 박금철 이하 갑산계와 이에 동조하는 부장들이 유보 의견을 냈던 것으로 보인다. 이 회의에서는 결론이 나지 않았다.

회의가 끝난 뒤 『로동신문』의 논조는 완전히 바뀌었다. "경애하는 수령 김일성 동지"(5월 2일), "위대한 수령"(5월 6일) 등 '수령'이 반복적으로 강조되기 시작했다. 이와 함께 "항일유격대원의 불굴의 혁명정신을 본받자"(5월 8일)라거나 "항일유격대원과 같이 혁명전통에 충실하자"(5월 13일)라는 등의 구호가 등장했다. 전인민에게 항일유격대원을 본받을 것, "수령의 참된 혁명전사"(5월 20일)가 될 것이 요구되었다. 중요한 의미를 담은 「혁명 전통 학습을 더욱 강력히 진행하자」라는 논문도 『근로자』 6월호 권두에 실렸다.

6월 28일부터 중앙위 제16차 전원회의가 열려, 여기서 결착이 났다. 회의에 대한 간단한 보고가 7월 4일자 『로동신문』에 실려 있다. "전원회의는 당원들과 근로자들을 당의 로선과 정책, 항일무장투쟁 시기에 이룩된 우리 당의 영광스러운 혁명전통으로 계속 튼튼히 무장시키고, 그들의 로동계급화, 혁명화를 촉진하여 전당에 유일한 사상체계를 더욱 철저히 확립함으로써 북반부 혁명력량을 한층 더 강화하여야 한다고 지적했다."

여기서 박금철·리효순·리송운(李松雲) 등 갑산계와 김도만·박용국·허석선(許錫宣)·고혁(高赫, 부수상) 등 모스끄바 유학파 엘리뜨가 추방되었다. 당 연락국 부국장이었으며 연안계로 유일하게 살아남았던 하앙천(河仰天)도 해임되었다. 황장엽은 김도만과 박용국이 김영주에게 신뢰받는 측근이었다고 썼지만, 이들을 타도하는 데 실무적으로 움직인 것은 다름 아닌 김영주 당조직 지도부장이었다. 연락부장은 리효순에서 군인인 허봉학으로 바뀌었다. 선전선동부장은 김도만에서 김국태(金國泰, 김책의 장남)로 바뀌었으며, 고등교육부장은 허석선에서 량형섭(梁亨燮)으로 바뀌었다. 국제부장은 김용국에서 누구로 교체되었는지 알 수 없다.

항일유격대원으로 살자

결국 6월의 전원회의에서는 김일성과 만주파가 있고 당이 있으며 대중이 있다는 것이 아니라, 김일성이 유일한 사령관으로서 국민 전체에게 유격대원이기를 요구하는 노선을 내세웠다. 그것은 만주파를 탈실체화하고 이를 국가적 규모로 확대하여 전국민의 만주파화·유격대원화를 추진한다는 것, 즉 전국민을 수령의 전사로 만들겠다는 의미였다. "유일사상체계" 가운데 핵심은 혁명전통의 유일성을 내세우는 것이었다. 만주파의 혁명전통도 여러 가지가 있어서는 안 되었다. 혁명전통은 김일성의 전통만이 유일해야 했다.

7월 10일자 『로동신문』에 "항일유격대원처럼 살며 일하자"라는 제목으로 기사가 실렸다. 17일에는 『항일 빨찌산 참가자들의 회상기』 제9권에 대한 학습 경험을 전하는 「혁명의 시기에 사는 혁명가답게 살고 일하자」라는 기사가, 8월 5일에는 '항일유격대원들처럼 수령의 명령이라면 무조건 관철하는 참된 혁명전사가 되자'라는 내용의 기사가 실렸다. 이로부터 8월 24일에는 "항일혁명대원처럼 혁명적으로 살며 일하자"라는 정리된 구호가 나왔다. 이는 1974년에 내세워진 "생산도 학습도 생활도 항일유격대식으로"라는 이름높은 구호의 원형이다.

주체사상과 유격대국가의 성립

이때 주체사상에도 공적인 위치가 주어졌다. 12월 16일 김일성은 새로 구성된 최고인민회의 제1차 회의에서 정부의 새로운 10대정강을 발표했다. 제1항은 "우리 당의 주체사상을 모든 부문에서 훌륭하게 구현함으로써 (…) 자주·자립·자위의 로선을 철저히 관철"한다는 것이었으며, 제2항은 "북반부 인민들을 항상 남조선 인민들의 성스러운 반미구국투쟁을 지원하며, 혁명적 대사변을 주동적으로 맞이할 수 있도록 정신적·물질적으로 튼튼히 준비"시킨다는 것이었다. "혁명적 대사변"이란 남한에서 반미와 반박정희를 목표로 한 혁명적 항쟁이 일어나는 것을 가리키며, 이를 "주동적으로 맞이한다"는 것은 유격대 남파를 포함한 적극 지원방안을 채택할 것을 의미한다. "주체사상"은 이러한 연관 속에서 새로운 국가의 지도이념으로 선언되었다.

이후 『로동신문』의 제호 옆에는 "김일성 동지의 위대한 주체
사상의 구현인 우리 당의 로선과 정책을 철저히 관철하자"라는
구호가 등장했다.

유일사상체계의 확립과 항일유격대원의 모범화에 이어 주체
사상이 확립됨으로써 새로운 국가체제가 모습을 드러냈다. 김
일성이 유격대 사령관이며 전인민이 유격대 대원인 국가, 이를
유격대국가라 부를 수 있을 것이다.

베트남과의 거리

이처럼 베트남 내의 투쟁이 진전됨에 따라 북한은 이에 호응
하여 제2전선을 구축하려 필사의 노력을 기울이기 시작했지만,
베트남 측과 의견이 통일되지 않았다. 1967년 8월 26일, 베트남
대리대사 호안 무이가 귀임하기 전 동독대사인 슈트라우스에
게 했다는 말은 충격적이기까지 하다. 호안 무이 대사는 북한
에 대해 극도로 비판적이며 부정적이었다. "조선로동당 지도
부의 정책은 전혀 맑스-레닌주의적이지 않다.""과거 경제 분
야에서 일정한 성과를 냈다고는 하지만 이러한 기초 위에 거짓
이론이 발전되고 있어서 지금 사람들은 이 이론을 실천에 재적
용하느라 고생하고 있다.""대외정책에서 조선민주주의인민
공화국의 지도자는 두 얼굴을 가지고 주변국들을 조종한다. 그
들은 허위와 사기를 동원하고 있다. 우리에게는 이렇다 말하
고, 중국인에게는 저렇다 말하며, 소련인에게는 또다시 다른 말

을 한다. 이런 것도 오래 잘 될 수는 없다.""우리와의 관계는 우리 민족의 투쟁을 지원한다는 방침으로 결정되어 있다. 공화국은 우리를 힘닿는 한 지원해주겠다지만, 주로 말에 그치고 있다.""조선에서의 전쟁 위기에 대한 소문은 프로퍼갠더다. 조선의 정세는 우리의 그것과는 전혀 다르다.""현재 약속된 조선민주주의인민공화국의 원조는 1150루불(이 가운데 경제원조가 550만, 군사원조가 350만, 나머지가 전년도 보전분)에 이른다. (…) 우리는 만족하지 않는다. 조선의 동지는 더이상은 불가능하다고 한다."(동독 외무성 자료 G-A-364)

즉 베트남인의 실천적인 관점에서 보면, 북한에서 진행되고 있는 것은 말뿐인 연극처럼 보였을 것이다. 베트남은 북한을 신용하지 않았다. 북한이 해온 것은 짝사랑 비슷한 것이었다는 느낌이 든다.

무장유격대의 남파

그러나 북한은 진지했다. 1968년 1월 21일 유격대를 남파해 청와대로 진격시켰다. 유격대원 수는 31명이었다. 부대는 22일 밤 10시에 청와대 바로 뒤의 북한산 기슭까지 접근했는데, 검문에 걸려 총격전이 벌어졌다. 이틀에 걸친 작전 결과, 26명이 사살당하고 4명이 체포되었으며 1명이 도주했다. 한국 측의 사망자는 68명이나 되었다. 체포자의 진술을 통해 유격대는 북한 특수부대 병사임이 밝혀졌다. 북한의 23일과 24일자 신문은

"무장한 소부대가 서울 시내 한복판에 출현하여 괴뢰 경찰부대와 총격전"을 벌였으며, "경기도 고양군, 서울 근교 세검정, 북한산 비봉 북측 등 각지에서 무장 유격대가 수차 적들을 공격"했다고 보도했다. 북한 측은 줄곧 이것이 한국 내에서 조직된 유격대의 작전이었다고 하여, 자국 병사의 파견 사실을 인정하지 않았다.

1월 23일, 이번에는 원산 앞바다에서 북한 해군이 영해를 침범했다며 미 함정 푸에블로호를 나포했다. 나포 작전 도중 미 함정 측에서 1명이 사망하고, 함장 이하 승무원 모두 포로가 되었다. 미국정부는 맹렬히 반발했고, 제7함대 함선이 한국영해에 급히 출동했다. 평양에서는 미국과의 전쟁에 대비하여 시민을 소개하기 시작했다. 소련정부는 사태 전개에 아연실색했다.

1월 25일자 『로동신문』은 "무장 유격대들이 계속 남조선 도처에 진출하여 적들을 족치고 있"으며 "무장 유격대가 적들과 격전, 괴뢰군 련대장을 사살, 적군 수십명을 살상"했다는 내용의 기사를 실었다. 26일에도 "무장 유격대가 미제 침략군 초소를 습격하여 양키놈을 처단"했다는 제목이 눈에 띈다.

긴장이 고조되는 가운데 1월 31일 새벽, 남베트남의 사이공에서 해방전선의 특별공격대가 미 대사관으로 돌진함과 동시에 각지에서 테트공세가 시작되었다. 오랜 기간 준비된 대작전이었다. 미 대사관에 돌진한 뒤 6시간 동안 일부 건물을 점거한 특별공격대원 20명은 저녁 무렵 모두 전사했다. 북한의 움직임

『로동신문』 1968년 1월 24일자 1면

은 이 테트공세와는 무관한 것이었지만 베트남의 움직임을 파악한 뒤 자신들의 작전이 올바른 것이었다는 확신을 가졌을 것이다.

1월 31일 김일성은 꼬시긴에게 서한을 보내 "존슨 일당은 조선에서 언제 어떻게 도발을 개시할지 모른다"며, 이는 우호협력상호원조조약으로 맺어진 북한과 소련에 대한 "난폭한 도전"이고 "모든 사회주의국가의 안전에 대한 중대한 위협"이며, 우리는 "침략에 대해 어떠한 반격이든 가할 준비를 하지 않으면 안 된다"라고 말했다. 그리고 "미 제국주의자에 의한 군사적 공격의 결과로 조선에서 전쟁상태가 조성되면, 소련정부와 형제적 소련 국민은 우리와 함께 침략자와 싸울 것"을 믿는다고 덧붙였다(Radchenko).

당혹한 소련 측은 김일성에게 모스끄바에 와서 설명하도록 요구했다. 그러나 김일성은 현재 상태에서는 북한을 떠날 수 없다며 민족보위상 김창봉을 모스끄바에 파견했다. 모스끄바에 온 김창봉에게 브레즈네프는 푸에블로호 문제를 조속히 해결하라고 요구했다. 자신들은 북한의 동지가 계속해서 한반도의 평화적 통일을 목표로 하고 있음을 알고 있으며, 현재 상황에서 전쟁을 개시하는 방향으로 나아가는 데는 반대한다고 분명히 전했다(Tkachenko).

그러나 북한 측의 흥분은 가라앉지 않았다. 2월 4일자『로동신문』은 "전체 인민군 장병들이여! 당의 유일사상으로 철저히 무장하여 김일성 동지께 무한히 충직한 혁명전사가 되자"라는 구호를 내걸었다. 2월 28일에는 최광(崔光) 참모장의 부인 김옥순(金玉順)이 여성동맹위원장의 이름으로 행한 연설 "렬사 가족과 영예군인 가족은 당과 수령께 무한히 충직한 혁명전사가 되자"가 실렸다.

통일혁명당의 조직과 괴멸

북한은 남조선혁명을 위해 맑스-레닌주의 당을 오랫동안 조직해왔다. 박헌영과 리승엽의 남로당을 스파이들의 당이라며 전면부정한 뒤로, 다시 공작원을 보내 처음부터 새로이 당을 조직했다. 이를 담당한 당 연락부장은 박금철, 박일영(朴一英), 림해(林海) 등을 거쳐 1958년부터는 리효순이 맡았다. 그가 만든 것이 통일혁명당이다.

1963년부터 김종태(金種泰), 김질락(金瓆洛), 리문규(李文奎) 등을 중심으로 당의 핵심이 구성되었다. 동국대를 졸업했으며 국회의원의 동생이었던 김종태는 통일혁명당 서울시 위원장이 되었고, 서울대를 졸업한 김질락은 1964년에 합법적으로『청맥(靑脈)』을 창간했으며, 역시 서울대를 졸업한 리문규는 서울 시내에서 학생주점을 개설해 활동하기 시작했다. 이들은 몇차례 북한에 잠입하여 북한 당국과 협의를 가졌다. 이 조직의 공작 대상은 주로 지식인과 학생이었으며, 노동자와 군대에는 손을 뻗지 않았다. 북한은 이들에게 1968년 북에서 행동이 개시되면 그에 맞추어 직접 행동할 것을 요구했다.

1966년 10월 로동당 대표자회에 남한 혁명조직 대표라는 리남혁(李南革)이 출석해서 발언했는데, "항일무장투쟁의 빛나는 혁명전통을 계승하고" "대표자회에서 제시된 과업을 수행하기 위해" 싸울 것을 다짐했으며, "수령 김일성 동지께서 만수무강하시기를 축원합니다"라고 맺었다(『로동신문』 1968.10.9.). 1968년에 통일혁명당이 어떠한 활동을 했는지는 알려지지 않았다. 1968년 8월 20일 제주도 해안에 상륙하려던 북한의 특공대가 발견되어 12명이 사살당했고 2명이 포로로 잡혔다(『동아일보』1968.8.21.). 중앙정보부는 이 두 사람의 진술과 발견된 문서를 실마리로 통일혁명당 지하 간첩단을 일망타진했다고 8월 24일 발표했다(『동아일보』1968.8.25.). 158명을 체포하고 이 가운데 73명을 송치했다고 하는데, 이미 이전부터 체포할 준비를 했지만 20일 사건이 일어난 뒤 이와 결부해 발표했을 것이다. 중심인물은 모두 체포되었다. 김종태, 김질락, 리문규 등 30명은 이후 1969년 1월에 재판에 회부되었다. 간부 5명은 사형판결을 받고 처형되었다. 남베트남해방 민족전선 평양대표부의 인물이 재판 뒤에 독일대사에게 했다는 말이 인상적이다. "남조선에 대중에게 일정한 영향을 줄 수 있게 조직된 혁명 그룹은 단 하나도 존재하지 않는다."(『동독 외무성 자료』C1025/73)

유격대 작전의 실패

이렇게 해서 통일혁명당은 괴멸했지만 김일성의 의지와 사기는 수그러들지 않았다. 1968년 10월 8일, 그는 체 게바라 전사 1주년에 즈음하여 『트리콘티넨탈』(*Tricontinental*)지[10]에 「아세아, 아프리카 라틴아메리카 인민들의 위대한 반제혁명위업은 필승불패다」를 게재했다. 11월 2일, 한국 농해의 울진·삼척에 100명 정도의 유격대원이 상륙했다. 5일자 『로동신문』은 "남한

---

10) 1966년 트리콘티넨탈 회의(Tricontinental Conference)에서 창간된 좌파 잡지. 꾸바의 '아시아·아프리카·라틴아메리카 인민과의 연대를 위한 기구'(Organization of Solidarity with People of Asia, Africa and Latin America)를 통해 1년에 4회 발간되고 있다.

의 혁명적 무장유격대들이 원쑤들에게 박격포탄 벼락을 들씌워 무리죽음을 주었다"라는 제목으로, 동부와 중부에서 전투가 일어나 남쪽 인민은 열차를 탈선·전복시키는 등 투쟁에 나서고 있다고 보도했다. 보도는 9일까지 연일 계속되었으며, 15일에도 나왔다. 그러나 한국 측에 따르면 상륙한 부대는 마을에 들어가 혁명선전을 시도했지만 마을 사람들이 이를 거부했으며, 토벌대에 의해 거의 전원이 사살당했다. 한국 측 사망자는 70명에 이르렀다. 체포당한 대원은 5명이었으며 5명은 자수했다. 이것도 북쪽에서 파견된 부대임이 밝혀졌다.

이 작전은 1969년에도 계속된 것으로 파악된다. 1969년 8월 16일, 한국 측의 발표에 따르면 강원도 해안 마을 주문진에 '공비'가 출현했다. 그러나 유격대 작전이 베트남에 호응하여 남조선혁명을 일으키려는 목적이었다면 그것은 이미 1968년 단계에서 한국인들에게 거부당함으로써 처절한 실패를 맛보았던 셈이다. 1968년의 행동을 비교해보면, 베트남의 강력한 인민전선과의 차이가 너무나도 역력했다. 베트남의 혁명방식은 한반도에서는 전혀 통용되지 않았던 것이다.

기대했던 "혁명적 대사변"은 일어나지 않았다. 실패한 작전은 누군가 책임져야 했다. 1968년 12월 23일, 김일성은 결국 소련이 강력히 요구하던 푸에블로호 승무원을 석방했다. 그리고 곧바로 1969년 1월 인민군 당 전원회의 확대회의에서 민족보위상 김창봉, 총참모장 최광, 총정치국장 허봉학, 정찰국장 김정태(金正泰, 김책의 차남) 등 군의 최고위급 간부들을 비판하고 전원 해임했다. 신경완(申敬完)은 그들이 김영주를 후계자로 내세우는 데 반대하여 자신들의 입지를 강화하기 위해 멋대로 무장유격대를 파견한 것처럼 이야기하고 있지만(정창현), 그렇지 않다. 국가가 총력을 다해 전개한 작전이 실패하자 그 책임을 물었던 것으로 보인다. 서대숙은 빨치산파가 숙청된 것으로 해석하지만 이것도 아니다. 민족보위상의 후임으로 임명된 것은 최현이며, 총참모장에는 오진우(吳振宇)가 임명되었다. 최현도 오진우도 김일성 직계인 제1로군계다. 2월 14일 남베트남해방 민족전선 대표부의 루온은 동독 대사에게, 민족보위성 지도부의 변화가 북한의 정치노선이 변화되었다는 의미인지 관심이 있으나 신임 총참모장 오진우의 연설을 들어보아도 변화를 느낄 수 없다고 토로했다(동독 외무성 자료, C1025/73). 북한의 행동은 베트남인에게는 알리고 싶지 않은 실패였으며, 군 간부의 교체는 그 조용한 처리였던 것이다.

4월 15일에는 북한의 방공부대가 미국의 첩보기 EC121을 격추했다. 이때 북한은 3일 동안 침묵을 지켰다. 『로동신문』은 4월 18일이 되어서야 처음으로 기사를 내보냈다. 북한의 반미 공세가 끝난 것이었다면, EC121기의 격추는 북한 지도부를 당황하게 만든 우연적인 사건이었을 수 있다.

한편 베트남에 파견된 북한 공군의 조종사들은 소련이 제공한 미그 전투기를 몰고 참전했다. 그 전체 규모는 알 수 없다.

14명의 전사자 묘가 베트남에 조성되어 있다는 것이 알려져 있을 뿐이다(宮本悟).

북중관계 개선

그동안 소련은 1968년 8월 체코슬로바키아에 군대를 파견하여 둡체크의 개혁파 정권을 무너뜨렸다. 북한은 소련을 지지했다. 게릴라의 남파에 대해 반발하던 일본공산당과는 이때 완전히 결별하게 되었다. 그렇다고 해서 북한이 소련의 반중 전선에 동참하겠다는 자세를 보인 것은 아니다. 1969년 5월 뽀드고르니가 북한을 방문했지만 북한의 지지를 얻지는 못했다.

또한 중국과의 관계조정도 추진되었다. 1969년 9월 10일 호찌민의 장례에 참석한 최용건이 베이징에 들러 저우 언라이와 회견하면서 북중관계의 개선과 발전을 원한다는 김일성의 희망을 전했다. 중국 측은 이를 받아들여 9월 30일 중화인민공화국 건국 20주년의 국경절에 참가하기 위해 중국을 방문한 최용건을 마오 쩌둥, 린 뱌오 등과 함께 톈안먼 단상에 서도록 예우했다(『저우 언라이 연보(周恩來年譜)』하권). 1970년 3월 김일성은 정식으로 저우 언라이의 북한 방문을 요청했고, 이는 4월 5~7일에 실현되었다. 7년 만에 이루어진 중국공산당 최고위급 인사의 북한 방문으로 조중관계는 회복되었다. 저우 언라이는 "피로 맺어진 군사적 우의"를 강조했다.

로동당 제5회 대회

1970년 11월 2일부터 13일까지 로동당 제5회 대회가 개최되었다. 거기서 선출된 중앙위원 117명 가운데 만주파는 31명이었는데 김영주를 이에 더하면 32명이 된다. 갑산계와 연안계는 완전히 사라졌다. 소련계는 남일과 방학세 등 2명이 남았다. 나머지는 모두 신인이었다. 정치위원 11명 가운데는 오진우, 김동규(金東奎), 서철(徐哲), 한익수(韓益洙), 김영주, 김중린(金仲麟) 등이 포함되었다. 만주파 중앙위원으로는 지난번 당대회에서 뽑힌 11명이 제외되고 새로 13명이 선출되었다. 제외된 사람들 가운데 2명은 사망했으며 나머지는 실각한 것이었다. 실각한 사람들은 제2로군계와 제3로군계이며, 제1로군 중에도 김일성 직계가 아닌 사람들이 많았다. 새로 선출된 13명은 모두 제1로군계로, 이 가운데 적어도 10명은 김일성의 제2방면군 출신이었다. 단지 만주파에서 그치지 않고 만주파 가운데서도 김일성 직계가 당중앙을 완전히 독점하기에 이르렀다.

이렇게 하여 1970년에 국가의 새로운 상부구조가 완성되었다. 유격대 모델을 전국가로 확대하고, 사령관 김일성을 전인민이 받드는 유격대국가다. 이 구조는 국가사회주의체제 위에 구축된 2차적 구조물이었다. 이 국가체제는 베트남전쟁에 호응하여 남조선혁명을 일으키고, 이를 지원하여 혁명적 통일을 실현하겠다는 목표로 구축된 것이었다. 그러나 그 목표는 백일몽으로 끝났다. 목표가 사라졌음에도 불구하고 새로운 강력한 국가체제가 나타났다는 것은 커다란 역설이었다.

7·4 남북공동성명

이즈음 베트남전쟁에서 승리할 수 없다는 사실을 받아들인 미국은 베트남에서의 패배를 회피하고 중국과 비기는 선에서 화해하는 방향으로 움직이려 하고 있었다. 1971년 7월 키신저가 베이징을 방문했고 이듬해 2월에는 닉슨 대통령이 방중했다. 북한은 "닉슨이 백기를 들고 베이징에 왔다"고 평가하며 중국의 움직임을 받아들였다. 상황의 변화를 감지하고 스스로도 방침을 전환하여 남북대화로 향했던 것이다. 남북 적십자 간 접촉이 1971년 9월 20일부터 시작되었다. 1972년 5월 2일 이후락 한국 중앙정보부장이 평양을 극비리에 방문하여 김영주 로동당 조직지도부장과 회담한 것을 계기로 정치적 소통의 장이 열렸다. 김일성은 이후락(李厚洛)에게 1968년의 청와대 습격사건은 "우리 내부의 좌경 맹동분자"가 저지른 것이라며 사과했다고 한다. 7월 4일 남북공동성명이 발표되었다. 그 내용은 북한의 주장을 받아들인 것으로 보였다. 외부세력에 의존하지 않은 평화적 방법에 의한 통일, 사상과 제도를 초월한 민족대단결을 도모한다는 것이었다. 그리고 남북조절위원회 공동위원장 회담이 예정되었다. 이렇게 상황이 진전되는 가운데 한국의 박정희 대통령은 내부체제 강화를 위해 10월 17일 쿠데타적 방법으로 대통령 직선제를 폐지하고 유신체제를 수립했다. 이는 권력의 영속화를 목표로 한 것이었다.

1972년 헌법개정

그러자 이번에는 북한이 체제를 강화했다. 1972년 12월 최고
인민회의는 헌법개정안을 채택하고, 유격대국가에 제도적인
형식을 부여했다. 수령직은 국가주석으로 규정되었다. 국가주
석은 4년 임기이며, 최고인민회의에서 선출되고 중앙인민위원
회와 정무원회의 등 최고집행기관을 지도하게 되어 있었다. 그
는 또한 조선인민군의 최고사령관이자 국방위원회 위원장이기
도 했다. 최고인민회의 대의원은 4년마다 선거를 치러야 했다.
이 입법기관은 유격대국가의 논리에서 보면 장식물이나 다름
없었지만, 국가 제도상으로는 최고인민회의가 새로운 법률을
제정하고 주석을 선출하며 국가경제계획과 예산을 승인하도록
되어 있었다.

제6장

극장국가의 명과 암

(1972~82)

사진 설명

1982년 4월 준공된 주체사상탑.

김정일의 등장

김일성을 유격대 사령관으로 하고 전인민을 유격대 대원으로 여기는 유격대국가는 클리퍼드 기어츠(Clifford Geertz)가 말하는 '극장국가'다. 그는 권력이 의례를 통해 과시되면서 연극화하는 국가를 극장국가라고 불렀다. 북한의 유격대국가는 바로 그가 말하는 바, 현대에 유례를 찾기 힘든 극장국가가 되었다.

유격대국가는 극장국가로서 설계사, 연출가를 필요로 했다. 그 역할을 담당한 것이 수령의 아들 김정일이었다.

1972년 김일성은 환갑을 맞이했다. 후계자를 생각해둬야 한다는 의견이 김일성의 주변에서 몇해 전부터 일고 있었다. 그리고 그의 아들인 김정일이 그러한 존재로 떠올랐던 것이다.

김정일은 1942년 2월 16일에 태어난 것으로 되어 있다. 항일 유격대의 여성 대원이었던 어머니 김정숙의 이름은 한자로 당초 '金貞淑'이었으나, 현재는 '金正淑'이라 표기한다. 김정일은 만주의 항일연군이 소련 영내로 숨어들어간 뒤에 태어난 게릴라 야영지의 아이였다.

김정일은 해방 후 먼저 귀국해 있던 아버지를 따라, 어머니와 그 동료들 손에 이끌려 1945년 말에 귀국했다. 어머니 김정숙은 김정일과 네살 아래의 동생 김경희(金慶喜)를 남기고 1949년에 죽었다. 한국전쟁이 시작되자 여덟살의 김정일은 중국령으로 피난했다. 그곳에서 불안한 날들을 보내다, 전쟁 중인 1952년 귀국해 만경대혁명학원에 입학했다. 이곳은 1년만 다녔으며 그만둔 뒤에는 보통의 초급 및 고급 중학교에서 교육을 받았고, 1960년에 김일성종합대학에 입학하여 1964년에 졸업했다.

김일성종합대학 졸업 후 김정일은 당중앙위원회 조직지도부에 들어가 부장이던 숙부 김영주(金英柱) 밑에서 일하기 시작했다. 1965년에는 아버지를 수행해 인도네시아를 방문하기도 했으며, 1966년에는 조직지도부의 중앙지도과 책임지도원으로 승진했다. 1968년에는 보천보전적지 정비를 지도했다고 알려져 있다. 1969년에는 당 선전선동부 부부장이 되어 영화「피바다」제작을 지도했다. 그 외에도 영화제작 분야에서의 활동이 현저했다. 유일사상체계와 주체사상이 강조되고 유격대국가가 성립해가는 과정에서 김정일은 당 기구에서 두각을 드러냈다.

1960년대 후반 김일성의 동생 김영주는 일부에서 김일성의 후계자로 지목되었지만 그는 원래 유격대에서 함께 싸운 사람도 아니었고, 병치레도 잦았다. 만주파 고참 간부들에게는 모스끄바에서 공부하고 돌아온 것이 전부인 동생보다는 유격대 야영에서 태어난 아들이 후계자로 더 적합해 보였을 것이다. 게다가 김정일은 수완이 좋다는 평가마저 돌았다. 1970년의 제5회 당대회를 준비할 때 김정일을 당중앙위원회 후보위원 정도의 자리에는 앉혀야 한다는 강력한 의견이 존재했었다고 전해진다. 그러나 김일성은 시기상조라며 이를 거부했다. 1971년이 되자 김영주가 건강상의 이유를 들어, 자기 대신에 사상조직 문제를 담당하는 당비서로 세우길 바란다며 김정일을 추천했다. 그러나 이때에도 김일성은 아직 이르다며 반대했다. 이상의 이야기는 모두 신경완의 증언에 기초한 것이다.

후계자 승인

1972년 김정일은 영화 「꽃 파는 처녀」의 제작을 지도하고, 김일성의 환갑을 기념한 조선혁명박물관 건립 작업과 그 앞의 광장에 거대한 김일성 동상을 세우는 작업을 주도했다. 1973년 김영주가 완전히 직책을 수행하지 못하는 상태가 되자, 9월에 김정일은 조직선전담당 당비서가 되어 조직지도부장과 선전선동부장을 겸했다. 그리고 1974년 2월의 당중앙위 전원회의에서 오진우의 제안으로 김정일은 당 정치위원에 선출되었다. 당의

김일성 동상과 조선혁명박물관, 1972년 4월 준공

조직활동과 선전활동을 일괄하여 담당하는 것도 이 자리에서
승인되었다. 사실상의 후계자로 정식 승인된 순간이었다. 이후
김정일은 "당중앙"이라는 호칭으로 불렸다.

경제정책의 수정과 대량 플랜트의 수입

1961년부터 시작된 7개년 계획은 1967년에 완료되지 못하고,
결국 1970년까지 연장되었다. 이어 1971년부터 새로운 6개년
계획이 시작되었다. 1976년까지 연평균 공업성장률 14퍼센트
를 달성한다는 계획이었다. 1970년 9월 소련과 체결한 두 건의
협정에는 각각 1억 9500만루블 및 6300만루블의 차관을 제공받
는다는 내용이 명시되어 있었다. 1972년까지 소련으로부터 제
공된 차관 총액은 5억 6712만루블에 달했다.

그러나 계획이 실행에 옮겨지고 난 뒤 사정이 변하여 경제

정책을 수정할 수밖에 없었다. 1972년에는 남북회담이 열렸는데, 이때 한국을 방문한 박성철 부수상은 박정희 대통령의 경제성장정책 성과를 시찰하고 난 뒤 한국의 경제성장에 충격을 받았다. 그 결과 자력갱생과 폐쇄경제를 추진해온 북한에서도 서구 국가들과 국교를 맺고 경제협력을 추진해야 한다는 의견이 힘을 얻었고, 그러한 방향으로의 변화가 모색되었다. 그리하여 1973년 한해 동안 북한은 덴마크·노르웨이·스웨덴·핀란드 등과 국교를 맺었다. 1974년에는 오스트레일리아·오스트리아·스위스 등과, 1975년에는 뽀르뚜갈과 국교를 수립했다. 나아가 스위스·일본·영국 등 3개 국가와는 1973년에 통상관계가 확립되어 통상협정이 체결되거나 통상협력을 위한 기구가 설립되었다. 이들 국가로부터 수입 대체를 위한 플랜트가 대대적으로 수입되었는데, 이러한 노력의 결과 5억달러 규모, 30건의 약정이 맺어졌다.

비약의 실패에서 위기로

김일성은 줄곧 사상혁명과 기술혁명, 문화혁명의 추진을 독려하고 있었는데 1973년 봄부터는 3대혁명소조를 공장과 광산, 농장에 파견하여 직장에서 3대혁명을 추진하도록 지시했다.

이러한 움직임은 1973년의 오일쇼크와 겹쳤고, 석유와 기계 값이 올라 지출이 130퍼센트 증가했다. 이에 비해 석유 이외의 1차산품의 가격은 떨어졌다. 1975년도 수치를 보면 북한의 주

요 수출품인 아연과 동의 가격은 40퍼센트 내렸으며, 납 가격
도 30퍼센트 떨어졌다. 외화 수입은 감소하고 지출은 급증한
것이다.

북한은 무역대금을 상환할 수 없는 상황이 되어 1974년 가
을부터 지급이 정지되었다. 지급 기한이 다가온 부채는 1975년
9월에는 3억루블이었는데, 1976년 초에는 20억루블에 달했다.
이 가운데 60퍼센트가 서방 국가들에게 진 부채였다. 이 위기
에서 북한을 구한 것은 역시 소련이었다. 1976년 2월에 체결된
북소경제기술협력협정을 통해 1억 1700만루블의 차관 및 이자
와 원금 상환을 위한 4000루블이 공여되었다. 그러나 사태는
이미 이것으로는 막을 수 없는 상황으로 치닫고 있었다.

경제위기와 싸우는 유격대국가

북한에서 탄생한 유격대국가는 본래 "혁명적 대사변"에 대
비한 체제였다. 그러나 이제 그 목적이 사라진 상황에서 유격
대국가는 경제위기에 대처하는 체제가 되어갔다. 우선 '당중
앙'이 된 김정일은 유격대국가를 정식화했다. 그는 곧바로 '김
일성주의'를 제창했다. 1974년 2월 19일, 김정일은 딩 사상교육
부문 활동가들 앞에서 "온 사회를 김일성주의화하기 위한 당
사상사업의 당면한 몇가지 과제에 대하여"라는 제목의 연설을
했다.

186

김일성주의는 한마디로 말하여 주체의 사상, 리론 및 방법의 체계입니다. (…) 인류사상사에서 처음으로 발견된 위대한 주체사상을 진수로 하고, 그에 기초하여 혁명리론과 령도방법이 전일적으로 체계화된 여기에 김일성주의가 선행 로동계급의 혁명리론과 구별되는 특징이 있습니다. 김일성주의야말로 우리 시대, 주체시대 혁명의 참다운 지도사상, 지도리론, 지도방법입니다.

스딸린이 "레닌주의의 기초에 대하여"라는 강의를 하고 레닌이론의 스딸린적 해석, 즉 스딸린의 사상을 전개한 것처럼 김정일은 스스로 김일성의 사상과 행동에 관한 자신의 해석, 즉 자신의 사상을 '김일성주의'라는 이름으로 제시하려 했던 것이다. 1976년 10월에는 '김일성주의'가 맑스-레닌주의를 초월하는 것이라는 설명이 덧붙여졌지만, 김일성 본인이 제동을 걸었는지 '김일성주의'라는 말은 1980년대 중반부터 모습을 감추었고 '주체사상'으로 일원화되었다.

'항일유격대 방식으로'

이보다 훨씬 더 중요했던 것은 1967년의 "항일유격대원처럼 혁명적으로 살고 일하자"라는 구호를 발전시켜 1974년 3월 "생산도 학습도 생활도 항일유격대식으로"라는 구호를 제안한 것이었다. 4월 14일에 김정일은 "전당과 전사회에 유일사상체계를 보다 강고히 확립하자"라는 제목으로 연설을 하면서 '항일유격대식'으로 당의 사상교육활동을 전개할 필요가 있다고 말했다.

"생산도 학습도 생활도 항일유격대식으로"라는 구호는 유격대국가의 기본구호다. 김일성은 1975년 3월의 연설에서 "최근 당 중앙이 내세운 '생산도 학습도 생활도 항일유격대식으로'라는 구호는 대단히 훌륭한 구호입니다"라고 승인했는데, 최종적으로는 1980년 제6회 당대회의 중앙위원회 보고에서 공인되었다.

이 구호는 국민에게 공적으로도 사적으로도 24시간 항일유격대원으로 살 것을 요구하고 있다. 수령과 국민의 관계는 사령관과 병사의 관계로 설정되어 있었다.

그리고 1974년 4월 14일, 김정일은 유일사상체계의 재정식화를 제안하며 '10대 원칙'을 내세웠다. 제3항은 "위대한 수령 김일성 동지의 권위를 절대화할 것", 제5항은 "위대한 수령 김일성 동지의 교시 집행에서 무조건성의 원칙을 지킬 것", 제10항은 "위대한 수령 김일성 동지가 개척하신 혁명위업을 대를 이어 끝까지 계승하여 완성해나갈 것"이었다(스즈끼 마사유끼 『북한대사전』, 1999).

'속도전'의 현실

거기에 더해 1974년 2월부터 김정일은 경제건설의 방식으로 '속도전'을 주창했고, 10월이 되자 '70일간 전투'를 제안했다.

이는 주체적 돌격주의라고 볼 수 있었다. 건설업과 채굴업에는 적용 가능한 방법이었지만, 제조업의 노동생산성 향상을 위해서는 불충분한 방식이었다.

그러나 김정일은 이 길을 선택했다. 1975년 5월부터 김정일은 3대혁명소조 운동에 개입하여 이 운동을 전면적으로 조직화하고, 이해 11월부터는 생산현장에서 3대혁명적기쟁취운동을 조직하도록 지도했다. 3대혁명의 달성도를 모든 공장 및 직장에서 경쟁하도록 한 것이었다. '속도전'은 '전격전', '섬멸전'으로 변화해갔다.

이러한 구호 아래 생산현장의 현실이 어떠했는지는 1975년 7월 1일, 납과 아연 채굴의 중심이었던 함경남도 검덕(劍德)광산에서 이루어진 김정일 연설로부터 알 수 있다.

생산조직사업에서는 단위시간에 생산능률을 높이도록 하는 데 기본을 두어야 합니다. 전투기간이라고 하여 로동자들이 막장에 들어가 한두달씩 나오지 않고 일하게 하여서는 안됩니다. (…) 우리는 땅속의 보물이 아무리 귀하다 하더라도 그것을 결코 당과 혁명의 가장 귀중한 보배들인 우리 로동계급의 건강과 바꿀 수는 없습니다. 광부들을 아껴야 합니다. 우리가 막장에서 전투를 벌이는 것도 결국은 우리 로동계급을 위해서 하는 일입니다. 로동자들을 공기가 나쁜 막장에서 재우지 말고 꼭 밖에 내보내여 자기 집에서 자도록 하여야 하겠습니다. 지금 일부 일군들은 로동자들이 갱막장에 들어가 나오지 않고 일하는 것을 칭찬해주고 선전까지 한다고 합니다. 이것은 로동자들이 막장에 들어가 몇달씩 나오지 않고 일하는 것을 장려하는 것이나 다름없습니다. 절대로 이렇게 하여서는 안 됩니다.(김정일 「3대혁명을 힘있게 벌여 생산에서 새로운 앙양을 일으키자」)

이 연설을 통해 '70일간 전투'에 들어가면 그동안 노동자는 막장에 들어간 채 바깥으로 나오지 않고 계속 일하는 관행이 일반화되었음을 알 수 있다. 김정일의 지시가 있었다고 해도 그리 큰 개선은 이루어지지 않았을 것이다.

아이러니하게도 김정일의 방문을 계기로 다름 아닌 바로 이 검덕광산에서 1975년 11월 3대혁명적기쟁취운동이 시작되었다. 돌격방식에 힘입어 6개년 계획은 성공했고, 북한의 추산에 따르면 연평균 공업성장률 16.3퍼센트를 달성했다. 이러한 방식은 극도의 긴장을 가져왔으며, 이는 계획이 종료된 뒤 1977년이 조정의 해로 지정된 데서 알 수 있다. 그러나 이해 운수부문에서는 200일 전투가 선언되었다.

한국의 민주화운동

1973년 8월 8일, 유신쿠데타에 항의하여 토오꾜오에서 활동을 개시한 김대중을 한국 중앙정보부가 납치하는 사건이 발생했다. 8월 28일 북한은 남북조절위원회 공동위원장의 회담을 중단했다. 1974년 4월 한국에서 민주화운동이 본격적으로 일어나자 북한은 여기에 기대를 걸었다. 1975년 4월 북베트남의 전차가 남베트남 대통령 관저에 진입하여 베트남전쟁이 미국과 한국의 패배로 끝났다. 김일성은 중국을 방문하여 사이공 함락을 환영하고 한국을 위협하는 연설을 했다. 긴장한 한국의 박정희 정권이 인민혁명당 관계자 8명을 사형에 처하는 비극이 일어났다. 공포정치에 항거하여 한국의 민주화운동은 계속되었다. 1976년 3월 1일에는 민주구국선언이 발표되었으며, 김대중 등 서명자 12명과 선언문 초안을 잡은 문익환이 체포되었다.

1976년 8월 18일 판문점의 공동경비구역에서 미군병사가 미루나무를 벌목한 데 항의하여, 북한 경비병이 공격을 가해 2명의 미군병사가 죽는 사건이 일어났다. 미군은 경계태세에 들어갔고, 긴장이 고조되었다. 그러나 더이상 사태는 발전하지 않았다. 1977년에는 카터 대통령의 미군철수계획이 논의를 불러일으켰다. 그러나 이는 미 군부가 반대하여 중지되었다.

두 건의 납치작전

한국의 민주화운동은 북한과는 관계없이 시작되어, 관계없이 진행되고 있었다. 북한은 이 운동에 영향력을 행사하고자 했으며, 그 일환으로 공작원을 파견하려 했다. 1970년대 후반으로 가면서 남한 공작이 본격화되었고, 그 과정에서 1977년부

터 일본인이 납치되기 시작했다. 1977년 11월 여중생이던 요꼬따 메구미(橫田めぐみ)가 납치된 것이 실질적인 최초의 사례다. 공작원이 일본인으로 위장하여 한국에 들어가는 데 필요한 일본인 여권을 획득하기 위해서, 또는 일본인으로 위장하기 위한 언어와 문화의 습득을 도와줄 요원으로서, 또는 북한에 망명한 미군에게 배우자를 찾아주기 위해서, 또는 남녀를 쌍으로 데려와 안정적으로 일을 시키기 위해서 등 납치의 목적은 여러가지였다. 일본정부는 1983년까지 17명이 납치되었다고 밝히고 있다. 이 가운데 생존자 5명이 2002년에 겨우 일본으로 돌아올 수 있었다.

일본인 납치가 시작되었을 무렵, 다른 한편으로 김정일의 지시가 분명하다고 생각되는 '납치'작전이 감행되고 있었다. 한국의 영화감독 신상옥(申相玉)과 그의 부인인 여배우 최은희(崔銀姬)를 북한에 데려와 영화를 제작하게 만든다는 작전이었다. 둘은 1978년에 서로 다른 경위로 홍콩에서 북한에 입국했는데, 둘은 회상기에서 이것이 강제적인 납치였다고 주장했다. 김정일은 둘을 직접 만나, 북한에서 영화를 제작하여 북한의 영화 수준을 올려달라고 요청했다. 그때 김정일이 했던 말을 둘은 회상기에 다음과 같이 적었다.

어디까지나 지금 우리가 사회주의에만 국한시켜, 그저 사회주의에만 나가고 있어, 자본주의국가에는 마음대로 나갈 수 없습니다. (…) 지금 딱 말하자면, 울타리 안에서 자기 것만 보고, 자기 것만 좋다는 사람들이란 말입니다. (…) 인제 앞으로 10년 만에 못 따라가면은 인제 솔직히 말하면 세계적인 분포에서 보게 되면 우리 영화예술이 낙후한 데서 아마제일 낙후한 데서 1번이 되지 않겠는가……. (최은희·신상옥)

두 사람은 북한에서 「돌아오지 않는 밀사」 등의 작품을 제작하기도 했으며, 1986년 유럽에서 탈출에 성공했다.

한국의 쿠데타와 광주의 자유

1979년 10월 26일, 박정희 대통령이 중앙정보부장에게 살해당하는 사건이 일어났다. 이어서 '서울의 봄'이 찾아왔다. 1980년 2월 6일, 남북총리회담 예비회담이 개시되었다. 5월 7일, 김일성은 티토의 장례식에 참석하기 위해 출발했다. 루마니아를 돌아 그가 귀국한 뒤인 5월 17일, 한국에서는 전두환 국군보안사령관이 쿠데타를 일으켰다. 민주세력의 지도자 김대중 등이 체포되었다. 그러자 광주에서 학생과 시민들이 결사의 저항에 나섰다. 진압군의 폭압에 시민들은 무기를 탈취하여 저항하기에 이르렀다. 이는 모두 북한의 공작과는 무관하게 일어난 것이었다. 자유 광주의 저항자들은 대한민국의 국기를 내걸고 한국군과 싸웠다. 이 시민의 저항에 대해 국군은 격렬한 탄압을 가했고, 다수의 사망자가 나왔다. 서울에서는 군법회의가 열려, 9월

17일 내란음모죄 등의 죄목으로 김대중이 사형판결을 받았다. 세계 각지에서 "김대중을 죽이지 말라"며 대대적인 운동이 일어났다. 9월 24일, 북한은 항의하는 의미로 남북회담을 중단했다. 1981년 1월 대법원에서 김대중에 대한 사형판결이 확정되었다. 그 직후 김대중은 무기징역으로 감형되었다.

제6회 당대회와 10대 전망목표

이 사이 1980년 10월 10일에서 14일까지 조선로동당 제6회 대회가 개최되었다. 이 대회에서 김정일이 정식으로 데뷔하여 중앙위원으로 선출되었으며, 대회 직후의 중앙위원회 회의에서 정치국 상무위원, 정치국 위원 및 비서, 군사위원회 위원으로 선출되었다. 김일성에 버금가는 지위가 부여되었으며, 호칭도 "당중앙"에서 "친애하는 지도자 김정일 동지"로 바뀌었다.

김일성은 보고를 통해 북한이 걸어온 길을 전면적으로 긍정했다. 3대혁명노선을 찬미했으며, 3대혁명이 추진된 결과 경제가 발전하고 국가사회제도가 강화되었다고 말했다. 그리고 전사회의 주체화를 제안하여, 이를 위해 전사회의 혁명화·노동자계급화·인텔리화를 실현하자고 호소했다. 조국통일을 위해서는 남쪽의 "파쇼적 '유신'독재체제의 철폐"가 필요하다며 이를 위해 싸우는 한국의 민중운동을 지지했다. 통일의 방식에 대해서는 "2개의 조선" 책동에 반대하며 "상호교차승인"과 "유엔동시가입"을 승인할 수 없다면서도, 고려민주연방공화국 안을 제안했다. 이는 민족통일정부하에서 남과 북이 각각 지역자치제를 실시한다는 것으로, 연방제를 과도적인 것으로 간주하던 종래의 생각에서 전환한 것이다.

제2차 7개년 계획(1978~84)에서는 연평균성장률 12.2퍼센트를 목표로 제시했다. 그런데 김일성은 이 계획을 앞당겨 완수하고 목표치를 더 높이 올려잡아 10대 전망목표를 내걸었다. 1980년대 말에는 철강 1500만톤, 석탄 1억 2000만톤, 전력 1000억킬로와트시, 시멘트 2000만톤, 화학비료 700만톤, 비철금속 150만톤, 섬유제품 15억미터, 수산물 500만톤, 곡물 1500만톤, 간척지 30헥타르를 달성한다는 것이었다. 7개년 계획의 목표와 비교해 1.5~2배 늘어난 목표였다. 나중에 김일성은 호네커와 만난 자리에서, 이를 달성하면 북한은 "발전한 국가의 수준을 거의 달성한 것이라 할 수 있다"고 말했다.

이 가운데 곡물생산 목표는 특히 중시되었다. 북한의 곡물생산고는 1979년에 900만톤이었으며 1982년에는 950만톤에 달했다. 국내소비량은 국민 1인당 소비량을 300킬로그램으로 잡고 1980년의 인구 약 1700만명을 곱하면 510만톤이 된다. 이를 900만톤에서 뺀 나머지 390만톤은 비축하거나 경공업의 원료로 쓰거나 수출했다. 1979년 유엔 FAO(식량농업기구) 자료에 따르면 북한의 곡물수출량은 34.2만톤이었다. 북한은 "식량자급이 가능해졌으며" "곡물의 수출국이 되기에 이르렀다". 곡물생산량을 1500만톤으로, 기존보다 50퍼센트 늘린다는 10대 전망

목표는 문자 그대로 꿈의 계획이었다. 김일성은 "쌀은 공산주의다"라는 구호하에 "우리나라의 농업을 세계에서 가장 선진적인 국가의 수준으로 올릴 것"이라는 목표를 세웠다. 그러나 이를 달성하는 일은 쉽지 않았다.

대기념비적 건조물

1970년대 말에서 1980년대 초에 걸쳐, 김일성의 70세를 기념하는 거대한 건조물과 역사적 기념비의 건설이 진행되었다. 김정일은 대기념비적 건축물에 대해, 그의『건축예술론』(평양 1992)에서 다음과 같이 말하고 있다.

> 수령을 잘 모실 수 있게 건축을 창조한다는 것은 수령의 안녕과 만년장수를 보장할 수 있도록 건축공간을 구성한다는 것을 의미한다. (…) 불멸의 혁명적인 대기념비적 건축물은 내용 전반이 수령의 위대성으로 일관되여야 하며, 높은 사상예술성이 보장되여야 한다. (…) 대기념비의 웅장성은 무엇보다도 평범한 것을 초월하는 절대적 크기와 방대한 수의 량적 規모에 의하여 표현된다.

1982년에는 김일성 탄생 70년을 기념하여, 그와 같은 대기념비적 건출물이 세개 완성되었다. 우선 4월 4일, 평양의 중심인 김일성광장 배후에 인민대학습당이 완성되었다. 김정일은 "민

족적 형식에 사회주의적 내용을 훌륭히 담은 (…) 기념비적 대
작이다"라고 말했다. 민족적 형식을 채택했다는 것은 기와지붕
을 얹은 것을 의미하는 듯하다. 북한의 설명에 따르면 총건축
면적은 10만평방미터, 장서능력은 3000만권이었다.

　이보다 더 중요한 건축물은 김일성 생일에 맞춰 완성된 개선
문과 주체사상탑이었다. 우선 개선문의 제막식이 4월 14일에
열렸다. 개선문이 세워진 장소는 1945년 귀국한 김일성이 그
해 10월 14일에 연설했던 공설운동장 근처였다. 파리의 개선문
을 모델로 했지만 높이와 문의 넓이 등이 그것보다 더 크다고
하여 세계 최대의 개선문임을 자랑하고 있다. 다음은 주체사상
탑이다. 이는 김일성광장 건너편 대동강변 인민대학습당을 거
의 마주보는 위치에 건설되었으며, 4월 15일에 제막식이 거행
되었다. 높이 170미터의 이 탑은 흰색 대리석으로 만들어졌다.
이 탑은 워싱턴의 기념탑을 모델로 하고 있는데, 그것보다 높
아 세계 최대의 탑이라는 것이 북한의 주장이다. 모양은 단을
쌓아 올린 형태를 하고 있다. 전면과 후면은 각각 18단, 좌우 양
면은 각각 17단으로, 합계 70단이 되어 김일성의 연력을 표현
하고 있다. 나아가 표면에는 흰색 화강암판이 빼곡히 붙여져
있는데 그 수는 2만 5500개로, 이는 70년을 날짜로 환산한 수에
해당한다. 이와 같이 건축물에 상징성을 부여한 것은 조선의
전통에서 온 것이라기보다는 김정일의 독창적 아이디어였다고
할 수 있다.

가족국가론

국가디자인 측면에서는 이즈음 새롭게 가족국가론이 제창되어, 유격대국가라는 건물 위에 간판처럼 내걸렸다.

중심이 된 것은 "어머니 당"이라는 새로운 말이었다. 이는 세계 공산주의운동사에서 유례를 찾을 수 없는 사고방식이다. 지금까지는 수령을 '부모님 같은 수령'이라는 의미로 '어버이 수령'이라 불러왔지만, 이즈음에 와서는 그 의미가 '아버지인 수령'으로 변화했다. 수령이 아버지이고 당이 어머니라면 대중은 그 자식이라고 할 수 있으며, 이로써 가족에 비유한 국가디자인이 완성된 것이었다.

김일성은 1986년에 행한 강연 '조선로동당 건설의 력사적 경험'에서 다음과 같이 설명하고 있다.

우리 당의 사업작풍에서 중요한 것은 (…) 인민들이 당의 품을 참다운 어머니 품으로 느끼게 하는 인민적인 기풍과 품성입니다. 로동계급의 당은 인민대중 우에 군림하는 관료기관이 아니라 인민을 위하여 복무하며 인민들의 운명을 책임지고 보살피는 어머니당입니다. 우리 당은 인민들에게 고귀한 사회정치적 생명을 안겨주고 그것을 빛내여나가도록 이끌어주며, 인민들의 물질문화생활에 깊은 관심을 돌리고 늘 세심하게 보살펴주고 있습니다. 그렇기 때문에 우리 인민들은 우리 당의 품을 진심으로 어머니 품으로 여기며 당에 자기의 모든 운명을 전적으로 맡기고 있는 것입니다.

수령과 당은 부모가 되어 자식인 대중에게 사랑과 온정을 베풀기 때문에 자식 또한 사랑과 충실함으로 보답해나가야 한다는 것이었다.

제7장

위기와 고립 속에서

(1983~94)

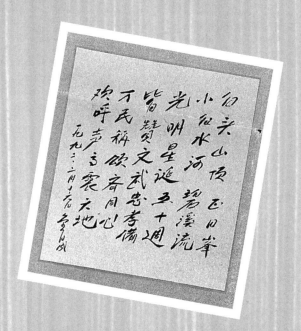

랑군 사건과 3자회담의 제안

한국에서 전두환 정권의 탄압정치는 오래가지 못했고, 1983년에는 유화국면이 시작되었다. 이 시기 학생운동 속에서 주체사상파, 이른바 주사파가 대두했다. 북한에 호감을 갖고 김일성사상을 지지하는 학생들의 움직임이 이렇게 두드러지게 나타난 것은 처음 있는 일이었다. 북한 지도부는 한국에서 전두환 대통령에 대한 반감과 증오가 고조되고 있다고 판단하고, 1983년 10월 9일 랑군 테러사건을 일으켰다. 버마(현 미얀마) 방문 중의 전두환 대통령이 아웅산 장군묘에 헌화하는 순서를 노려 묘의 지붕에 폭탄을 장치하고 폭발시킨 것이다. 이 폭발로 각료 4명을 포함한 한국 고위직 인사 17명이 사망하고, 버마 측에서도 3명이 사망했다. 전두환 대통령 부처는 아슬아슬하게 화를 모면했다. 한국정부는 곧바로 사건을 북한의 범행으로 규정하고 비난했다.

버마정부는 범인 2명을 체포하고, 이 사건이 북한에서 파견된 군인들의 범행이라고 발표했다. 버마는 당연히 북한과의 외교관계를 단절했다. 이에 대해 북한은 반발했으며 사건과는 무관하다는 성명을 발표했다. 주목할 사실은 중국이 어느쪽도 지지하지 않는다는 태도로 "어떠한 국가의 행위라 해도 테러리즘에 반대한다"는 성명을 발표한 것이었다. 사건 후 코스타리카가 북한과 단교했으며, 브라질과 칠레 등의 의회가 북한 비난 결의를 채택했다.

그런데 랑군 사건으로부터 3개월 뒤, 북한은 의외의 행보를 보였다. 1984년 1월 10일 북한의 중앙인민위원회와 최고인민회의 상설회의의 합동회의가 미국과 북한, 그리고 한국의 3자 회담을 제안하기로 결정한 것이다. 이러한 의향은 중국의 자오쯔양(趙紫陽) 수상으로부터 레이건 대통령에게 전달되었는데 미중 양국은 중국을 더해서 4자회담이 바람직하다는 데 의견이 일치했다. 11일에는 한국정부가 남북대화를 재개하자고 제안했다. 그뒤 슐츠 미 국무장관이 일본과 소련을 포함한 6자회담을 제안했고, 아베 신따로오(安倍晋太郎) 외상도 지지를 표명했다. 회담의 방식은 서로 달랐지만 랑군 사건이 몰고 온 극도의 긴장상태로부터 갑자기 전환하여 서로 경쟁하듯 회담을 제안하는 단계로 이행한 것은 놀랄 만한 전개였다.

소련 및 동독 방문

1984년 북한은 갑자기 행보를 바꿔 중국·소련과의 관계 조정에 나섰다. 중국이 북한의 흥분을 가라앉히기 위해 적극적으로 소련 및 동유럽 국가들과의 협력 증진에 나설 것을 북한에 권했다고 전해진다. 1984년 5월 16일부터 7월 1일까지 김일성은 소련·동유럽 방문길에 나섰다. 소련에서는 체르넨꼬 서기장과 회담했으며, 동독의 호네커·루마니아의 챠우셰스쿠 등과도 만났다. 헝가리에서는 개혁정책의 결과를 확인했다.

김일성은 호네커를 만나 중국에 대해 호의적인 속내를 드러내보였다.

중국은 전쟁을 원하지 않는다. 경제와 국민의 생활수준 면에서 문화혁명의 결과를 극복하기 위해서는 시간이 걸린다. 모든 자원은 이를 위해 바쳐지고 있다.

김일성은 일본에 대해서도 놀랄 만큼 냉정한 계산을 하고 있었다.

일본에는 군국주의와 미국과의 동맹을 부활시키려는 사람들이 있다. 그러나 일본은 일반적으로 경제적 이유 때문에 재군비에 관심이 없다. (…) 나는 후 야오방(胡耀邦)에게 그와 나까소네(中曾根)와의 회담에 대해 물었다. 그는 내게, 나까소네가 일본은 미국의 총알받이가 되지는 않을 것이라고 말했다고 전해주었다. 일본은 미국과 헤어지지는 못하지만 미국의 종복이 되고 싶지도 않은 것이다. 우리는 이에 대해 잘 생각해둬야 한다. (…) 우리는 군국주의가 재생되지 않도록 일본과의 관계를 조정해나가지 않으면 안 된다.(CWIHP Bulletine, Issue 14/15)

중소와의 조정, 남북의 접근

소련과 동유럽을 순방하고 돌아온 김일성은 9월 28일, 수해를 입은 한국에 물자를 원조하겠다는 뜻을 밝혔다. 판문점을 통해 북측으로부터 쌀과 원조물자가 한국에 들어왔다. 이것이 계기가 되어 11월 15일에는 남북경제회담이 실시되었다. 20일에는 남북 적십자예비회담이 재개되었다.

1985년 4월 9일 드디어 북한 최고인민회의 상설회의는 「대한민국 국회에 보내는 편지」를 발표했다. 분명하게 "대한민국"이라는 국호가 사용되었다.

이해는 해방 40주년으로, 8월 15일 기념식에 알리예프 제1부수상 등 소련정부 대표단이 참석했으며, 10월 25일에는 중국인민지원군의 한국전쟁 참전 35주년 식전에 리 펑(李鵬) 부수상이 참석했다. 연말까지 북한은 소련과 경제과학기술협정 의정서, 경제수역 및 대륙붕경계조약, 원자력발전소 및 기타 경제기술협력협정 등 일련의 조약과 협정에 조인했다. 이 가운데 마지막 협정에 따라 북한은 같은 해 핵확산방지조약(NPT)에 가입했다. 그리고 소련은 미그23을 26대 공여하기로 결정했다. 이 모든 것은 중국과의 합의에 기초한 것이었다.

개선된 중국 및 소련과의 관계를 바탕으로 북한은 남측에 대해 더욱 유연한 태도를 보여, 9월 20일에 처음으로 남북이산가족 상호방문을 실현하기에 이르렀다. 물론 그 배경에는 3년 후로 다가온 서울올림픽 문제가 있었을 것이다.

이와 같은 상황은 1986년에도 지속되었다. 이해 6월 9일, 오진우 인민무력부장이 군사당국자 간 3자회담을 제안했다. 그러나 한국과 미국 측으로부터 호응을 얻지 못했다.

합영법과 합영기업

경제 면에서도 진전이 있었다. 제조업 분야에서 재일조선인의 자본을 도입한 합영기업이 설립되기 시작했다. 전투적 방식만으로 제조업은 개선되지 않기 때문이다. 1986년 2월 28일, 김일성은 북한을 방문한 재일조선인 상공연합회 회장 전연식(全演植)과 그의 동생 전진식(全鎭植)에게 합영사업의 추진을 요청했다. 이는 '2월 28일 교시'라 불린다. 북한 방문단은 합영사업을 시작하기로 합의했다. 일본에서 사꾸라그룹(サクラ・グループ)을 형성하고 있으며, 그 산하기업인 모란봉식품(モランボ

ン食品)으로 유명한 전씨 형제는 대표적인 재일조선인 사업가
였다. 이들은 6월 합영사업연구회를 조직했다. 1984년 9월에 제
정되어 있던 합영법이 활용되었다.

계획은 초고속으로 추진되어 1987년 4월 평양에서 전진식의
모란봉합변회사 신사복 봉제공장이 가동되었다. 1987년 한해
동안 13개 기업이, 1988년에는 추가로 13개 기업이 탄생했다.
업종은 피복 봉제가 가장 많았으며, 그밖에 전기·전자·식품가
공·화장품·서비스업 등이었다. 1989년에는 전진식의 새로운
회사인 평양피아노합변회사를 포함해 12개의 회사가 새로 만들
어졌다. 합영사업연구회는 합변사업추진위원회가 되어 북한
측에 신설된 정무원의 합변공업부와 협력관계를 유지했다. 전
진식의 봉제공장은 노동자수가 1000명에 달했고, 1989년에는
신사복 5만벌을 생산했으며, 1990년에는 10만벌로 생산량을 늘
렸다.

'사회적·정치적 생명체'론

합영사업이 개시된 1986년, 김정일은 '사회적·정치적 생명
체'론을 제기했다. 같은 구호, 같은 디자인을 반복하게 되면 인
심이 나태해진다고 김정일은 생각했던 것 같다. 따라서 간판을
새로 갈 듯이 새롭고 박력있는 디자인을 보여주려 했던 것이다.
이해 7월 15일 김정일은 당간부들에게 다음과 같이 말했다.

혁명의 주체는 수령, 당, 대중의 통일체입니다. 인민대중은 당의 령도 밑에 수령을 중심으로 조직사상적으로 결속됨으로써, 영생하는 자주적인 생명력을 지닌 하나의 사회정치적 생명체를 이루게 됩니다. 개별적인 사람들의 육체적 생명은 끝이 있지만, 자주적인 사회정치적 생명체로 결속된 인민대중의 생명은 영원합니다.

개개인의 인간으로서의 생명은 유한하지만 사회적·정치적 생명은 영원히 계속된다는 생각이 그리 특별한 것은 아니다. 그러나 김정일의 '사회적·정치적 생명체'론에는 다음과 같은 논의가 포함되어 있다.

개별적 사람들의 생명의 중심이 뇌수인 것처럼 사회정치적 집단의 생명의 중심은 이 집단의 최고 뇌수인 수령입니다. 수령을 사회정치적 생명체의 최고 뇌수라고 하는 것은 수령이 바로 이 생명체의 생명활동을 통일적으로 지휘하는 중심이기 때문입니다.

이는 '사회적·정치적 생명체'라는 국가를 인체로 비유해서 파악하는 방식이다. 이 '국가=인체론'은 고대 및 중세 유럽에서 그 연원이 확인된다. 진노 타까시(甚野尙志)의 저서 『은유 속의 중세(隱喩のなかの中世)』(弘文堂 1992)에 따르면 플라톤에 기

원을 둔 이 생각을 새롭게 전개한 것은 고대 말기의 칼키디우스(Calcidius)였다. 그에 따르면 원로원은 머리이고, 군인은 심장이며, 수공업자는 배에 해당한다는 것이었다. 12세기의 실베스트리스는 도시국가를 지도하는 현인이 머리이고, 군인은 심장이며, 식료품상이 간장, 농민이 수족에 해당한다고 했다. 따라서 수령이 뇌수라면 당은 심장이나 신경중추에 해당한다는 생각이 나올 수 있다. 그렇다면 대중은 수족이라고 할 수 있는 것인가.

백두산 밀영 신화

이 시기에는 김정일 자신의 신화도 만들어졌다. 김정일이 조선 내부의 백두산 밀영에서 태어났다는 신화다. 1988년 8월 소백수(小白水) 계곡에 백두산 밀영이 설치되었고 배후의 산이 정일봉(正日峯)이라 명명되었다. 1936년 9월 김일성이 부대를 이끌고 이곳에 와서 숙영했는데, 1942년 여기서 김정일이 탄생했다는 것이었다. 김일성의 부대가 1936년 9월과 10월에 백두산 남측의 중국 영내에 4개의 밀영을 설치했었다는 사실은 알려져 있었다. 그러나 북한 영내에 밀영이 있었다는 기록은 없다. 아무래도 김정일은 소련 영내의 항일연군 야영에서 태어났다고 하는 것이 맞을 것이다. 이 시기에는 백두산 일대에서 줄기에 "백두 광명성 탄생"이라는 글씨가 적힌 구호나무들이 발견되었다는 보도가 잇달았다.

주체농법의 실패

1980년대 중반에는 북한의 농업에 그늘이 드리워지기 시작했다. 주체농법이 장려되어 일정 단계까지는 상당한 성과를 일구었으나, 1985년부터 1987년까지 이어진 연속 수해로 농업이 타격을 받아 곡물배급량이 줄어드는 사태가 발생했다.

이러한 부진의 원인은 자연재해에 있다기보다는 주체농법에 있었다. 안이한 자연개조사업이 실패를 불러온 것이다. 산 정상까지 계단식 농지를 개발하는 방식이 전국적으로 장려되었는데, 토사의 유출을 막는 장치가 설치되지 않았던 데다 계단식 농지에 적합한 귤이나 차 등 다년생 작물이 아니라 옥수수 같은 일년생 작물을 경작했기 때문에 토사 유출을 피할 수 없었다. 그 결과 유출된 토사가 하천 바닥에 쌓여, 하천이 쉽게 범람하게 되었던 것이다.

또한 주체농법에서는 특별한 옥수수 재배법이 도입되었다. 흙 속에 구멍을 파고 퇴비 덩어리 속에 종자를 넣어 이것을 통째로 묻는 방법이었는데, 난방비를 들이지 않고 묘목을 육성하기 위해서였다. 그런데 이렇게 하면 태양빛을 받지 못하기 때문에 묘가 부실해진다. 더구나 초과밀 상태로 심기 때문에 일광 부족에 더해 바람도 통하지 않게 된다. 따라서 작물이 잘 열리지 않는다. 이상은 전문가들이 지적한 사항이다. 인간이 자연을 지배할 수 있다는 오만한 주체농법이 자연으로부터 반격을 받은 것이다. 이 때문에 자연재해와 그에 따른 식량위기가 초래되었다.

뻬레스뜨로이까와 서울올림픽

그러나 진짜 태풍은 이제부터였다. 소련의 고르바초프가 시
작한 뻬레스뜨로이까는 1986년에는 누가 보아도 분명한 변화
로 보였다. 이것이 사회주의국가의 운명과 국제관계를 극적으
로 변화시켰다. 그러나 그 전에 1988년으로 다가온 서울올림
픽에 대한 소련의 태도가 문제가 되었다. 1986년 10월 22일 김
일성은 갑자기 소련을 방문하여 고르바초프와 회견했다. 소련
이 서울올림픽에 참가할 예정인지 묻기 위한 자리였을 것으로
추측된다. 고르바초프의 회답은 차가운 것이었다. 1987년 5월
17일, 서울올림픽의 예비참가등록 마감이 다가왔다. 소련도 중
국도 모두 참가를 신청했다. 김일성은 급히 중국을 방문했지만
중국의 참가의지를 꺾을 수는 없었다.

6월 한국에서 민중과 시민에 의한 대규모 항쟁이 일어나 6월
29일에는 궁지에 몰린 군사정권이 굴복하고 대통령 직선제로
의 복귀를 약속하는 선언을 발표했다. 이는 한국 민주혁명의
승리였다. 그 직후 남북스포츠회담은 결렬되었고, 북한은 올림
픽에 참가하지 않겠다는 의사를 밝혔다. 연말의 대통령 선거에
서는 김대중과 김영삼 후보가 단일화에 실패하여 군인 출신인
노태우의 승리가 예견되는 상황이었다. 북한의 단체들은 11월
10일 성명을 내어, 만일 한국에 민주정권이 성립하고 그 정권

하에서 올림픽이 열린다면 "올림픽에 갈 용의가 있다"고 발표
했다.

대한항공기 폭파사건

11월 29일, 아부다비발 서울행 대한항공기가 실종되어 승객
과 승무원 115명의 생존이 절망적인 상황이 되었다. 사건 직후
바레인에서 체포된 남녀가 음독자살을 기도했다. 그 가운데 여
자는 살아남았는데 자신을 북한의 공작원 김현희라고 밝히고
대한항공기를 폭파했다고 자백했다. 한국정부는 북한을 강력
히 비난했다. 북한 측은 12월 5일 사건에 관여했다는 혐의를 전
면 부인하고 사건이 '군정 연장을 위한 파쇼도당의 음모'라고
주장했다.

12월 16일의 대통령 선거에서는 노태우 후보가 당선되었다.
1988년 1월 12일 북한 올림픽위원회는 남한에서는 "군정이 지
속되는 결과"가 되어, 단독개최 강행을 노리는 "남조선 군부지
배자의 책동"이 강화되고 있다며 올림픽에 참가하지 않겠다고
밝혔다. 북한 측은 1월 16일 조선통신사의 성명을 통해 김현희
라는 인물의 존재를 부정했다.

북일교섭으로

긴장이 지속되는 가운데 북일교섭이 상황을 타개하기 위한 방
편으로 부상했다. 1988년 7월 7일에는 노태우 대통령의 7·7선

언이 발표되었다. 이산가족의 상호방문, 유엔 동시가입, 4대국 교차승인 등을 제안했으며, 일본과 북한의 접촉 및 교섭을 환영한다는 내용의 선언이었다. 일본정부는 그날 바로 제18후지산마루 문제를 포함하여 "일조 간에 존재하는 현안의 모든 측면에 대해 북한과 협상할 용의가 있다"는 성명을 냈다. 제18후지산마루 문제란 1983년 11월 북한병사가 망명하기 위해 북일 간 무역수송선에 잠입한 것으로 시작된 사건이다. 이 병사를 일본에 내려놓은 뒤 계약이행을 위해 북한에 다시 들어간 배의 선장과 기관장은 스파이 및 망명방조 혐의로 체포되어, 징역 20년의 판결을 받고 복역 중이었다.

8월 15일 도이 타까꼬(土井たか子) 사회당 위원장이 한반도에 2개의 국가가 건국된 지 40년에 즈음하여 성명을 발표하고, 조선 식민지지배에 대한 반성과 사죄의 국회결의를 위해 시민운동을 전개한다는 방침을 채택했다. 그 연장선상에서 북한과의 정부 간 교섭을 제안했다. 같은 방향에서 다께시따(竹下登) 총리에게 대 북한 정책의 개선을 제안하는 야스에 료스께(安江良介), 와다 하루끼(和田春樹) 등 지식인 정치가의 성명도 9월 8일에 발표되었다.

노태우의 적극외교

노태우 대통령은 8월 15일에도 남북정상회담을 제안했다. 이에 대해 김일성 주석은 9월 9일에 남북불가침선언을 채택하고

214

2제도 연방국가 수립 등을 인정한다면, 평양에서 회담을 가져도 좋다고 회답했다. 다른 한편 9월 13일에 헝가리가 한국에 상주대표부를 설치한다고 발표하자, 9월 19일 북한은 성명을 내어 헝가리를 격하게 비난했다.

서울올림픽은 9월 17일에 개막하여 10월 2일 당당한 성공을 거두고 막을 내렸다. 10월 4일, 노태우는 국회 연설을 통해 남북정상회담의 평양 개최와 남북불가침선언 논의 제안을 받아들이겠다고 밝혔다. 10월 15일 북의 조국평화통일위원회는 4일의 노태우 연설을 환영하는 성명을 발표했다. 11월 7일에는 북한의 중앙인민위원회와 최고인민회의 상설회의, 정무원의 연합회의가 평화보장 4원칙과 미군의 단계적 철수, 북남 군비의 단계적 감축, 북남의 고위급정치군사회담 등의 포괄적인 평화방안을 결의했다. 그리고 11월 16일, 리근모(李根模) 총리가 12월 중순에 부총리급의 고위급정치군사회담을 개최할 것을 제안했다.

북한의 반격

1989년에 들어서도 북한은 한국에 대해 적극적인 태도를 보였다. 1월 16일 연형묵 새 총리가 남북고위급정치군사회담을 위한 예비회담을 제의했다. 1월 23일에는 정주영 현대그룹 총수가 정부의 허가를 얻어 북한을 방문하여 금강산 개발에 대해 협의하고 돌아왔다. 2월 8일에는 판문점에서 고위급회담을 위한 제1차 예비회담이 열렸다. 제2차 회담은 3월 2일에 열렸다. 이어서 3월 25일에는 문익환 목사가 북한을 방문했는데, 한국 측이 이에 강하게 반발하여 고위급회담을 위한 예비회담은 중단되었다. 7월 1일에는 평양에서 개막한 세계청년학생축전에 남쪽의 여대생 임수경이 참가하여 북쪽 사람들에게 무한한 기쁨을 안겨주었다. 그녀가 귀국 후에 체포되자 북쪽의 신문은 소리를 높여 남쪽의 "군사 파쇼 정치"를 비판했다.

다른 한편 1989년 초에는 일본과 이례적인 문서가 오갔다. 1월 11일 북한 외교부 대변인이 담화를 통해 "일본정부는 36년 동안이나 조선을 점령하여 조선 인민에게 갖가지 불행과 고통을 안겨준 죄과에 대해 한마디도 사죄하지 않고 있다"라고 지적하자, 일본 외무성은 1월 20일에 담화를 발표하여 "일본정부 및 일본국민은 과거에 우리나라의 행위가 근린 국가들의 국민에게 다대한 고통과 손해를 안겨준 데 대해 깊이 자각하고 있"으며 "이러한 우리나라의 평화국가로서의 자세는 조선반도의 남북 모두에 대해 어떠한 차이도 없다"고 말했다. 다께시따 수상은 1989년 3월, 국회에서 이 문장을 반복하면서 북한과의 관계를 개선해나가겠다는 결의를 보였다.

냉전의 종언과 한소 국교수립

가을이 되자 사태가 변화했다. 격변은 동유럽의 변혁으로부터 시작되었다. 1989년 가을 동유럽 각국의 공산당 정권이 민중운동에 밀려 와해되었다. 김일성과 가장 친했던 호네커도 원수의 지위에서 쫓겨났다. "친애하는 계급적 형제, 혁명전우"인 루마니아정부는 항의하는 민중에게 총부리를 겨누다가 타도되었다. 차우셰스쿠는 체포되어 처형당했다. 짐작건대 북측 위정자의 위기의식은 극한에 도달했을 것이다.

이 사이 남북 간에서는 1989년 10월부터 1990년 1월까지 고위급회담을 위한 예비회담이 거듭 열리고 있었다. 그리고 드디어 한국은 소련과 국교를 수립했다. 1990년 6월 5일, 노태우와 고르바초프 대통령은 쌘프란시스코에서 회담을 갖고 국교수립 방침에 합의했다. 헝가리의 경우와 달리 북한은 침묵을 지켰다.

위기 타개의 방책

던질 수 있는 카드는 많지 않았다. 북한은 첫번째로 남북고위급회담을 개최한다는 방책을 취했다. 소련이 한국과 관계를 맺는다면, 자신들도 한국과 관계를 맺음으로써 패배했다는 인상을 지우려는 것이었다. 7월 26일 북한은 9월에는 서울에서 그리고 10월에는 평양에서 고위급회담을 개최하기로 최종 합의했다. 실제로 9월 5~6일 서울에서 한국의 강영훈 총리와 북한의 연형묵 총리의 회담이 열렸다.

다음으로 취한 방책은 핵무장이었다. 9월 2일, 소련의 셰바르나제 외상이 북한을 방문하여 한국과의 국교수립에 대해 통고하자 북한은 각서를 건넸다. "소련이 남한과 '외교관계'를 맺는다면, 북소동맹조약은 저절로 유명무실해질 것이다. 그렇게 되면 우리는 지금까지 동맹관계에 의거했던 약간의 무기도 스스로 조달하기 위한 대책을 세우지 않으면 안 되게 될 것이다." (『아사히신문』 1991.1.1.) 소련의 핵우산에 들어 있던 북한이 거기서 벗어나게 된다면, 미국과 한국의 핵에 대항하기 위해 자신들도 핵무기를 가질 수밖에 없다는 의미였다.

그리고 세번째 방책은 일본과의 국교정상화였다. 두번째 방책과 세번째 방책은 서로 모순되었다. 이 모순은 나중에 큰 골칫거리로 떠올랐다.

카네마루·타나베 대표단의 방북

그런 문제가 있기는 했지만, 이때 일본 측도 북한과 교섭할 상당한 준비가 되어 있었다. 9월 24일 카네마루(金丸)·타나베 (田邊) 대표단이 북한을 방문했다. 카네마루 신(金丸信) 전 자민당 부총재는 환영 리셉션 석상에서 이렇게 말했다. "금세기의 한 시기에 우리나라의 행위로 인해 귀국의 여러분에게 견디기 힘든 고통과 장애를 가져온 데 대해 마음으로부터 반성하고 사죄합니다." 9월 26일 김일성과 카네마루, 타나베의 3자회담이 열렸다. 석상에서 일본 대표단은 김일성 주석에게 카이후 (海部) 수상의 서한을 전했다. 카네마루는 "친서에도 있는 것처럼 우리는 과거의 역사에 대한 속죄와 보상을 하지 않으면

3당 공동성명을 발표한 김일성, 카네마루 신, 타나베 마꼬또. 1990년 9월 28일(마이니찌신문사 제공)

안 된다고 생각합니다"라고 말했다. 김일성은 이 말을 듣고, 북일 국교교섭 개시를 제안했던 것이다. 그 결과 3당공동성명이 9월 28일에 조인·발표되었다. 성명서에는 "3당은 과거에 일본이 36년 동안 조선인민에게 안겨준 커다란 불행과 재난, 전후 45년 동안 조선 인민이 받아온 손실에 대해 조선민주주의인민공화국에 공식으로 사죄하고 충분히 보상할 필요가 있다고 인정한다"고 적혀 있었다. 또한 북일 국교수립의 필요성에 대한 언급과 정부 간 교섭이 11월에 개시될 것이라는 내용도 포함되어 있었다. 이러한 북한의 방향전환은 10월 1일 한소 국교수립이 발표되기 3일 전에 이루어진 것이었다.

10월 17일, 제2차 남북고위급회담이 평양에서 열렸다. 12월

12일에는 서울에서 제3차 회담이 열렸다. 여기서 쌍방 불가침 선언 안이 제시되었지만 합의에는 이르지 못하고 다음해 2월의 평양회담에서 계속 논의하기로 했다.

북일교섭의 개시

북일교섭이 개시되자, 예비회담 단계에서부터 미국은 북한의 핵개발문제를 교섭의 의제로 다룰 것을 요구하며 압력을 가했다. 1991년 1월 30일 평양에서 북일 간 제1차 교섭이 시작되었다. 회담의 첫 발언에서, 나까다이라 타쯔루(中平立) 일본 전권위원은 일본과 북한은 교전상태에 있지 않았기 때문에 배상 또는 보상 요구를 받아들일 수 없으며, 핵확산금지조약의 의무를 하루라도 빨리 이행할 것을 희망한다고 표명했다. 이에 대해 북한 전권위원 전인철(田仁徹)은 일본은 1910년의 한일합병조약이 불법이며 무효임을 선언할 것, 보상문제 해결을 위해 교전국 간의 배상 및 재산청구권을 적용할 것, 전후 45년 동안 입은 피해와 손실에 대해서도 보상할 것을 요구하고, 국제원자력기구(IAEA) 사찰은 주한미군의 사찰과 동시에 실시하겠다는 방침을 표명했다. 특히 일본과 북한이 교전국 관계에 있었다는 주장과 관련해서는 김일성이 지휘하는 조선인민혁명군이 항일전을 정식으로 선포하여 15년 동안 일본군과 싸웠다고 말한 부분이 주목되었다. 제2차 회담은 3월 11일부터 13일까지 토오꾜오에서 열렸다. 이번에는 나까다이라 전권위원이 한일합

병조약은 합법적으로 체결되었고, 조선인 빨치산은 중국공산
당의 동북인민혁명군의 한 부대로 동북지방에서 활동하고 있
었던 것이며, IAEA 사찰을 받아들이는 조건으로 미국의 핵 불
사용 보증을 요구하는 것은 인정할 수 없다고 주장했다. 북한
측은 이러한 주장에 반발했다.

　어떤 의미에서는 이 두번의 교섭에서 기본적인 문제점이 모
두 드러났다고 할 수 있다. 1965년의 한일조약에서는 한일합병
조약이 합의에 기초해 체결되었으므로 유효하며 식민지지배는
합법적이었다고 하는 일본정부와 합병조약은 강제된 것으로
처음부터 무효라는 한국정부의 주장이 대립했고, "already null
and void"라는 제2조의 영문 표현을 쌍방이 저마다 자기에게
유리한 대로 해석하는 선에서 타협했다. 그로부터 26년이 지나
정치가가 사죄 및 보상 의지를 표명했음에도, 외무관료의 논리
는 조금도 변화하지 않았다. 교섭이 난항을 겪는 것은 당연했
다. 물론 북한이 김일성 부대가 전개한 전투를 교전국 사이의
전쟁이라고 주장하는 것에도 무리가 있었다.

핵문제와 '리은혜' 문제

　이후 미국은 핵개발문제에 본격적으로 개입했다. 1991년 5월
20~22일에 베이징에서 열린 제3차 회담의 첫머리에서 일본 측
은 북한에 IAEA 사찰의 실시를 "국교정상화의 전제조건"으로
서 요구하고, 나아가 남북의 유엔 동시가입을 추가로 요구했

다. 북한 대표는 이러한 태도는 3당선언 위반이라며 강력히 반발하면서도 외교관계를 먼저 수립하고 보상문제는 나중에 교섭하자는 양보안을 제시했다. 일본 측은 재산청구권 만을 인정할 수 있다고 대응했으며, 청구권을 요구할 때는 증거자료를 첨부하여 제출해달라고 했다. 이에 더해 일본 측은 대한항공기 폭파사건의 범인 김현희가 진술했던, 김현희의 일본어 교육담당으로 납치된 일본 여성 '리은혜(李恩惠)' 문제를 조사해달라고 요청했다. 북한 측은 이에 발언을 철회하고 사죄하라며 강력히 반발했다. 그리고 자신들의 요구가 받아들여지지 않으면 회담을 중단하겠다고 밝혔다. 이렇게 하여 북일회담은 식민지 지배 반성이라는 근본문제에서의 대립에 더해, 미국이 요구하는 핵문제와 일본 자신이 제기한 '리은혜' 문제로 일찍부터 벽에 부딪히고 말았다.

이 회담 직후인 5월 28일, 북한은 갑자기 남북의 유엔 동시가입을 받아들이겠다고 발표했다. "2개의 조선" 책동이라며 한국의 제안을 일관해서 반대해온 북한으로서는 갑작스러운 변화였다.

비핵화에 관한 공동성명

제4차 회담은 8월 30일 평양에서 열렸다. 일본 측은 '리은혜' 문제를 다시 제기하여 조사를 요구했지만, 북한 측은 이를 거부했다. 일본 측은 나아가 청구권에 기초한 요구에는 자료가 필요하다고 거듭 주장하고, "당시 적법하게 실시된 징병과 징용에 따른 사망 등의 피해는 보상대상이 되지 않는다"고 표명했다. 북한 측은 강력히 반발했다.

IAEA 이사회는 9월 12일 북한이 핵사찰협정에 조인하여 사찰을 받아들이도록 요구하는 결의를 채택했다. 북한은 미국이 한국에 배치한 핵무기를 철거하지 않는 이상 협정에 조인할 수 없다며 거부했다. 9월 17일 남북의 유엔 가입이 인정되었다. 미국정부는 9월 27일 전술핵무기의 해외배치를 중지하겠다고 밝혔다. 그리고 다음날에는 철수할 핵무기의 일람표를 발표했는데, 그 가운데 한국에 배치되어 있던 핵미사일도 포함되어 있었다. 이를 받아 11월 8일 노태우 대통령이 "한반도 비핵화와 평화구축을 위한 선언"을 발표해, 핵연료 재처리시설과 핵농축 시설을 보유하지 않겠다는 의지를 확인했다.

11월 18~20일에는 제5차 회담이 열렸다. 일본은 거듭 핵사찰을 요구했다. 북한 측은 독일의 예를 들며 배상이 아니라 보상을 하라고 요구했다.

11월 25일 북한 외무부는 성명을 내고 미국이 핵무기 철거를 개시한다면 북한은 IAEA 하의 보장조치협정에 서명할 것이며, 남북 동시 사찰을 실시할 용의가 있다며 협상을 위해 북미회담을 개최하자고 제안했다. 12월 11~13일에는 제5차 남북고위급 회담이 개최되어 남북 간의 화해와 불가침 및 교류협력에 관한 합의서가 채택되었다. 이는 획기적인 일이었다. 12월 18일 노태우 대통령은 한국에 더이상 핵무기는 존재하지 않는다고 선언했다. 22일, 북한은 보장조치협정에 서명했다. 그리고 31일 한반도의 비핵화에 관한 공동선언에 합의하고 가조인하기에 이르렀다.

한국 및 미국과의 관계개선이 극적으로 진전된 반면 북일교섭은 완전히 교착상태에 빠졌다.

소련의 종언

1991년 8월, 소련의 보수파가 고르바초프에 대한 쿠데타를 일으켰지만 옐찐의 러시아정부와 민중운동에 의해 패배하고 말았다. 그 결과 소련공산당이 해체되고 12월에는 소련 국가가 붕괴했다. 소련 사회주의의 종언이었다. 북한은 결정적인 타격을 받았다.

김정일은 1992년 1월 「사회주의 건설의 력사적 교훈과 우리 당의 총로선」이라는 긴 논문을 발표하고, 사회주의 국가의 좌절의 원인은 "력사의 주체인 인민대중을 중심으로 하여 이해하지 못한" 탓이며, "사회주의 건설에서 주체를 강화하고 주체의 역할을 높여나가지 못한" 탓이라고 주장했다. 그리고 4월 20일에는 세계의 70개 공산주의 정당 대표를 소집하여, 평양선언 「사회주의 위업을 옹호하고 전진시키자」를 발표했다. 그러나 이러한 선언만으로는 소련의 종언이 가져온 심각한 위기를 모면할 수 없었다. 북한경제는 붕괴 직전이었다.

북한의 경제수준

북한경제는 제2차 7개년 계획(1978~84)으로 연 12.2퍼센트 성장을 달성했지만, 제3차 7개년 계획(1987~93) 시기에는 연 평균 10퍼센트 성장의 목표를 유지하지 못했다. 200일 전투구호는 2000일 전투구호로 바뀌어 있었다. 그런 상황에서도 북한경제는 1989년 최고 수준에 도달했던 것으로 보인다. 북한의 한 경제연구소에서는 이때의 국민 1인당 GNP가 2530달러에 달했다고 계산했다. 고려대의 황의각(黃義珏)에 따르면 1990년 북한의 1인당 GNP는 북한의 공정환율로 환산하면 2233달러이지만, 무역환율로 환산하면 1031달러였다. 같은 시기 한국의 1인당 GNP는 5569달러였기 때문에 북한은 한국의 5분의 2, 또는 5분의 1 정도에 불과했다(Hwang).

북한경제의 난국은 재일조선인과의 합영기업 폐쇄로도 나타나고 있었다. 합영기업가들은 북한 당국의 관료주의, 즉 "자신들이 해온 것이 가장 올바르다는 나쁜 의미의 자신감"(전진식) 때문에 어려움을 겪고 있었다. 대안의 사업방식이 강요되었고, 합영기업의 실권이 당 위원회에 장악되기도 했으며, 또 계약이행이라는 비즈니스의 기본규칙이 지켜지지 않기도 했다. 1992년에는 재일조선인의 합영기업에 우선적으로 전력을 송전하는 데 대해 국내 기업이 항의하는 일도 있었다. 재일조선인이 만든 외화 상점은 국민의 불만을 사고 있다는 이유로 폐쇄되었다. 1993년 6월에는 일본으로부터 일본인과 재일조선인의 도항이 금지되어 합영기업 관계자가 현지 공장에 들어가지 못하는 상태가 4개월 동안 지속되었다. 이해에 합영기업에 열의를 보였던 부총리 김달현(金達玄)도 해임되었다.

합영기업은 속속 폐쇄되어 본래 120개였던 기업이 1993년 말 20개로 줄어들었다. 체제의 보수성이 새로운 합영사업의 시도를 거부하는 방향으로 작용한 것이다.

북한경제의 붕괴

이러한 상태의 북한경제에 소련의 종언은 치명적이었다. 사실 소련은 붕괴 직전인 1991년 초부터 우호국에 대해 원조를 포함한 특혜적 무역을 중지하고 국제시장 가격에 따른 달러 중심의 무역으로 전환했다. 북한은 막대한 타격을 입었으며, 이는 그 시점의 북한경제가 자립적이기는커녕 소련에 얼마나 의존적이었는지를 반증한다. 1990년 시점에서 수출액 9억 5200만달러, 수입액 16억 6900만달러였던 대소(대러시아) 무역은 1994년이 되면 수출액은 4000만달러로, 수입액은 5700만달러로까지 급격히 줄어들었다. 같은 시기에 중국도 달러 중심 무역으로 전환한다고 통고한 것으로 보이는데, 북한의 궁핍한 상태를 고려하여 정책을 수정했기 때문에 중국과의 무역량은 약간 증가했다. 그러나 소련과의 무역량이 격감한 것은 북한에 타격을 주었고, 북한경제는 태평양전쟁 말기에 고립된 일본과 비슷한 상태가 되었다. 가장 큰 문제는 소련으로부터의 원유수입이 중단된 것이었다. 1980년대에는 소련과 중국을 합쳐서 약 300만 톤의 원유가 수입되었지만 소련으로부터의 수입은 1990년에 41만톤으로 줄었고, 다음해에는 6만 5000톤이 되었다. 한편 중국은 그뒤로도 100만톤 정도의 원유를 제공하고 있었던 것으로 보인다. 1992년 말에는 총리가 강성산(姜成山)으로 바뀌었지만 상황이 악화되는 것을 막지는 못했다.

김일성은 1993년의 신년사에서 다음과 같이 말했다. "사람들이 흰 쌀밥에 고깃국을 먹으며 비단옷을 입고 기와집에 살고 싶다는 우리 인민의 숙원을 실현하는 것은 사회주의 건설의 중요한 목표입니다." 그러나 이미 36년 전인 1957년에 내걸었던 그 목표를 언제 실현할 수 있는지에 대해서는 더이상 아무런 언급도 하지 못했다.

새로운 특구 설정 사업의 실패

수입 격감과 석유 부족은 전력 부족과 기계의 예비부품 부족, 원료 부족 등의 문제를 야기하여 공장을 가동하기 어려워졌다. 조업률은 절반 이하로 떨어졌다. 심각한 경제 위기가 닥친 것이다.

이즈음 재일조선인과의 합영기업 프로젝트에 실패한 북한은 1991년 말 라진·선봉에 자유경제무역지대를 설정한다는 결정을 내렸다. 선봉이란 웅기의 새로운 이름이었다. 개방 대상 국가에는 제한을 두지 않았으며, 따라서 한국도 포함되었다. 라진과 선봉에서 약간 남쪽에 위치한 청진항을 자유항으로 개방한다는 선언도 함께 나왔다. 이는 유엔의 두만강개발계획에 참여하겠다는 기획이기도 했다. 1992년 10월에는 외국인투자법, 합작법, 외국인기업법 등이 제정되었다. 1993년 1월에는 자유무역지대법, 외국인투자기업 및 외국인세금법, 외자관리법이 제정되었다. 같은 해 10월에는 토지임대법, 11월에는 외국투자은행법이 제정되었다.

법률이 정비되기는 했지만, 경제가 붕괴하기 시작한 상황에서 새로운 특구에 진출하려는 외국기업은 나타나지 않았다.

김정일 후계체제의 준비

이러한 중대한 정세 속에서 김정일을 김일성의 후계자로 세우기 위한 직접적인 준비가 1992년 김일성의 산수(傘壽), 즉 80세 생일 전후로 본격화했다.

김일성은 1991년 12월 24일 당중앙위 전원회의에서 김정일을 조선인민군 최고사령관에 추대했다. 김정일은 1990년 5월 최고인민회의에서 국방위원회 제1부위원장에 선출된 상태로, 최고사령관에 취임하는 것은 초헌법적인 조치였다. 1972년 헌법에 따르면 국가의 수반인 주석이 자동적으로 최고사령관, 국방위원회 위원장이 되기 때문이다. 이 위헌 상태는 1992년 4월 9일 헌법이 개정됨에 따라 해소되는 방향으로 나아갔다. 군사문제가 주석의 권한에서 제외되었던 것이다. 국방위원장이 "일체의 무력을 지휘 통솔한다"는 새로운 인민공화국 국방위원회 규정이 만들어졌다. 최고사령관에 관한 규정은 헌법에서 없어졌다. 그러나 국방위원장은 여전히 김일성이었으며, 김정일이 제1부위원장이었기 때문에 김정일이 최고사령관이 되는 것은 여전히 문제가 되었다.

같은 달 김일성은 대원수가 되었으며 김정일에게는 오진우와 함께 원수 칭호가 부여되었다.

1992년부터 김일성 회고록 『세기와 더불어』의 간행이 시작되었다. 이는 1989년에 중국공산당이 동북항일연군 연구에서 김일성의 이름을 숨기지 않고 원자료에 있는 실명 그대로 서술하는 것을 허가한 상황에 맞춰, 종래의 신화적 설명을 근본적으로 수정하려는 의도가 담겨 있었다. 김정일이 이 사업을 지도했는데, 아버지와 관련한 신화는 수정했지만 본인의 탄생지 신화는 그대로 유지했다.

1992년 2월 16일, 김정일의 50세 생일에 김일성이 직접 적어 보낸 한시가 번역문과 함께 『로동신문』 1면에 컬러 사진으로 게재되었다. "백두산 마루에 정일봉 솟아 있고 / 소백수 푸른 물은 굽이쳐 흐르누나 / 광명성 탄생하여 어느덧 쉰돌인가 / 문무충효 겸비하니 모두다 우러르네 / 만민이 칭송하는 그 마음 한결같아 / 우렁찬 환호소리 하늘땅을 뒤흔든다(白頭山頂正日峯, 小白水河碧溪流, 光明星誕五十週, 皆贊文武忠孝備, 万民稱頌齊同心, 歡呼聲高震天地)"(201면의 사진 참조).

1년 뒤에는 김일성의 한시를 그대로 새긴 비석이 백두산 밀영 앞에 세워졌다. 이런 방식으로 김일성은 김정일의 탄생신화를 보증한 것이다.

1993년 4월 9일의 최고인민회의에서 김일성은 국방위원회 위원장직에서 물러났고 김정일이 후임으로 선출되었다. 총참모장인 최광(崔光)이 제1부위원장이 되었다. 이는 결국, 김정일의 후계체제 구축이 군사면에서부터 개시되었음을 의미하는 것이었다.

한중 국교수립

1992년 1월 30일 북한은 핵사찰협정에 조인했다. 북일교섭은 1월 30일부터 2월 1일까지 제6차 회담, 5월 13~15일에는 제7차 회담이 열렸지만 같은 주장만 반복되었을 뿐 진전은 없었다. 다른 한편 남북회담은 순조로웠다. 2월 19~21일에 제6차 고위급회담이 열렸다. 여기서는 남북 간 화해와 불가침 및 교류협력에 관한 합의서, 한반도 비핵화에 관한 공동성명 등의 발효가 확인되었다.

1992년 8월 24일 한중 간 국교가 수립되었다. 한국전쟁의 전쟁당사국이었던 한국과 중국이 국교를 정상화했다는 것은 양국에 관한 한 평화와 화해가 실현되었음을 의미했다. 북한은 침묵 속에서 받아들였지만 이는 심각한 타격이 아닐 수 없었다.

11월 5일에 열린 제8차 북일교섭에서 북한은 일본이 핵문제를 제기한 데 대해 "조선 측은 스스로의 존엄과 원칙을 버리면서까지 일본과의 관계를 개선하지 않는다"라고 언명했다. 그리고 비공식적으로 열리고 있던 '리은혜' 문제에 관한 부단장 회의에서 북한 측은 회담을 결렬시켰다. 이미 북한은 일본과의 교섭에 대한 희망을 거둔 상태였다.

핵 카드와 북미교섭

북한은 이 시기, 핵을 카드로 구사하여 미국을 교섭의 장으로 이끌어내는 벼랑끝전략으로 돌진해갔다. 1993년 2월 25일, IAEA 이사회는 북한에 2곳에 대한 특별감사를 받아들이라고 요구했다. 북한 측은 이를 거부했다. 3월 8일 김정일 인민군 최고사령관은 준전시체제를 선언했다. 북한의 장교는 부대 안에서 대기했으며, 병사들에게는 실탄이 지급되었다. 민간인을 소집하여 낮 시간에는 총격훈련을 실시했다. 그리고 3월 12일, 북한 중앙인민위원회는 NPT에서 탈퇴하겠다는 뜻을 표명했다. 준전시체제는 3월 25일까지 계속되었다. 4월 1일 IAEA 이사회는 북한의 사찰협정 불이행 사실을 안보리에 보고하기로 결의했다. 5월 11일 안보리에서 북한에 대해 NPT 탈퇴를 재고하도록 촉구하는 결의가 채택되었다. 북한은 이를 무시하고 5월 29일, 중거리 미사일 '로동'의 발사실험을 단행했다.

6월 2일 미국 국무차관보와 강석주(姜錫柱) 외무차관이 참여하는 북미 고위급회담이 개시되었다. 미국은 크게 결심한 듯

양보했다. 6월 11일 북미공동성명이 발표되었다. 북한은 NPT로부터의 탈퇴 발효를 "일방적으로 임시정지한다"고 선언했고, 미국은 핵무기를 사용하지 않으며 이를 사용한 위협도 하지 않겠다는 것, "한반도의 비핵화, 평화안전을 보장하고 상대방의 자주권을 존중하고 내정에 간섭하지 않을 것"과 "조선의 평화적 통일을 지지한다"는 원칙을 확인하고 대화를 계속해나갈 것을 약속했다. 이는 북한의 핵 카드 외교가 성취한 커다란 성공이었다.

북미 간 대화는 계속되어 7월 14일, 제네바에서 제2차 북미 고위급회담을 개최하기에 이르렀다. 이 회담에서 획기적인 합의가 도출되었다. 19일에 발표된 공동보도문에는 미국이 핵무기를 사용하거나 그것을 이용해 위협하지 않는다는 약속을 재확인함과 동시에 핵문제 해결의 일환으로 북한의 경수로 도입을 지지하고 이를 위한 방책을 공동으로 강구한다는 것, 북한은 보장문제 등과 관련하여 IAEA와 협의를 개시하며 남북회담의 조기 실시 의향을 재확인한다는 것, 2개월 이내에 다시 회담을 개최한다는 것 등의 내용이 담겨 있었다. 북한은 핵개발을 그만두는 대신 원자력발전장치를 제공받는 놀랄 만한 거래를 성사시키고 있었던 것이다. 핵 카드를 구사한 북한 외교의 연이은 성공이었다.

9월 3일, IAEA 대표단이 예정된 작업을 마치고 평양을 떠났다. 11월 11일 북한은 미국에게 일괄타결을 제안했다. 그리고

12월 29일 북한과 미국은 다음과 같은 내용에 합의했다. 미국은 팀스피리트 연습을 중지하고, 북한은 신고된 핵시설에 대해 "보장조치의 계속성을 보증하기 위한 사찰을 허용"한다는 것, 그리고 제3차 북미회담을 개최하여 핵위협의 제거, 북미관계 개선, IAEA의 일반 및 특정 사찰 재개 등의 문제와 관련하여 일괄타결을 목표로 노력한다는 것이었다.

전통적 국가론

이 시기에 김정일은 세번째 국가디자인으로 전통적 국가론을 제시했다. 1993년 5월 14일자 『로동신문』은 조국해방전쟁 승리 40주년에 즈음한 당중앙위원회의 구호를 발표했다. 그 가운데 반복되어 나타난 기본 단어는 '일심단결'이었다. "당과 수령을 중심으로 하는 전당, 전민, 전군의 일심단결 만세" "항일의 불길 속에서 이룩되고 준엄한 시련 속에서 다져진 일심단결의 전통을 대를 이어 빛나게 계승 발전시키자"라는 식이었다.

이와 관련하여 '충효'가 강조되었다. "삶의 순간순간을 당과 수령에 대한 충성과 효성으로 빛내이는 참다운 진정한 충신, 지극한 효자가 되자" "우리의 혁명대오를 충효일심의 결정체로 만들자"라는 구호가 그 예다.

일심단결과 충효의 결합이 표현하고 있는 것은 전통적 국가관이었다.

1994년의 전쟁위기

1993년 2월, 한국에서 김영삼 대통령이 취임했다. 김영삼정권하에서 대북정책이 강경해지기 시작했다. 6월 3일의 연설에서 "핵을 가진 상대와는 악수할 수 없다"라며 특별사찰을 남북대화의 조건으로 제시했던 것이다. 1994년 김일성 신년사에서는 김영삼 비판이 두드러졌다. 나아가 일본에 대한 비판도 거세어졌다. 1월 12일자 『로동신문』은 "일본 반동이 무모한 반공화국, 반사회주의 책동을 계속한다면 그들에게 결코 좋은 결과가 초래하지 않을 것이다. 일본 반동은 경거망동하지 말라"라고 적었다.

마치 미국과의 화해가 진전되고 있으니 한국이나 일본과는 긴장되어도 괜찮다는 태도처럼 보였다. 그런데 사태가 급변했다. 1월 21일 북한이 IAEA에 대해 신규 7개 시설의 일반사찰을 거부한다고 밝힌 것이다. 자신들은 NPT 탈퇴를 표명한 특수한 지위에 있기 때문에 보장조치의 계속성을 보증하기 위한 사찰을 수용할 뿐이라는 것이었다. 미국은 즉각 북한에 사찰을 수용하라고 요구했다. 이를 받아들이지 않을 경우 제재에 나설 수밖에 없다는 태도였다. 한국에 패트리어트 미사일을 배치하는 문제가 검토되고 있다는 이야기도 전해졌다. 1월 31일 북한 외교부 대변인은 상대가 약속을 지키지 않으면 자신들도 약속을 지킬 수 없다고 말했다.

2월 12일자 『로동신문』은 "어떠한 '제재' 조치도 우리에 대한 선전포고로 간주한다는 것을 명백히 선언해왔다"라고 적었다. 그러나 결국 북한과 미국은 2월 25일 뉴욕에서 접촉하고 합의를 도출했다. IAEA는 보장조치의 계속성 보증을 위한 사찰을 실시하고, 미국은 팀스피리트 훈련 중지를 발표하며, 남북간 특사 교환을 위한 회담을 재개하고, 3월 21일에 제네바에서 제3차 북미회담을 개최한다는 내용이었다.

3월 1일부터 IAEA 6명의 대표단이 북한을 방문하여 합의된 내용의 사찰을 진행했다. 그러나 그 결과는 만족스럽지 못했다. 3월 3일부터 남북 특사교환을 위한 실무자회담이 개최되었다. 이 회담에서 한국 측은 북한이 사찰을 일부 거부한 데 대해 항의했는데, 북한 측은 패트리어트 미사일 배치를 중지할 것과 대화 상대로서 악수할 수 없다는 김영삼 대통령의 발언을 취소할 것을 요구했다. 19일에는 북한의 박영수(朴英洙) 수석대표가 이들 조건이 받아들여지지 않는다면 특사교환은 할 수 없다고 한 데 대해, 한국 측 송영대(宋榮大) 수석대표는 협의가 중단되면 어떠한 위험이 닥칠지 모른다며 제재를 암시했다. 그러자 박 대표는 "여기에서 서울은 멀지 않다. 전쟁이 일어나면 불바다가 된다. 송 선생도 살아남지 못할 것"이라며 위협했다. 예비회담은 결렬되었다.

3월 21일 IAEA는 북한의 핵문제를 유엔안보리에 이관하기로 결정했다. 미국은 이날 한국에 패트리어트 미사일을 배치하기로 최종 결정했다. 나아가 해상봉쇄 준비에 착수하고 일본

방위청에 협력을 구했다. 이를 받아서 이시하라 노부오(石原信
雄) 관방부장관은 방위청과 외무성에 검토를 지시하고 극비리
에 연구를 개시했다.

이 시기 『로동신문』은 김영삼 정권을 비난하는 대대적인 캠
페인을 벌이고 있었다. 3월 23일에는 "북남대화를 파기하고 나
라의 정세를 전쟁 직전으로 몰아가고 있는 김영삼 괴뢰도당"을
타도하라는 조국평화통일위원회 대변인의 성명을 게재했다.
31일에는 유엔안보리가 북한에 사찰 수용을 요구하는 결의를
채택했다. 북한 외교부 대변인은 이에 대해 부당하다고 반발하
고, 미국이 약속을 깬 이상 "일방적으로 동결해두었던 평화적
원자력 활동을 정상화하지 않을 수 없게 되었다"며 4월 4일 성
명을 발표했다.

이렇게 북한은 벼랑끝 정책을 구사하며 강경노선을 달렸으
나 전쟁을 할 만한 군사력도 경제력도 없었다. 김영삼 타도의
구호들도 최대한의 허세에 불과했다.

전쟁의 위기와 회피

4월 19일 드디어 북한은 양보하기 시작하여 영변 원자로의
연료봉 교환 작업 때 IAEA 사찰관이 입회하도록 요청하는 서
한을 보냈다. IAEA는 영변의 연료봉 교환 시에 샘플을 채취하
게 해달라고 요구했지만 북한을 이를 거부했다. 5월 11일 IAEA
는 북한에 사찰관 파견을 통지했지만, 북한은 안전상의 이유

로 14일에 연료봉 교환을 개시할 것이라고 발표했다. IAEA 관계자가 북한에 도착했을 때 교환작업은 이미 시작되어 있었다. 6월 2일 IAEA는 사찰이 불가능해졌다고 선언했다. 10일 IAEA 이사회는 북한에 대한 기술협력의 중지, 특별사찰 수용 요구를 포함한 제재결의를 채택했다. 6월 13일 북한은 IAEA 즉시 탈퇴를 표명하고 제재는 선전포고로 간주한다고 선언했다. 안보리에서는 제재와 관련한 논의가 시작되려 하고 있었다. 결정적인 위기에 돌입했던 것이다.

오버도퍼(D. Oberdorfer)의 저서 『2개의 코리아』(*The Two Koreas: A Contemporary History*)가 전하는 바에 따르면 5월 18일 셸리카슈빌리(J. Shelikashvili) 미 합동참모본부 의장이 작전회의를 소집했다. 작전계획을 검토한 결과 개전 초기 90일 동안에 사상자는 미군 5만 2000명, 한국군 49만명이 예상되며, 전쟁이 본격화되면 미군 전사자 8~10만명을 포함해 군과 민간의 사망자는 100만명에 이를 것이라는 예측이 나왔다. 그럼에도 불구하고 페리 국방장관은 6월 초, 극동의 육해공군 1만명 증강과 F117 스텔스 전투기의 증강, 항공모함의 근해 배치 등을 내용으로 하는 안을 채택하고 준비에 들어갔다.

전쟁을 향해 치닫고 있던 사태를 구한 것은 카터의 방북이었다. 카터 전 대통령은 판문점을 지나 북한으로 들어갔다. 그리고 6월 16일 김일성과 카터의 회담이 이루어졌다. 김일성은 NPT에서 탈퇴하지 않고 IAEA 사찰관의 활동을 보장하겠다고 약속했다. 그리고 현재의 흑연 감속형 원자로에서 경수로로 전환해달라고 요청하며, 이것이 받아들여지면 기존의 원자로는 파기하겠다고 밝혔다. 클린턴 대통령은 카터로부터 전화를 받고, 북측의 핵개발 동결이 확인된다면 북미 간에 제3차 회담을 개최할 수 있다고 표명했다. 김일성은 남북정상회담을 개최하겠다는 의지도 내보였다. 이로써 위기가 해소되었다.

북한의 유격대 외교는 벼랑끝 외교가 되었다. 미국이 외교적 접촉과 군사행동의 양면전술을 펴는 상황에서 소국 북한이 대국 미국을 상대로 구사하는 벼랑끝 외교는 파국을 가져올 수도 있는 위험한 줄타기였다. 전쟁을 피한 것은 행운이었다.

6월 28일에는 남북정상회담을 위한 예비접촉이 개시되어 7월 25일에 평양에서 정상회담을 실시하기로 합의했다. 제3차 북미회담도 7월 8일 제네바에서 개최하기로 했다. 그런데 바로 이 순간 김일성에게 죽음이 찾아왔다. 제3차 북미회담 당일인 7월 8일에 김일성은 심장발작을 일으켜 사망했다.

김정일의 '선군정치'

(1994~99)

김일성의 죽음

1994년 7월 8일, 김일성은 심장발작을 일으켜 급사했다. 82세였다. 북한 전역은 슬픔에 잠겼다. 7월 19일 장례식 날, 사람들은 크게 울었다. 그것이 북한 사람들에게 유일하게 허가된 감정표현의 방법이었다. 북한 국민들을 사로잡은 것은 슬픔과 불안, 그리고 기대였다. 스딸린이 죽었을 때도 소련 국민은 울었다. 국민이 죽은 수령을 생각하며 울고 있을 때, 이를 지켜보는 후계자는 미묘한 심정이었을 것이다.

김정일은 우선 아버지의 장례를 거행하고 유해의 영구보존과 유해를 안치할 궁전의 건설을 결정했다. 김일성이 남기고 간 과제인 대미교섭을 8월 5일에 개시하여 10월 21일 경수로

문제를 둘러싸고 미국과 합의에 이르렀다. 북한은 모든 흑연감속형 원자로를 동결·해제하고, 그 대신 미국은 2003년까지 1000킬로와트의 경수로 2기를 제공하며, 1기를 완성할 때까지 중유를 연간 50만톤 제공한다는 내용의 합의였다. 그러나 북한은 한국 측의 태도를 비판하면서 남북정상회담은 사실상 거부했다. 김영삼 대통령이 김일성의 죽음에 조의를 표하지 않았다는 사실을 들어 이를 무례하다고 비난했으며, 장례가 거행된 날 러시아가 제공한 한국전쟁 관련 소련 비밀문서 가운데 몇건을 한국정부가 발표한 것은 북한에 대한 악의적 행동이라고 간주했다. 김정일은 김영삼과의 회견을 바라지 않았던 것이 분명한데, 김영삼의 태도는 오히려 북한에게 좋은 구실이 되었을 것이다.

후계자 계승에 따르는 곤란

김정일의 계승은 정해진 일이었지만 아버지의 실제 죽음 이후 그는 커다란 곤란에 직면했다. 수령이라는 직책을 계승할 수가 없었던 것이다. '사회적·정치적 생명체'의 이론에 따르면 '사회적·정치적 생명체'는 영생불멸이기 때문에, 그 "뇌수"도 영생불멸이어야 한다. 실제로 사람들의 커다란 슬픔 속에서 김일성은 살아서나 죽어서나 영원히 북한의 당과 혁명의 수령이라는 감정이 고조되었다.

11월 4일 『로동신문』에 김일성 사후 김정일의 첫마디로 기록

될 논문 「사회주의는 과학이다」가 발표되었는데, 이 논문에서 김정일은 "경애하는 김일성 동지를 우리 당과 우리 혁명의 수령으로 천세만세 영원히 높이 받들어 모시려는 것은 우리 인민의 드팀없는 의지다"라고 선언했다. 그럼으로써 수령 칭호는 김일성에게만 귀속되며 다른 사람이 대신할 수 없는 것이 되었다. 김정일은 "위대한 령도자"라는 다소 산문적인 직함을 채용하지 않을 수 없었다.

그렇다면 김정일은 유격대국가 속에서 그의 지위를 확립하기가 어려워진다. 수령만이 유격대국가의 사령관이기 때문이며, 수령이 없어지면 사령관 없는 유격대국가가 되어버리고 만다. 김정일이 수령 직함을 계승할 수 없다면 유격대국가를 그대로 유지하는 것도 곤란해진다. 이러한 난관을 김정일은 어떻게 헤쳐나가려 했는가.

"위대한 령도자" 김정일은 1991년 12월 이래 조선인민군의 최고사령관이었다. 그리고 원수의 칭호와 국방위원회 위원장직도 1993년 4월 이래 그의 것이 되어 있었다. 1993년 5월부터 김정일 장군을 칭송하는 캠페인이 『로동신문』 지상에서 개시되었다. 김일성에게 붙여졌던 "강철의 령장"이라는 표현도 사용되기 시작했다. 1993년과 1994년 두번에 걸쳐 미국과의 전쟁이 코앞까지 다가왔던 위기의 시기에 그는 북한 군대의 책임자였다.

그러나 김일성이 살아 있는 동안에는 당중앙군사위원회 위원장의 직함을 가진 그가 군을 움직이고, 김정일은 최고사령관 견습의 위치에 있었을 것이다.

원래 김정일은 군사경력이 전혀 없는 사람으로, 무인이라기보다는 문인이었다. 만일 그가 실행에 옮길 생각만 있었다면 주체의 군사이론에 대해 한권 정도의 저술은 충분히 쓸 수 있었을 것이다. 그는 1992년에 주체의 건축, 음악, 미술, 문학론 등 네권의 책을 출판한 바 있었다. 필요하다고 생각했다면 대필을 시켜서라도 주체의 군사이론에 대해 책 한권 쓰는 것은 그리 어렵지 않았을 것이다. 그러나 그는 그렇게 하지 않았다.

군대의 장악

그럼에도 아버지의 죽음 이후 후계체제 구축을 위해 고민하던 김정일은 자신이 조선인민군 최고사령관이라는 사실로부터 출발할 수밖에 없었다. 그는 실제로 최고사령관이 되는 길을 선택했다. 군인들의 마음을 사로잡고, 군대를 장악하기 위해 김정일이 실행한 것은 전국의 부대와 주둔지를 순방하는 것이었다. 그의 부대 방문은 1995년 정초부터 시작되었다. 『로동신문』은 1월 2일자 1면에 커다란 컬러 사진을 싣고 이를 대대적으로 보도했다. 1997년 9월에 그를 당 총비서로 추천하는 인민군 당원대표회에서 보고자로 나선 인민군 총정치국장 조명록(趙明祿)은 "무려 16만 6000여리의 머나먼 로정을 이어가시며, 2150여개의 인민군 부대들과 최전선초소들을 찾으시여"

방문했다고 말했다. 김정일이 최고사령관이 된 이래 69개월간 2150개의 군부대를 방문했다면 한달에 31곳, 하루에 1곳이라는 계산이 나온다. 1995년 1월 이후부터 시작한 것이라면 한달에 65개, 하루에 2개 이상의 군부대를 방문한 꼴이 된다. 2150개의 군부대를 방문했다는 것은 육군에서는 16개 군단의 사령부, 26개 사단 사령부, 41개 여단 사령부는 물론 전연대 사령부를 방문하고 대대 수준의 주둔지까지 방문한 것이 된다. 이는 놀랄 만한 이야기다. 물론 조명록이 과장해서 이야기했을 가능성도 있다. 그러나 이를 감안해 그 수치를 상당히 줄여잡는다 해도, 김정일이 명확한 목적을 지니고 이들 부대와 주둔지를 순방했다는 사실에는 의심의 여지가 없다.

그 과정에서 김정일은 분명 선물꾸러미를 가져가 장병들을 물질적으로 기쁘게 했을 것이다. 장병들은 최고사령관이 찾아와 함께 식사를 했다는 것만으로도 충분히 감격했을 터였다. 그가 군사면에서 얼마나 도움이 되는 조언을 했는지는 잘 모르겠지만, 부대의 문화활동에 대해서는 전문가로서 조언을 줄 수 있었다. 어느 부대에서나 병사들의 밴드연주는 꼭 관람했다. 마지막에는 기념촬영을 했다. 최고지도자와의 사진촬영은 최고지도자와 자신의 운명을 하나로 여기게 하는 효과가 있었다. 이렇게 김정일은 군대를 장악해갔다.

자연재해와 식량위기

김정일은 국가의 진정한 지도자로서 우선 경제위기에 대처하지 않으면 안 되었다. 그러는 사이 3월 9일에는 북미 간의 합의에 따라 한미일 3국이 '한반도 에너지 개발기구(KEDO)'의 설립에 관한 협정에 조인했다. 그러나 북한에 제공하는 경수로의 형식을 둘러싸고 협상이 난항했다. 북한이 한국형 경수로를 제공한다는 제안에 응하지 않았던 것이다. 한편 북한 측의 경제적 곤란은 점점 더 심각해졌고 결국 5월에 개시된 일본 외무성과의 예비접촉에서 북한은 쌀 지원을 요청했다. 일본은 한국의 이해가 필요하다며 북측의 요청을 한국 측에 설명했는데, 한국 측이 자국의 지원이 선행되어야 한다고 주장하여 6월에는 남북 차관급 협의가 개시되었다.

다른 한편 1995년 6월 13일 드디어 KEDO가 제공하게 될 원자로의 형식에 대해 북미 간에 합의가 이루어졌다. "미국의 설계와 기술에 의한 개량형"이라고 표현하지만, 실질적으로는 한국형을 사용한다는 타협이 이루어진 것이다. 그 직후인 21일 남북 간 협의에서 한국은 15만톤의 쌀 지원을 약속했다. 이를 기다려왔던 일본은 6월 30일, 한국의 지원규모를 웃도는 30만톤의 쌀 지원에 합의했다.

김일성 사후 1주기에는 후계자 계승이 이루어지지 않겠느냐는 관측에 반해, 7월 7일에는 서거 1년 중앙추모대회가 열렸고 8일에는 김일성의 유해를 영구보존한 금수산 기념궁전의 개관

식이 거행되었을 뿐 후계자 계승은 이루어지지 않았다.

그런데 바로 1주기가 지난 직후 7월 30일부터 8월 18일까지 평균 300밀리미터의 폭우가 북한 전역에 쏟아져 하천이 범람했다. 이는 농업생산에 막대한 타격을 주었고, 관개용 수로와 주택을 파괴했으며 저장곡물을 쓸어버렸다. 9월 6일의 조선통신은 피해 사실을 인정하고 침수된 농지가 40만헥타르, 곡물 피해가 190만톤, 피해 총액이 150억달러에 이른다고 보도했다. 농업과 경제가 순조로웠다면 이 가공할 자연재해도 이겨낼 수 있었을 것이다. 그러나 이미 지적한 바와 같이 주체농업의 실패로 식량부족 사태가 발생했으며, 소련의 종언으로 인해 경제 전반이 붕괴하고 있었다. 그런 상황에서 이는 너무나 심각한 사태였다.

북한은 국제적으로 수해 사실을 알리고 쌀을 원조해줄 것을 호소했다. 북한의 경제적 곤란은 이제 전세계가 알게 되었다. FAO(유엔 식량농업기구)와 WFP(세계식량계획)의 조사보고(1995년 12월 22일)에 따르면, 이해의 생산량은 493만톤으로 예상되었다. 1996년도분으로 남아 있는 것은 407만 7000톤이었다. 일일 1인 배급량을 458그램(쌀 6할, 옥수수 4할)으로 줄인다 해도 식량으로 368만 8000톤, 사료 등의 용도로 230만톤이 필요하다고 가정하면 전체 필요량은 598만 8000톤에 달했다. 약 191만톤이 부족했던 셈이다. 북한 측이 무역으로 70만톤을 확보한다고 해도, 121만톤의 국제원조가 필요했다.

9월 12일 유엔 인도문제국은 북한 수해지역에 대한 식량지원을 호소했다. 일본은 10월 3일 20만톤의 추가적 쌀 지원에 합의했다. 이것이 한국의 반발을 샀다.

식량위기가 장기화된 경제위기와 겹치면서 인민들 사이에서 강한 불만이 일어나고 있었다. 사람들은 불복종 운동을 공공연히 일으키지는 않았지만 공식 선전에 대해 소극적 자세를 보이기 시작했다. 그러한 상황에서 모든 인민에게 김일성의 유격대원으로 행동하라고 요구하는 것은 불가능했다. 김정일은 이미 조성된 심리와 손에 든 재료를 이용해 이 위기에 대응할 수밖에 없었다. 즉 성공적으로 맺어놓은 군대와의 관계를 이용하는 것이었다. 김정일은 자신이 우대한 군대를 경제면에서도 전위로 삼아 다른 인민의 본보기로 활용하겠다고 생각했다.

그러한 방향으로 나아가는 데 유리하게 작용한 것이 낡은 군사적 전통의 수호자 오진우의 죽음이었다. 1995년 2월 25일, 원수로서 18년 동안 인민무력부장을 지낸 오진우가 죽었다. 후임인 최광은 오진우와 마찬가지로 항일유격전쟁의 원훈이었는데, 그는 두번 비판을 받았고 한번은 수용소에 갇히기도 했다. 능력이 있는 군인이었는지는 모르지만 정치적 정통으로서의 영향력을 발휘하기는 어려운 인물이었다. 그런 의미에서 김정일은 오진우가 죽고 난 뒤 행동의 자유를 얻었다.

고난의 행군

1995년 10월 8일 김정일은 첫번째 조치로 장군들을 승진시켰다. 최광에게는 리을설(李乙雪)과 함께 원수 칭호가 부여되었다. 당시 노인이었던 리을설은 김일성 유격대의 원훈으로 김일성의 충실한 경호책임자였다. 그리고 3명의 대장 조명록·리하일(李河一)·김영춘(金永春)이 차수로, 현철해(玄哲海)가 대장으로 승진했다. 1997년 2월에 죽은 최광을 제외하고 이들 장군은 김정일의 가장 친밀한 협력자가 되었다. 조명록은 조선인민군 총정치국장에, 김영춘은 총참모장에 임명되었다. 조명록은 만주파인 조명선(趙明善)의 동생인 것으로 추측된다. 이 60대 중반의 군인들은 현철해와 함께 김정일이 가는 곳이라면 어디든 동행했다. 1995년 12월 23일 김정일 최고사령관 취임 4주년 기념집회에서 조명록은 다음과 같이 말했다.

오늘 우리 인민군대 장병들은 그 어떤 광풍이 불아치고 지구가 열, 백으로 쪼개진다 해도 오직 경애하는 최고사령관 김정일 장군님만을 믿고 따르며 충효일심의 총폭탄이 되어 장군님을 옹위하려는 결사의 각오로 가슴불을 태우고 있습니다. 우리 군대 안에는 주체의 련군체계가 철저히 수립되었으며, 최고사령관 명령이라면 한몸이 그대로 육탄이 되어 적함을 까부시고 적진지를 박살내고야 마는 혁명적 군풍이 전군을 확고히 지배하고 있습니다.(『로동신문』 1995.12.24.)

1996년의 신년논문은 당 기관지, 인민군 기관지와 청년단체 기관지의 합동 사설로 게재되었다. 이 논문은 "김정일 동지를 수반으로 하는 당중앙위원회의 두리에 굳게 뭉칠"것을 요구하고 있다. 새롭게 등장한 비장한 논조는 '고난의 행군' 정신의 견지를 호소하는 대목에 나타난다. "'고난의 행군' 정신은 제힘으로 혁명을 끝까지 해나가는 자력갱생, 간고분투의 혁명정신이며 아무리 어려운 역경 속에서도 패배주의와 동요를 모르고, 난관을 맞받아 뚫고나가는 락관주의 정신이며, 그 어떤 안락도 바람이 없이 간고분투해나가는 불굴의 혁명정신이다.' '고난의 행군'이란 만주 항일유격전쟁 때 있었던 일로, 1938년 11월부터 1939년 3월까지 김일성이 그의 부대와 함께 일본군의 토벌을 피해 눈 속에서 백여일 동안 고난을 견디며 나아갔던 일을 가리킨다. 행군하는 동안 김일성과 그의 경호대원, 소년대원 사이에 깊은 인간적 유대가 형성되었다고 한다.

1996년 2월 7일자 『로동신문』 1면에는 「'고난의 행군' 정신으로 살며 싸워나가자」라는 사설이 실렸다. 이 제목은 그뒤 『로동신문』의 1면을 장식하는 가장 중요한 구호 가운데 하나로 자리잡았다.

1996년 6월 말, 인민군 병사들이 금강산발전소 건설 1기 공사를 완료한 것으로 다음 단계가 시작되었다. 7월 2일 김정일은 최고사령관 명령을 내려, 금강산발전소 건설에 동원된 군인과 건설자가 국방위원회와 조선인민군 최고사령부가 내린 금강산발전소 건설의 "전투명령"을 충실히 이행한 데 대해 감사의 뜻을 전했다. 김정일은 "혁명의 붉은 기를 높이 들고 높은 혁명적 군인정신과 대중적 영웅주의, 무비의 헌신성을 발휘"했다고 칭찬했다. 김정일은 이 건설현장을 세번 방문했다. 10월 14일에는 리을설, 조명록과 함께 건설에 동원된 장병들과 기념촬영을 했다. 그뒤에는 "경애하는 최고사령관 김정일 동지를 수반으로 하는 혁명의 수뇌부를 목숨으로 호위하자"라는 구호가 걸려 있었다.

기아 그리고 수많은 죽음

1996년 6월 미국이 620만달러의 식량 추가원조를 결정해, 북한은 반색했다. 7월 미군병사의 유골수색을 위한 북미공동작업이 시작되었다. 이는 미국인이 북한 내부에 들어가는 것을 허용했다는 점에서 새로운 움직임이라 할 만했다. 그런데 그해 여름 다시 수해가 북한을 휩쓸어 농작물 수확량이 심각하게 떨어졌다. 북한 측의 발표로는 8도의 117개 시·군이 피해를 입었고, 이재민 327만명에 유실된 농지는 28만 8900헥타르에 달했으며, 피해 총액은 17억 달러에 이르렀다. FAO와 WFP의 조사 보고에 따르면(1996.12.6.) 7월 24일부터 28일에 걸쳐 황해남북도, 강원도, 개성시에 630~910밀리미터의 비가 내렸다. 전년의 피해에 비해 규모가 작긴 했지만 2년 연속 곡창지대를 직격한

북한의 아이들(Hazel Smith, *Five-year Review of the Caritas Programme in the Democratic People's Republic of Korea[DPRK]*, Caritas-Hong Kong 2001)

수해로 사태는 더욱 심각해졌다.

　곡물수확량은 430만톤으로 예상되었지만 실질적으로 확보된 것은 300만톤에 불과했다. 이는 예상 수확량에서 130만톤이나 모자란 것인데, 옥수수 수확량이 예상치보다 30만톤 감소한 데다, 그나마 그중 절반이 8월과 9월에 소비되어버린 것이 크게 작용했다. 다음해 수확 때까지 식량으로 필요한 양이 최소 380만톤이었고, 식량 이외의 명목으로 필요한 것을 합하면 536만톤을 확보해야 했는데, 실제로 확보된 곡물량은 이보다 236만톤 부족한 수치였다. 교환무역으로 50만톤을 확보하고, 여기에 원조받기로 결정된 3만톤을 더해도 183만톤이 부족했다. FAO와 WFP는 특별보고에서 1997년의 식량부족이 1996년에 비해 "실질적으로 더 크다"고 결론지으며, 가장 심각한 위기는 1997년 7월에서 9월에 오리라고 예측했다.

드디어 기아로 인한 사망자가 발생하기 시작했다. 약한 어린 이들이 영양실조로 많이 희생되었다. 피해는 함경북도가 가장 심각했다고 한다. 사망자의 규모에 대해서는 여러 추론이 나오고 있는데 미국의 연구자 놀런드 등은 60만에서 100만명 사이일 것으로 분석하고 있다(Haggard and Norland). 너무나도 심각한 사태였다. 피해가 큰 지역에서는 탈북자가 강을 건너 중국 영내로 탈출했다.

1996년 가을에는 "백두 밀림에서 창조된 '고난의 행군' 정신으로 살며 투쟁해나가자"라는 구호가 매주 반복되었다. 10월 후반부터는 "모두가 혁명적 군인정신으로 살며 투쟁하자"라는 새로운 구호가 등장했다. 특히 11월이 되자 이 구호는 『로동신문』의 제1면을 거의 매일 장식했다. 논설에는 "혁명적 군인정신이 바로 오늘날의 적기정신이며 '고난의 행군' 정신"이라거나, 이러한 정신이 사회주의 건설의 원동력이라는 등의 주장이 담겼다.

'고난의 행군' 정신의 구호가 "혁명적 군인정신"의 구호와 교차되는 지점에서 유격대국가로부터 새로운 국가상으로의 전환이 일어나고 있었다.

정규군국가의 성립

1997년의 신년 3지 공동사설은 "'고난의 행군'을 승리로 맺기 위한 최후의 돌격전"에 나설 것을 요구했다. 사설에서는 비장한 문체로 "수천번 수만번 죽더라도 조선식 사회주의와 마지막까지 운명을 함께하겠다는 결사의 각오"와 "풀죽을 먹더라도 사회주의를 고수하겠다는 철의 의지"가 강조되었다. 그리고 사설은 인민군에게 특별한 기대를 걸고 있었다. "인민 군대는 우리 혁명의 기둥이며, 주체위업 완성의 주력군이다. 전체 인민군 장병들은 (⋯) 최고사령관의 제일근위병, 제일결사대로 튼튼히 준비하여야 한다. 인민군에서는 군인들을 정치사상적으로 준비시켜 전군에 수령 결사옹위정신, 총폭탄정신, 자폭정신이 꽉 차넘치게 하여야 한다"라는 것이었다. 이 논설은 또한 청년조직에 대해 500만 청년이 최고사령관의 결사옹위를 위해 총폭탄이 될 것을 요구했다.

2월에 인민무력부장 최광과 제1부부장 김광진(金光鎭)이 잇달아 죽었다. 또한 같은 달 당비서 황장엽이 망명했다는 사실이 밝혀졌다. 일본에서 열린 주체사상 국제심포지엄에 참가했던 그는 귀국 도중에 베이징 주재 한국대사관에 찾아와 망명을 신청했다. 예상치 못한 일에 당황한 북한정부가 남한이 납치한 것이라며 항의할 정도였다. 현직 당 국제문제 담당비서이자 조선사회과학자협회 위원장이라는, 국가사회주의 역사에서 예를 찾기 힘든 고위직 인사의 망명이었다.

4월에는 총참모장 김영춘이 인민군의 역할에 관한 김정일의 새로운 견해를 소개했다.

그러나 위대한 군사의 영재이신 경애하는 최고사령관 동지께서는 오랜 세월 굳어진 이 기성관념을 깨뜨리고 혁명군대에 대한 새로운 주체적인 사상리론을 천명하시고 빛나게 구현하시였습니다. 경애하는 최고사령관 동지께서는 군대는 곧 인민이고 국가이며 당이라는 독창적인 군 중시 사상을 밝히시고 우리 인민군대를 혁명의 주체의 핵심력량, 주체위업 완성의 주력군의 지위에 확고히 올려놓으시였으며 인민군대를 충효일심의 당군으로, 무적필승의 강군으로 강화발전시키시였습니다.(『로동신문』 1997.4.10.)

만일 군대가 인민이고 국가이며 당이라 한다면 최고사령관과 그 군대는 모든 것을 의미하는 것이다. 이제 최고사령관과 군대가 국가와 당을 관리하고 대행하게 된 것이다. 히라이 히사시(平井久志)에 따르면 이러한 생각은 이해 2월 15일 김정일 탄생 55주년 경축대회에서 김영남(金永南)이 처음으로 피력했다고 하는데, 김영남은 김정일과 군인들의 생각을 대변한 것에 불과하다.

5월 19일자 『로동신문』은 논설 「혁명적 군인정신으로 우리식 사회주의 위업을 힘차게 전진시켜나가자」를 게재했다. 이 논설에서 인민군대는 "우리식 사회주의의 기둥이며 혁명의 대학"이라고 규정되었다. 논설은 "생산도 학습도 생활도 인민군

대처럼 해나가는 것은 우리 당원들과 근로자들의 자각적인 사업, 우리 사회의 기풍으로 되고 있다"라고도 했다. 이 논설은 인민군대가 창조한 "사회주의의 새문화"로서 "화선식(火線式) 정치사업"을 소개하고 있다. "결사의 마당(전장 ─ 저자)에서 진행하는 가장 전투적인 정치사업"이라는 것이었다.

신문은 농민과 함께 일하는 병사와 장교에 관한 이야기를 잇달아 소개했다. 어떤 군에서는 인민군 지휘관이 군의 지도부와 상의해 "지구마다 전투지휘소를 조직하여, 모내기 전투를 기동적으로 패기있게 조직 지휘하고 있다"라는 식이다.

10월 8일 김정일이 조선로동당 총비서에 추대되었다는 발표가 있었다. 그러나 그 이후에도 그의 행동에는 아무런 변화가 없었다. 총비서 취임 이틀 뒤 그는 인민군 제564부대를 방문했다. 10월 22일에는 새로운 목장을 방문했는데, 이것도 인민군의 시설이었으며, 그가 격려한 소는 인민군의 소였다.

김정일의 새로운 체제하에서 무언가에 대한 결정은 당중앙위원회와 당중앙군사위원회의 공동발표 형식으로 이루어졌다. 1997년 7월 주체력을 제정해 김일성의 탄생일을 태양절로 부르기로 한 결정에서 처음 채택된 방식인데, 김정일을 당 총비서로 추대하는 결정 보고도 같은 서명으로 이루어졌다.

이렇게 하여 인민군 최고사령관이 당 총비서가 되었다. 군이 당을 장악한 것이다. 유격대국가를 대신한 이 체제를 정규군국가라 부를 수 있을 것이다. 이는 김정일의 후계체제인 동시에 경제붕괴와 식량위기라는 국가적 위기 속에서 비상사태에 대응하기 위한 국가였다. 군대가 중심인 국가가 특별히 희귀한 것은 아니다. 가장 가까운 예로 1961년 군사 쿠데타로 등장한 박정희 군사정권을 들 수 있다. 유격대국가로부터 정규군국가로의 이행은 어떤 의미에서는 극장국가로부터 지상의 국가로 이행하는 것이기도 했다.

헌법개정에 의한 국방위원회의 창출

최고인민회의는 1990년의 선거에 기초해 성립한 것으로 4년의 임기가 1994년에 종료된 상태였다. 그러나 김일성의 죽음과 식량위기라는 비상사태 속에서 새로운 선거는 실시되지 않았다. 최고인민회의도 거기서 선출되어야 할 국가주석도 존재하지 않는 상태가 지속되고 있었다. 1995년, 1996년, 1997년의 국가예산은 정식 심의를 거치지 않았다. 이는 1972년에 제정된 헌법이 정지된 것이나 다름없는 상황이었다.

1998년 7월 26일, 드디어 최고인민회의 선거가 실시되었다. 그리고 9월 5일 최고인민회의 제10기 제1차 회의가 소집되었다. 첫번째 의제는 헌법의 수정과 보충이었다. 양형섭(楊亨燮)의 제안이 만장일치로 채택되었다. 신헌법에는 새로 서론이 붙었는데, 김일성의 헌법적 지위를 다음과 같이 규정하고 있다. "조선민주주의인민공화국과 조선인민은 조선로동당의 령도 밑에 위대한 수령 김일성동지를 공화국의 영원한 주석으로 높이 모시며 김일성 동지의 사상과 업적을 옹호고수하고 계승발전시켜 주체혁명위업을 끝까지 완성하여나갈 것이다.”

이로써 김일성은 사후에도 영원히 주석으로 존재할 수 있게 되었다.

신헌법에서는 1972년 헌법에 있던 ‘주석’ 및 ‘중앙인민위원회’ 규정이 없어졌고, ‘국가기구’ 규정의 제2절은 ‘국방위원회’에 관한 내용으로 채워졌다. 국방위원회는 “국가주권의 최고군사지도기관이며 전반적 국방관리기관”이라고 명시되었다 (제100조). 제102조에는 동 위원회의 “위원장은 일체 무력을 지휘통솔하여 국방사업 전반을 지도한다”라고 되어 있으며, 제103조에는 동 위원회의 임무와 권한이 열거되어 있는데 이 사항들은 제100조 규정의 후반부에 관한 것이다. 제100조 규정의 전반, “국가주권의 최고군사지도기관”이라는 표현이야말로 국방위원회의 핵심적 규정이다.

최고인민회의의 두번째 의제는 국방위원회 위원장 추대였으며 김정일이 추대되었다. 추대연설을 한 김영남은 이 직책에 대해 “나라의 정치·군사·경제의 력량의 총체를 통솔지휘하여, 사회주의 조국의 국가체제와 인민의 운명을 수호하며 나라의 방위력과 전반적 국력을 강화발전시키는 사업을 조직령도하는 국가의 최고 직책이며, 우리 조국의 영예와 민족의 존엄을 상징하고 대표하는 성스러운 중책”이라고 발표했다. 즉 국방위원회 위원장이 ‘주석’ 직을, 국방위원회가 ‘중앙인민위원회’를 대체한 것이었다.

국방위원회에 선출된 기타 구성원은 다음과 같다.

제1부수상 조명록

부위원장 김일철(金鎰喆), 리용무(李勇武)

위원 김영춘, 연형묵(延亨默), 리을설, 백학림(白鶴林), 전병호(全秉浩), 김철만

이 가운데 김일철은 전 해군사령관으로 인민무력상이다. 리용무는 1970년 초에 군의 총치국장이었으며 상장이었다. 1977년에 실각했다가 1985년에 복권하여 사회안전부 정치국장, 국가검렬위원회 위원장을 역임하고 1991년부터는 교통위원회 위원장을 맡았다. 그는 국방위원회 부위원장에 오름과 동시에 차수로 추대되었다. 연형묵은 총리였다가 자강도 인민위원회 위원장으로 좌천된 인물로, 자강도에서 업적을 올려 복귀해왔다. 전병호는 당의 군사공업담당 당비서다. 리을설, 백학림, 김철만 등은 살아남은 만주파 노인들이다.

최고인민회의 상임위원회는 원래부터 있었던 것으로 권한을 크게 확충했는데, 결정적인 것은 주석이 가지고 있던 외국 사신의 신임장 접수 권한을 최고회의 상임위원회 위원장이 계승한 것이다. 나아가 명예 부위원장이라는 직책을 만들어 노인들을 그 자리에 앉혔다. 선거 결과 상임위원회는 다음과 같이 구

성되었다.

> **위원장** 김영남(외교부장)
> **부위원장** 양형섭(최고인민회의 상설회의 의장), 김영대(金
> 永大, 사회민주당 위원장)
> **명예 부위원장** 리종옥, 박성철, 김영주, 전문섭(全文燮)

이 위원회는 위원장과 부위원장 이외에는 실권이 없는 조직
이라 생각된다. 기타 회의에서는 총리 홍성남(洪成南) 이하 각
료들을 임명했다. 이렇게 하여 '정규군국가'가 법제화되었다.

그러나 이는 표면으로 드러난 국가의 모습일 뿐이며, 별도의
기구가 배후에서 움직이고 있었다. 당의 비서국과 지방의 당
조직이다. 이들 조직이 없이는 조선민주주의인민공화국은 하
루도 존속하지 못할 것이나 로동당 정치국은 여전히 존재하지
않았다. 정규군국가는 당국가라기보다는 군국가체제였던 것
이다.

남북 경제교류의 개시

이때 한국에서는 1997년 말 민주화 이후 세번째로 대통령 선
거에 도전한 김대중이 드디어 승리하여 1998년 2월 대통령에
취임했다. 김대중은 즉시 북한에 대한 햇볕정책과 포용정책을
실시했다. 안보를 확고히 하고 경제협력을 증진하며 흡수통일

은 의도하지 않는다는 내용이었다. 이 정책하에서 현대의 정주영 회장이 북측 출신자로서 북한과 교섭하여 남측과의 경계 지역에 있는 명승지 금강산의 관광개발권을 따냈다. 1998년 11월 사업이 개시되었다. 현대 아산은 1999년 1월부터 6년 3개월 동안 9억 2400만달러를 지불하기로 북한 측에 약속했다. 금강산 관광이 시작되고 3개월 동안 참가자는 2만명을 넘었다. 이는 새로운 남북관계가 시작됨을 알리는 사건이었다.

강성대국 건설이라는 목표

이렇게 체제를 굳힌 뒤, 9월 9일자 『로동신문』 사설 「위대한 당의 령도에 따라 사회주의 강성대국을 건설해나가자」에서 새로운 체제가 지향해야 할 국가목표가 제시되었다. 바로 "사회주의 강성대국 건설"이다. 이 말은 8월 22일자 『로동신문』에서 처음으로 사용되었다. 그러나 잠시 준비기간을 가졌으며 대대적인 캠페인은 일어나지 않았다. 1999년 신년호에 이르러 「올해를 강성대국 건설의 위대한 전환의 해로 빛내이자」라는 3개 언론사의 공동사설이 게재되었다. 본격적인 홍보활동이 시작된 것이다. 사설에는 김정일의 다음과 같은 말이 인용되어 있다. "우리가 말하는 강성대국이란 사회주의 강성대국입니다. 국력이 강하고, 모든 것이 흥하며 인민들이 세상에 부럼없이 사는 나라가 사회주의 강성대국입니다."

자신들은 이미 정치강국, 군사강국이 되어 있으니 남은 것은

'경제강국'의 지위 확보라는 것이었다. 즉 '강성대국'이란 경제의 비약적 발전이라는 목표를 내걸고 오랫동안 경제위기 속에서 위축된 국민을 고무하기 위한 구호였던 것이다.

'선군정치'라는 자기인식

반년 뒤 1999년 6월 16일에는 3개 언론사 공동논설 「우리 당의 선군정치는 필승불패이다」가 게재되었다. 이는 김정일의 체제, 즉 필자가 '정규군국가'라고 부른 것을 북한 스스로 '선군정치'라고 명명한 것이었다.

오늘 경애하는 김정일 동지가 혁명과 건설에서 구현해나가시는 기본적 정치방식은 선군정치다. 이 위대한 정치는 최악의 역경 속에서 사회주의 보루를 지키고 강성부흥의 새시대를 열어놓은 전화위복의 기적을 창조했다. 현실은 선군정치야말로 현대 사회주의정치에서 나서는 모든 문제를 해결해나갈 수 있는 불패의 정치라는 것을 뚜렷이 보여주고 있다.

논문은 선군정치에 대해 "바로 군사선행의 원칙에서 혁명과 건설에서 나서는 모든 문제를 해결하고 군대를 혁명의 기둥으로 내세워 사회주의 위업 전반을 밀고나가는 령도방식"이라고 규정하고 있다. 선군정치는 "군대이자 당이고 인민이며 국가라는 혁명철학에 기초하고 있"으며, "당, 국가, 사회생활의 모

든 분야에서 군 중시 사상을 철저히 구현해나가야" 한다는 것
이다.

필자가 '정규군국가'라 부른 것을 그 이전의 정치방식과는
다른 것으로 스스로 인식하면서 '선군정치'라는 명칭을 부여
하고 있는 것이 분명하다. '선군정치'라는 말 외에도 "선군혁명
령도"라거나 "선군혁명 로선"이라는 말이 사용되고 있는데, 특
별히 차이는 없다.

이 정치 방식은 일시적인 것이 아니라고 설명되는데, 다음에
서 확인할 수 있다. "우리는 선군혁명 로선을 우리 혁명의 전략
적 로선으로 틀어쥐고 일관성 있게 견지하여야 한다." "위대한
선군혁명 로선이 있고 경애하는 김정일 동지의 세련된 령도가
있는 한 김일성조선의 존엄과 위상은 만방에 떨쳐질 것이며 이
땅 우에는 반드시 사회주의 강성대국이 일떠서게 될 것이다."

제 9 장

격변 속의 북한

(2000~12)

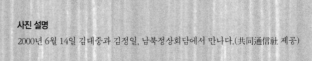

사진 설명
2000년 6월 14일 김대중과 김정일, 남북정상회담에서 만나다.(共同通信社 제공)

러시아와의 관계정상화

2000년은 북한의 대외정책에서 큰 전환이 일어난 해였다. 우선 꼽을 것은 러시아와의 관계정상화다. 북한은 뻬레스뜨로이까로부터 소련 사회주의체제의 붕괴에 이르는 과정에 강력히 반발하며, 러시아 내의 반(反) 옐찐 세력 및 공산당을 계승한 정당들과의 협력과 연대를 유지·발전시켜왔다. 그러나 1996년의 대통령선거에서 공산당 후보인 주가노프가 옐찐에게 패배함으로써 더이상 복고의 꿈을 간직할 수 없게 되었는데, 2000년에 푸찐 대통령이 등장해 '강력한 러시아'를 제창하자 이에 호의를 가졌다. 그리고 2000년 2월 9일 북한은 러시아와 우호선린협력조약에 조인하기에 이르렀다. 과거의 상호원조조약과는 달리 침략을 받더라도 군사원조를 실시한다는 조항은 없지만 그 럴 경우 "신속하게 쌍방은 접촉한다"는 것을 확인하고 있다. 푸 쩐은 이해 7월에 북한을 방문했다. 러시아의 원수로서는 최초 의 방북이었다. 북한은 소련 사회주의체제가 붕괴했다는 현실 을 결국 받아들였다. 이는 북한으로서는 큰 전환이었다.

남북정상회담

그다음 대전환은 남북정상회담이었다. 1999년 6월에는 서해 에서 남북한 해군이 교전을 벌이기도 했지만 김대중 대통령은 햇볕정책을 흔들림 없이 추진해나갔다. 2000년 3월 김대중의 베를린선언으로 드디어 정상회담으로의 길이 열리게 되었다.

2000년 6월 13일 김대중 대통령을 태운 비행기가 평양의 순 천비행장에 도착하여 대통령 부처가 평양 땅을 밟았다. 김정일 국방위원장이 트랩 바로 아래까지 나와 김대중 대통령을 맞이 했고 두 정상은 포옹했다. 정말로 역사적인 순간이었다. 남북 정상회담은 진지한 토론의 장이 되었고, 이윽고 합의에 이르렀 다. 두 정상이 서명한 6·15공동선언에는 통일문제에서 자주의 원칙을 견지하며, 통일방안의 공통성을 확인하고, 이산가족 면 회를 재개하며, 경제의 균형발전을 위한 상호교류를 추진한다 는 등의 내용이 포함되어 있었다. 문면에는 적혀 있지 않았으 나, 나아가 이 선언은 남북이 서로를 인정하고 전쟁을 하지 않 겠다는 약속의 의미도 지니고 있었다.

북미 간의 접촉

세번째 대전환은 북한과 미국의 정부 간 접촉이다. 2000년 10월 북한의 제2인자인 국방위원회 제1부위원장 조명록이 미국에 파견되었다. 인민군 총정치국장이며 현역 차수인 그는 우선 국무성에서 정장 차림으로 올브라이트 국무장관과 회견하고, 30분 후에는 군복으로 갈아입은 채 백악관에서 클린턴 대통령과 만났다. 대통령에게 김정일의 친서를 전하고 그를 평양에 초청했다. 클린턴은 우선 올브라이트 국무장관을 평양에 보내겠다고 회답했다.

10월 23일 올브라이트 장관이 방북하여 김정일과 회담했다. 장관이 북한을 개방해야 한다고 말하자, 김정일은 "개방이란 것이 무엇을 의미하는가" 물으면서 "우리는 서양적인 개방을 받아들이지 않으며, 개방이 우리의 전통을 훼손해서는 안 된다"라고 말했다. 그러면 어디를 모델로 할 것이냐고 장관이 묻자, 중국 모델에는 관심이 없다고 대답했다. 김정일은 모델로 삼고 있는 나라 가운데 하나로 스웨덴을 들면서 '스웨덴은 기본적으로 사회주의 국가다, 스웨덴이 좋다'라고 말했다. 이어 태국도 언급했다. "태국은 강력한 왕권을 제도화해 유지하고 있으며 오랜 폭풍과 같은 역사를 통해 국가의 독립을 유지했습니다. 게다가 시장경제체제입니다. 나는 태국 모델에도 관심이 있습니다."

올브라이트 장관은 김정일이 "지적인 인물"이고, "고립되

어 있지만 정보에 통해 있으며" "절망하고 있는 사람이 아닐뿐
더러 걱정하고 있는 사람은 더더욱 아니었다. 그가 바라고 있
는 것은 미국과의 정상적인 관계였다"라고 회상했다(Madeleine
Albright). 올브라이트는 대통령의 방북이 필요하다고 결론지었
고 클린턴도 이를 원했다.

그러나 불행하게도 그해 연말의 미 대통령 선거에서 고어가
공화당의 부시에게 패배했다. 클린턴은 방북을 감행할 결단을
내리지 못했다. 북미관계가 진전될 수 있는 기회는 이렇게 흘
러가버리고 말았다.

신경제정책의 제창

그러나 김정일은 앞으로 나아가려 했다. 대외관계의 변화
에 기대를 걸고 새로운 경제정책을 실시하기로 했던 것이다.
2001년 정초의 3개 언론사 공동사설은 "인민경제 전반을 현대
적 기술로 개건하기 위한 사업을 착실히 해나가"야 한다는 방
침을 발표했다. '개건(改建)'이라는 말은 영어 'reconstruction',
러시아어 'perestroika'의 번역어다. 현대기술로 경제를 "뻬레
스뜨로이까"해야 하며, 그렇게 하지 않으면 경제를 발전시킬
수 없다고 판단한 김정일은 이를 위해 새로운 방법, 새로운 사
고방식이 필요하다고 보았다. "새 세기의 요구에 맞게 사상관
점과 사고방식, 투쟁기풍과 일본새에서 근본적인 혁신을 이룩"
하자는 요구였던 셈이다. 이는 '신사고'의 주장과 거의 같다.

"위대한 김정일 동지는 언제나 멀리 앞을 보고, 모든 것을 크게 작전하여 대담하게 변혁을 이루고 계시다. 김정일 동지 식으로 살고 투쟁해나가는 우리 혁명전사는 낡은 관념에서 빠져나와 참신하게 살며 좀더 높이 비약하지 않으면 안 된다." 고르바초프가 제창한 뻬레스뜨로이까와 신사고가 북한에서도 필요하다고 말하고 있는 듯하다.

이어서 1월 4일자 『로동신문』에는 다음과 같은 김정일 어록이 발표되었다. "과거의 시기에 만들어진 기초 위에서 그대로 살아가는 것이 아니라, 새로운 시대의 요구에 맞게 그 면목을 계속해서 일신해나가지 않으면 안 된다." "대담하게 버릴 것은 버리고, 기술개건을 하지 않으면 안 된다." 신문에서는 김정일 위원장이야말로 새로운 사고방식의 선두주자라고 추켜세웠다.

이러한 메시지가 북한의 간부와 인민에게는 어떻게 받아들여졌는지 궁금하다. 고르바초프가 주창한 뻬레스뜨로이까의 가장 중요한 기둥은 "글라스노스찌(자유언론)"였다. 그것이 김정일의 "개건"에는 빠져 있었다. 그것 없이 신사고는 나타나기 어렵다. 김정일의 요청은 북한 사람들에게 당혹스러운 것이었을 터였다.

북일관계 타개의 모색

미국과의 관계개선을 기대했지만 결국 배반당하자 김정일은 다른 길을 찾았다. 일본에 눈을 돌린 것이다. 2000년 말 북한은 북일관계를 개선하기 위해 모리 요시로오(森喜朗) 총리와의 비밀접촉을 타진했다. 정상회담에서 일거에 합의를 이루자고 제안했던 것이다. 2001년 1월 모리 총리는 측근인 나까가와 히데나오(中川秀直) 의원을 싱가포르에 파견했다. 김정일의 특사 강석주 외무부 제1차관은 나까가와에게 식민지지배가 안겨준 고통과 손해에 대한 보상 요구를 포기하고 경제협력방식을 받아들이겠다는 의사를 밝히고, 납치문제에 대해서는 정상회담에서 "해결하고 싶다"며 거기서 "모든 것을 통틀어서 말씀드리겠다"고 회답했다(모리 요시로오 대담 『제군(諸君)』 2002.2.). 북한경제의 개건을 위해 외부로부터 현대적 기술을 들여와야 한다면 그 대상으로는 일본이 적합하다는 판단하에 일본과의 국교를 정상화하고 경제협력을 얻으려 했던 것이다. 모리 총리는 외무성에 이야기를 전했지만 외무성의 최고책임자는 결단을 내리지못했다. 모리는 러시아의 이르꾸쯔끄에서 푸쩐 대통령과 성명을 내고 돌아왔는데, 4월에는 여론의 압박에 몰려 퇴진하고 말았다. 이렇게 북일관계를 개선하겠다는 계획도 흘러가버렸다.

경제개혁

정초에 신사고로의 전환을 요구했음에도 이에 응하는 분위기가 조성되지 않자 초조해진 김정일은 이해 10월 3일, 경제관계 책임자들을 불러 경제관리의 개선에 관한 강화(講話)를 했다. 히라이 히사시가 이 강화 내용을 입수해 발표했는데, 여기서 김정일은 실리추구를 강조하고 평균주의를 폐지하여 노동에 따른 분배를 관철할 것, 지방분권화 및 기업의 독립채산제를 추진할 것을 내세웠다(『세계(世界)』 2004.11.).

경제의 '개건'은 더이상 기다릴 수 없는 상황이 되었다. 생활고와 식량난을 견디지 못하고 국경을 넘는 사람들이 증가하여, 그중 남한으로 건너간 탈북자 수는 2002년에 1000명을 웃돌기에 이르렀다. 그해 5월에는 선양(沈陽)의 일본 영사관으로 달려들어가는 탈북자 가족의 모습이 티비를 통해 방영되어, 사태의 심각성이 알려졌다.

2002년 7월 1일에야 겨우 구체적인 경제개혁이 실시되었다. 소련에서도 채택된 적 있는 충격요법으로, 가격과 임금을 대폭 인상하는 것이었다. 지하철과 버스 요금은 20배로, 임금은 15~20배로 인상되었다. 농민시장이 공인되었으며, 도시에는 공설시장이 열렸다. 기업에는 시장에서 돈을 버는 일이 허용되었다. 그러나 서민들은 생활필수품조차 제대로 확보하지 못했다. 이러한 심각한 상황에 대처하기 위해 시장경제가 부분적으로 허용되었고, 물건을 팔아서 물건을 사는 일에 모두가 나서게 되었다.

북일정상회담과 북일평양선언

북한은 북일교섭을 포기하지 않았다. 코이즈미 준이찌로오(小泉純一郎)가 총리가 되자 북한이 이번에는 외무성 쪽으로 접근해왔는데, 그 이야기가 타나까 히또시(田中均) 아시아대양주 국장의 귀에 들어갔다. 타나까 국장은 수상관저에 보고하고 수상의 지시를 받아 비밀교섭을 개시했다. 이것이 2001년 9월의 일이었다. 이때 미국은 알카에다의 동시다발적 테러로 혼란에 빠진 상태였다. 부시 대통령은 알카에다에 훈련기지를 제공하고 있다고 하여 10월 4일 아프가니스탄에 폭격을 시작했다. 2001년 말에는 북일 간에도 사건이 일어났다. 12월 22일 북한의 '괴선박'이 아마미오오(奄美大)섬으로부터 230킬로미터 떨어진 해상에서 발견되어 해상보안청 순시선의 추격을 받고 9시간에 걸쳐 도주했다. 총격을 받은 선박은 폭발한 뒤 침몰했고 승무원 전원이 사망했다. 일본 당국은 선박을 인양하여 증거물을 수집했는데 이 가운데 각성제가 발견됨에 따라 '괴선박'이 밀수에 이용되고 있었다고 단정했다. 이 사건에 대해 북한은 침묵을 지켰다. 비밀교섭 내용을 존중했던 것이다.

타나까 히또시 국장과 북한 국방위원회의 미스터 엑스(X)와의 비밀교섭은 2001년 가을부터 2002년에 걸쳐 20여회 실시되었다. 이 시기 부시 대통령은 2002년 새해 첫 일반교서 연설에서 이라크, 이란과 함께 북한을 "악의 축"으로 규정했다. 다음 전쟁의 목표가 이들 3개 국가 중 하나가 될 것으로 생각되었다. 당연하게도 북일교섭은 미국에는 알리지 않은 채 은밀히 진행되었다. 이 사실은 일본정부 내부에서도 소수의 몇 사람만이 알고 있었다.

2002년 9월 17일 드디어 합의가 어느정도 이루어져 평양에서의 북일정상회담이 실현되었다. 회담의 첫머리에서 김정일 국방위원장은 코이즈미 수상에게 말했다. "총리가 직접 평양을 방문하는 모범을 보여주셨기 때문에, 가깝고도 먼 나라가 아니라 정말로 가까운 이웃이 될 것으로 생각합니다."

코이즈미 수상은 조선에 대한 식민지지배가 안겨준 손해와 고통에 대해 반성·사죄하고, 그에 입각해 경제협력을 실시하기로 약속했다. 국교를 신속히 정상화하기 위해 노력하겠다는 의지도 전했다. 김정일은 납치문제에 대해 다음과 같이 말했다. "나 자신으로서는 이 자리에서 유감스러운 일이었다고 사죄하고 싶다. 이러한 일이 두번 다시 일어나지 않도록 적절한 조치를 취하겠다." 나아가 공작선의 영해침범에 대해서도 사죄하고 두번 다시 반복하지 않겠다고 표명했다. 그리고 핵문제 등의 논의를 위해 6자회담 같은 협의기구를 만들어간다는 데 대해서도 찬성했다. 김정일은 핵문제에 대해 미국과 대화하길 원했다.

우리는 부시 대통령이 대화를 원한다면 이야기할 용의가 있다. 미국도 성의를 보여주어야 한다. 일본은 미국과 동맹관계에 있다. 미국이 가장 신뢰하는 아시아 국가다. 일본의 지도자인 코이즈미 총리에게 이 문제의 해결을 위해 노력해줄 것을 부탁한다.(NHK스페셜, 「비록 조일교섭秘錄日朝交涉」)

두 정상은 미리 준비되어 있던 북일평양선언에 서명했다. 한편 정상회담장과는 별도의 장소에서 북한 측은 납치된 일본인 13명의 명단을 공개하고, 이 가운데 5명만이 생존해 있다고 밝혔다.

회담이 끝난 뒤 헤어지면서 김정일 위원장은 코이즈미 총리에게 다음과 같은 말을 건넸다. "국교정상화가 실현되면 다시 만납시다. 당신의 활동으로 커다란 성과가 있을 것을 기대합니다." 김정일은 평양선언으로 길을 터놓았으니, 이제 외교관들이 만나 내용을 채워가면 국교정상화는 곧 실현되리라 생각했던 것이다.

북일정상회담의 성공은 김대중 대통령이 추진해온 남북 경제교류의 전진과 궤를 같이하는 것으로 서로 보완적인 관계에 있었다. 2002년 11월에 북한정부는 개성지구에 한국기업을 유치하는 공업단지 건설과 관련해 법률을 제정했다. 2000년의 정상회담에서 제시된 원칙, 즉 남북은 두번 다시 전쟁하지 않는다는 결단이 모양을 갖추게 된 것이었다.

그리고 12월의 대통령 선거에서는 김대중의 햇볕정책을 계승하는 노무현이 당선되었다.

납치문제로 인한 반전

그러나 사태는 일본에서 의외의 방향으로 전개되었다. 코이즈미 수상이 귀국한 뒤 국민들이 보인 최초의 반응은 긍정적인 것이었으나, 8명이 사망했다면 그 증거가 있느냐며 북한의 주장을 검증해야 한다는 목소리가 시민단체를 통해 흘러나오자 상황이 변화하기 시작했다. 납치문제를 무시하고 북일관계 정상화를 주장했다고 하여, 국교정상화 촉구 운동의 관계자를 중상·비방하는 움직임도 일어났다. 타나까 국장은 국적(國賊)이라는 비난까지 받았다. 북한이 일시귀국을 허락하여 생존 납치피해자 5명이 10월 15일에 돌아오자, 일본정부는 약속을 번복해 그들을 평양으로 되돌려보내지 않기로 결정했다. 다시 북한으로 보내고 싶지 않은 가족들의 바람이 있었던 것은 분명하지만, 외교관으로 하여금 일시귀국 약속이 없었다는 거짓말을 하게 하고 밀어붙인 것은 분명히 배신적 행위였다. 북일관계는 갑자기 험악해졌다.

핵문제와 6자회담

이런 상황에서 미국도 켈리 국무차관보를 파견해 북한이 우라늄 농축프로그램을 추진하고 있다고 주장하며 일본을 견제했다. 결국 정상화 교섭은 이해 12월에 한번 이루어졌을 뿐, 북일 간은 단절상태가 되고 말았다. 김정일의 기대가 배반당한 것이었다.

북한은 우라늄광산을 가지고 있으므로, 자국산 우라늄을 농축해서 사용하면 외국으로부터 구매할 필요가 없다. 우라늄농축은 오래전부터 계획한 일이었던 것 같다. 그러나 남북비핵화 선언 때 우라늄농축은 실시하지 않겠다고 서약한 바 있었다. 미국이 이 문제에 대해 추궁하자 북한은 2003년 1월 NPT로부터 탈퇴한다고 선언했다.

북한은 이후로 줄곧 미국의 공격을 경계하면서, 국방을 위해 핵무기를 보유하는 것이 불가결하다는 사고방식을 굳혀갔다. 3월 미국은 대량파괴무기의 존재를 이유로 이라크를 폭격하고 지상군을 투입해 침공했다. 북한 지도부는 이 전쟁에서 미국이라는 국가의 본질을 확인했다.

이러한 상황에서 중국이 분주히 움직인 덕분에 북한 핵개발에 관한 미·중·북·한·러·일의 6자회담이 실현되었다. 2003년 4월 베이징에서 개최된 미국과 중국, 북한의 3자회담이 그 시초였다. 이때의 합의에 따라 한국과 러시아, 일본을 초청했던 것이다. 제1회 6자회담은 이해 8월 27일 베이징에서 열렸다. 북한은 자국의 안보를 위해서는 이 다자간 협상에 참가하는 것이 유리하다고 판단했을 것이다.

2003년 9월 최고인민회의에서 국방위원회가 개선(改選)되었다. 만주파의 리을설·백학림·김철만이 해임되었고, 부위원장에는 부활한 연형묵이 선출되었다. 위원으로는 최용수(崔龍洙)·백세봉(白世鳳) 등 거의 알려지지 않은 신인이 등용되었다. 최용수는 인민보위상이다. 수상은 홍성남에서 박봉주(朴奉珠, 전 화학공업상)로 교체되었다. 6자회담은 이듬해 2월에도 열렸지만 합의를 이루지는 못한 채 결실 없는 회의만 계속되었다.

코이즈미 수상의 재방북

2004년 4월 22일 평양과 신의주 사이의 철도역 룡천(龍川)에서 연료수송차량이 폭발하여 150명이 사망하고 1300명이 부상을 입는 사고가 발생했다. 북한은 피해상황을 공개하고 구호를 요청했다. 일본으로부터도 5월 말에 구호금 638만엔을 전달하기 위해 대표단(단장은 와다 하루끼)이 평양에 도착했는데, 현지와 신의주의 병원을 자동차로 방문할 수 있도록 허가가 내려졌다. 현지인들은 감사의 뜻을 전해왔다.

이 직전 코이즈미 수상은 평양을 방문했다. 교섭을 통해 귀국한 5명의 가족을 데려오기 위해서였다. 5월 22일 코이즈미는 하네다공항에서 기자회견을 하며 북일 간 "비정상적인 관계를 정상화하고, 적대관계를 우호관계로, 대립관계를 협력관계로 하는 커다란 계기로 삼고 싶다"고 표명했다. NHK스페셜「비록 조일교섭(秘錄日朝交涉)」에 따르면 회담의 서두에서 김정일은 "다시 방문하신 것은 좋은 일이다"라고 말하며 다음과 같이 이례적으로 일본의 의지를 확인했다.

제가 먼저 조금 걱정되는 일을 말하고자 한다. 이번에 회담이 끝난 뒤에 그 내용이 모두 뒤집어지는 일이 있으면 나는 총리의 상대역으로 연극에 출연한 것이 되어, 나중에 아무엇도 남지 않는 결과가 된다. 우리는 지난번에 용감히 조치를 취했던 것이기에 납치문제는 그것으로 끝날 것이라고 생각했다. 그러나 총리가 귀국하자마자 복잡한 문제가 생겨 우리는 실망했다. 민주사회에서도 수반의 권한은 있다고 생각했었는데 정부수반으로서 총리의 권한이 이렇게 간단히 무너지는가 생각하니 실망하지 않을 수 없었다.

NHK는 이러한 매우 솔직한 토로에 대해 코이즈미 수상이 어떻게 대응했는지는 소개하지 않았다. 코이즈미 수상은 아마도 사죄하고 나서 이번에는 잘할 것이며 국교정상화로 나아갈 결의를 하고 있으니 걱정하지 말라고 했을 것이다.

코이즈미가 요구한 것은 북한이 사망했다고 발표한 8명에 대한 "철저한 진상규명"과 귀국한 5명의 가족들을 일본으로 "귀국"시켜달라는 것이었다. 김정일은 이를 인정하고 8명에 대해서는 백지로 하여 재조사할 것을 약속했다. 하스이께(蓮池) 씨와 치무라(地村) 씨의 자녀들을 즉각 일본으로 인도했으며 소가 히또미(曾我ひとみ)의 남편 젠킨스와 자녀들에게는 제3국으로의 출국을 약속하고 일본 측과의 면회를 허가했다. 코이즈미 수상은 식량 25만톤과 의약품을 원조하기로 약속했다.

핵무장의 의도

회담의 나머지 부분에서 코이즈미 수상은 북의 핵개발에 대해 솔직한 의견을 내밀었고 김정일도 이에 맞대응했다. 김정일은 북한의 핵무장 의도에 대해 명확히 말했다.

오늘 총리에게 말하고자 하는 것은, 우리가 핵을 가진다고 해도 아무 이득이 되지 않는다는 것이다. 미국은 오만무례하게도 우리를 선제공격하기 위한 방법이 책상 위에 있다고 한다. 이렇게 되면 우리는 기분이 나빠질 수밖에 없다. 상대가 막대기로 때리겠다고 하는데 가만히 있을 수만은 없는 것이다. 우리의 생존권을 위해 핵을 갖게 된 것이다. 생존권이 보장된다면 핵은 쓸모없는 물건이다.

김정일은 미국이 이라크전쟁을 일으켜 사담 후세인 정권을 무너뜨린 데 대해 공포를 느낀 것을 숨기지 않았다.

미국은 자신들이 하고 있는 것은 아무 일도 아니라는 듯 모른 척하면서 먼저 핵을 포기하라고 주장하고 있지만 언어도단이다. 핵의 완전포기는 패전국에게 강요하는 것이다. 그러나 우리는 미국의 패전국이 아니다. 이는 이라크 같이 무조건 무장해제하자고 하는 것이며 받아들일 수 없다. (…) 미국이 핵무기를 가지고 때린다면 그냥 맨손으로 가만히 있다가는 결국 이라크처럼 되어버리고 만다.

그러나 이때에도 김정일은 미국과의 대화를 요구했다. 그것은 거의 애절할 정도의 열망이었다.

우리는 6자회담을 통해 미국과 이중창을 노래하고 싶다고 생각하고 있다. 우리는 목이 쉬도록 미국과 노래를 부를 생각이다. 그 성공을 위해 주변국에는 오케스트라 반주를 부탁하고 싶다. 반주가 훌륭하면 이중창은 더 훌륭해진다.

소가 히또미의 가족은 인도네시아로 출국한 뒤 그대로 일본에서 영주하기를 희망하여 일본에 왔다. 젠킨스는 미군의 군법회의에 출두하여 요구되었던 진술을 마친 뒤 재판을 받고 석방되었다. 그는 기자회견에서 망명 이후 북한에서의 생활은 "개 같은 생활"이었다고 말했다. 북한 측은 가족의 일본영주를 인정하고 젠킨스의 행동에 대해서는 아무런 말도 하지 않았다.

배반당한 기대

같은 해 12월 24일 야부나까(藪中) 아시아대양주 국장이 방북하여 재조사의 결과물로서 요꼬따 메구미의 유골을 받아 돌아왔다. 조사내용을 정밀검토한 결과 요꼬따 메구미의 의료기록이 1993년 9월까지만 남아 있고 사망했다는 시기의 자료가 없다는 것, 교통사고를 당했다는 몇명에 대한 자료는 검은 칠을 한 곳이 많다는 것, 청취기록도 만족스럽지 못하다는 것 등이 문제로 지적되었다. 요꼬따 메구미의 유골은 고온에서 소각된 것이었는데, DNA 감정을 해야 한다는 의견이 제기되었다. 경시청의 감정에서는 결과가 나오지 않았는데 테이꾜오(帝京)대학의 감정에서는 요꼬따 메구미의 것이 아닌 다른 사람의 DNA가 검출되었다는 보고가 제출되었다. 이 보고를 받은 호소다(細田) 관방장관은 "다른 사람의 DNA가 검출되었다는 것은 다른 사람의 유골이라는 것이고, 요꼬따 메구미 씨의 유골이 아니라는 것"이라고 단정했다. 이것은 비약적인 결론이다. 요꼬따 메구미의 유골에 다른 사람의 DNA가 섞인 것일 가능성도 있기 때문이다. 그러나 일본정부는 북한이 요꼬따 메구미의 유골이 아닌 것을 건넸다고 주장하며 북한에 항의하고 관계를 다시 차단했다. 북한 측은 감정결과에 대해 항의하고 유골의 반환을 요구했다. 재감정을 요청했다고도 하는데 일본 측은 유골의 나머지를 반환하는 것도 거부하고 재감정에도 응하지 않았다. 김정일의 기대는 또다시 배반당했다.

6자회담과 2005년 9월 성명

6자회담에서는 미국과 북한이 각각 안을 내놓고 팽팽히 맞서고 있었다. 2004년 말 미국 대통령선거에서 부시가 재선되었다. 부시는 계속해서 북한을 "압정의 거점"이라 부르며 다시 적의를 드러냈다. 북한 외무성은 2005년 2월 10일 부시정권의 적시정책이 변화하지 않았다며 6자회담 참가를 무기한 중단한다고 발표하고 나아가 핵무기를 제조했다고 밝혔다.

부시정권은 충격을 받았다. 북한에 압력을 가하는 것으로 핵무기 보유를 막지 못했던 것이다. 북한에 대한 새로운 접근방법을 채택하지 않을 수 없었다. 그러한 노력의 결과 2005년 9월에 제4차 6자회담이 열리게 되었다. 이 회담은 획기적인 성과를 올렸다. 9월 19일 공동성명이 발표된 것이었다. 북한은 "모든 핵무기 및 기존의 핵개발 계획을 포기할 것, 그리고 핵무기 불확산조약 및 IAEA 보장조치에 조기 복귀할 것"을 약속했다. 미국은 "한반도에서 핵무기를 보유하지 않을 것" 그리고 북한에 대해 "핵무기 또는 통상무기에 의한 공격 또는 침략을 하려는 의도를 갖지 않는다"는 것을 확인했다. 북한이 "원자력을 평화적으로 이용할 권리"를 주장하자, 5개국은 이를 존중하고 장래 경수로 제공에 대해 논의한다는 데 동의했다. 북미 양국은 상호 주권존중, 평화공존 및 국교정상화를 위한 조치를 취하기로 약속했다. 북일 양국은 평양선언에 따라 국교정상화를 위한 조치를 취할 것을 약속했다. 6개국은 경제협력을 약속했으며, 5개국은 북한에 에너지를 지원할 의향이 있음을 밝혔다. "한반도의 검증 가능한 비핵화"를 실현하고, 6개국은 "동북아시아 지역의 영속적인 평화와 안정을 위한 공동의 노력"을 경주하여 "동북아시아 지역에서의 안전보장 면에서의 협력을 촉진하기 위한 방책을 탐구해나갈 것"을 약속했다. 획기적인 합의였지만, 모든 것은 약속에 불과했다.

이렇게 합의가 도출됨으로써 진전이 기대되었으나, 즉각 암초에 부딪치고 말았다. 미국 재무성이 북한의 위조달러 지폐 의혹과 관련하여 마카오의 은행 '방코 델타 아시아(BDA)'에 북한 계좌의 폐지를 요구했기 때문이다. 북한은 강력히 반발하고, 금융제재를 해제하지 않는 이상 6자회담 재개에 응하지 않겠다고 표명했다.

핵실험과 경제제재

2006년 5월부터 북한은 미사일 발사의 움직임을 보였다. 미국을 교섭의 장으로 끌어내려 하는 듯했으나 미국은 이를 무시했다. 결국 7월 5일 북한은 대포동 2호로 보이는 장거리 탄도미사일과 사정거리가 짧은 미사일 6발을 발사했다. 미국에서는 당시 럼스펠드 국방장관이, 북측이 미사일을 발사하겠다면 미리 공격해서 미사일을 파괴해야 한다고 건의하는 상황이었다. 북한은 발사를 감행했다.

이에 대해 코이즈미 정권은 예전에 없이 강경한 태도로 바로 당일 대응책을 발표했다. 만경봉호 입항과 북한 정부요인의 입국을 금지하고, 자국의 정부요인과 국민의 도항을 자제하게끔 하며, 미사일과 핵 관련물질의 수출을 관리하겠다는 내용이었다. 7월 15일 유엔안보리는 결의 1695호를 채택하여 북한을 비난하고, 국제사회가 미사일 관련 물자와 자금을 북한에 이전하는 것을 방지해야 한다고 호소했다. 일본정부는 이를 받아 9월

19일 미사일 대량파괴무기에 관한 자금 이전을 방지하는 조치를 취했다.

그 직후 코이즈미 수상은 정권에서 물러나고 아베 신조(安倍晋三) 내각이 성립했다. 아베 수상은 내각 발족 3일 후에 수상을 본부장으로 하고, 관방장관을 부본부장으로 하며 전각료를 부원으로 하는 '납치문제 대책본부'를 설치했다.

한편 미사일 발사 제재에 강하게 반발한 북한은 10월 9일 지하 핵실험을 단행했다. 일본정부는 비난성명을 발표하고 10월 11일 제2차 전면 제재조치를 발표했다. 이는 북한 선박의 입항금지, 북한으로부터의 전면적 수입금지, 북한 국민의 원칙적 입국금지 등을 내용으로 한 것이었다.

나아가 일본정부는 10월 16일에는 납치문제 대책본부의 제1차 회합을 열어 "납치문제의 해결 없이 북한과의 국교정상화는 없다"는 의지를 확인하고, "정부가 합심하여 모든 납치피해자의 생환을 실현"하겠다고 선언했다. 일본정부는 12월 10일부터 15일까지를 "북한 인권침해문제 계발주간"으로 정했다. 캠페인이 시작되던 날 전국지 6개사의 지면에는 반면 크기로 아베 수상의 커다란 얼굴 사진과 함께 정부 홍보 광고가 게재되었다. 거기에는 "모든 납치피해자가 살아 있다는 전제에 서서, 피해자 전원의 탈환을 위해 총력을 다해 노력하고 있습니다"라는 문장과 함께, "납치문제는 우리나라의 최중요 과제입니다"라는 선언이 실려 있었다.

북일무역의 중지

북한과 일본의 무역은 이미 급속히 위축되고 있었다. 일본으로부터 수출되는 품목이 북한의 대량파괴무기 제조에 사용되지 않는지 여부를 수출업자에게 확인하는 절차 때문이었다. 무역은 압력을 받았다. 양국 간 무역량이 최고조에 달했던 1980년에는 수출과 수입을 합쳐서 5억 5435만달러였던 것이 2003년에는 2억 6400만달러, 2005년에는 1억 9400만달러로 격감했다. 북일무역의 감소분은 중국 및 한국과의 무역으로 상쇄되었다. 북중무역은 2003년에 10억 2400만달러, 2004년에 13억 8500만달러로 증가했다. 한국과의 무역은 2003년에 7억달러, 2004년에 7억 200만달러였다. 북한으로부터의 수입금지조치로, 북일무역은 일본의 수출만 이루어지고 있었는데 2007년에는 수출총액이 930만달러로까지 떨어졌다. 그러나 중국 및 한국과의 무역이 압도적인 비중을 지닌 무역구조로 인해 일본과의 무역량이 줄어든다고 해서 북한이 입는 피해는 거의 없었다.

북미·북일 간의 재접근

일본이 강경 일변도로 나아가고 있을 때, 미국 내에서는 압력만 가하고 있다가 북한의 핵무장을 막지 못했다는 비판이 고조되고 있었다. 부시정권은 방침을 전환하기로 했다. 힐 국무차관보는 2007년 1월 중순, 베를린에서 김계관(金桂寬) 외무차관과 회담하여 BDA 문제를 해결하고 6자회담을 정상화하기로 합의했다. 부시정권과 아베정권의 진로가 여기서 확연히 갈렸다.

6자회담은 2월에 재개되어 2월 13일에 합의가 이루어졌다. '북한은 영변의 핵시설(재처리시설을 포함하여)과 관련하여, 이들 시설을 최종적으로 포기할 것을 목표로 활동을 중지하고 봉인한다. 미국은 북한과의 외교관계 수립을 목표로 협의를 개시한다. 북한을 테러지원국가로 지정한 것을 해제하는 작업을 개시한다. 5개국은 북한이 취하는 초기 단계 및 제2단계 조치에 대해 최초 5만톤, 이어서 95만톤을 상한으로 하여 중유를 원조한다.'

그러나 일본은 납치문제가 해결되지 않았기 때문에 중유 제공에 응할 수 없다고 표명했다. 9월 초 제네바에서 열린 북미 작업부회에서는 테러지원국가 지정을 해제하는 데 대해 합의했다.

이때 아베 수상은 지병이 악화한 데다 국제적으로도 압박을 받아 결국 퇴진했다. 후임으로 자민당 총재에 선출된 후꾸다 야스오(福田康夫)는 대북정책의 전환을 주장했다. 10월 2일 임기가 얼마 남지 않은 노무현 대통령이 평양을 방문하여 김정일 위원장과 정상회담을 실시했다. 연말에는 영변 핵시설 폐쇄를 상징하여 냉각탑이 폭파되었다. 미국과의 관계가 개선됨에 따라 발걸음이 가벼워진 북한 지도부는 2008년 정초의 3개 언론사 공동사설에서 2012년 김일성 탄생 100주년에 "강성대국의 대문을 연다"는 목표를 내걸고 다음과 같이 선포했다. "선군혁명의 불길 속에서 다져진 강력한 정치군사적 위력에 의거하여 우리의 경제와 인민생활을 높은 수준에 올려세움으로써 2012년에는 기어이 강성대국의 대문을 활짝 열어놓으려는 것이 우리 당의 결심이고 의지다."

북한은 일본과의 관계개선을 희망하여 2008년에는 후꾸다 내각과 교섭했다. 사이끼 아끼따까(齋木昭隆) 아시아대양주 국장과 송일호 대사는 6월과 8월 두번에 걸쳐 선양과 베이징에서 몇가지 사항에 대해 약속했다. 6월 11일과 12일에는 일본 측이 3가지 제재의 해제, 즉 인적 왕래 규제의 해제와 전세기편 금지의 해제, 북한 선박 입항 금지의 해제(인도적 지원 목적의 북한 선박 입항의 허가) 등을 실시하고 북측은 납치문제를 재조사하기로 약속했다. 그러나 이에 대해 자민당 내부에서 반발이 일어나자 8월 11일과 12일에는 다시 교섭하여, 제재를 푸는 것은 앞의 두가지에 한하고 이를 전제로 재조사위원회를 설치한다는 내용에 대해 약속했다. 그러나 송일호 대사의 증언에 따르면 후꾸다 수상 측은 북한과의 관계개선에 나서기 위한 분위기 조성이 중요하며, 이를 위해 일본정부는 납치문제를 이용하여 북일관계를 악화시키는 언동을 삼가고, 국제무대에서 반북한 선전을 하지 않겠다는 결의를 전해왔다고 한다.

그런데 이 약속이 실현되기 전인 9월 1일 후꾸다 수상은 정권을 내던지듯 퇴진해버렸다. 이때 김정일은 뇌졸중으로 쓰러진 상태였다.

병으로 쓰러진 김정일

2008년 9월 9일, 평양의 김일성광장에서 건국 60주년 기념식
이 열려 군사 퍼레이드가 거행되었다. 그런데 그 단상에 김정
일의 모습이 보이지 않았다. 8월 말에 뇌졸중으로 발작을 일으
켜 쓰러졌다는 정보가 정확했던 것이다. 미국은 10월 11일에
테러지원국가 지정을 해제했지만 앞길은 안갯속이었다.

김정일이 쓰러지자 후계자문제가 더이상 미룰 수 없는 과제
로 부상했던 것으로 보인다. 66세의 김정일이 이 위기를 넘기
고 나서 얼마나 더 오래 살 수 있을지 김정일 본인은 물론, 그
주변 사람들도 모두 생각해보지 않을 수 없었다. 북한의 체제
를 전제로 후계자에 대해 논의한다면 김정일의 아들 누군가를
선택한다는 것 말고 다른 방법은 없었다. 그 외의 논의는 불가
능했다.

김정일의 첫번째 부인은 남측 출신의 여배우 성혜림(成蕙
琳)이며, 1971년 장남 김정남(金正男)을 낳았다. 그녀가 정신적
인 문제 때문에 모스끄바에서 요양하게 되자 김정일은 1970년
대 말에 북한에 건너가 가무단 단원으로 활동하던 오오사까 출
신의 재일조선인 고영희(高英姬)를 두번째 부인으로 맞이했다.
고영희와의 사이에서는 1980년대 초에 장남 김정철(金正哲)과
차남 김정은(金正恩), 그리고 3남이 태어났다. 이 세 아들 가운

데 군인인 김정은이 후계자로 유력시되고 있다는 이야기가 나왔다. 그는 1983년에 태어나 1996년부터 스위스의 인터내셔널 스쿨과 공립학교에서 유학했으며, 2001년에 귀국한 뒤에는 김일성군사종합대학교에 들어가 3년 동안 공부한 뒤 졸업했다.

김정일은 10월 4일에 대학생의 축구시합을 관전했다는 보도로 회복했다는 소식이 알려졌지만 사진은 나오지 않아 그 진위가 불명확한 터였다. 결국 2009년 1월 23일 중국공산당 대외연락부의 왕 자루이(王家瑞)가 면회함으로써 그가 회복했다는 사실이 확인되었다.

중국과의 결합의 강화

김정일이 병으로 쓰러지는 사태에 직면한 중국은 북한과의 관계를 고려할 때 이를 전면적으로 지원하는 것이 자국의 이익에 합치한다는 결론을 내린 것으로 보인다. 후계체제에 대해서는 북한이 결정하는 대로 받아들이고 이를 지지한다는 의지를 일찍부터 표명했다.

2008년 중국과 북한의 무역량은 27억 8700만달러로 전년도의 19억 7300만달러에 비해 급증했다. 중국의 대 북한 투자도 2003년에는 5건, 352만달러였으나 2006년에는 10월까지만 하더라도 19건, 6667만달러나 되었다. 중국의 투자는 북한의 자원개발에 집중되었는데, 이 때문에 장기적으로 북한경제를 중국경제와 일체화하려는 것 아니냐는 관측이 나올 정도였다.

2009년에는 요인들의 상호방문도 두드러졌다. 3월에는 북한의 김영일(金英逸) 수상이 방중했으며, 9월에는 다이 빙궈(戴秉國) 국무위원이 후 진타오(胡錦濤) 주석의 특사로 방북했고, 10월에는 원 자바오(溫家寶) 수상이 방북했다. 중국은 유엔안보리 결의에는 참가했지만 마지막 일선에서는 줄곧 북한을 비호했다.

인공위성 발사와 헌법개정

2009년 1월 20일 미국에서는 오바마 대통령이 취임했다. 새로운 대통령이 대화와 협조를 언급하고 북한의 지도자와도 회견할 용의가 있다고 천명한 사람이었던 만큼 그에게 거는 기대는 컸다. 누구보다 큰 기대를 했던 것은 다름 아닌 김정일이었다.

병상에서 갓 회복한 지도자 김정일은 최고인민회의 개최에 맞춰 인공위성의 발사를 계획했다. 물론 군사용 로켓의 성공 여부를 가늠하려는 의도가 숨어 있었다. 그러나 인공위성 발사는 어느 나라나 하고 있는 것이며, 북한에 대해서만 금지원칙을 적용한다는 것은 말이 안 된다고 생각했을 것이다.

인공위성이 발사된 4월 5일은 오바마 대통령이 핵무기 철폐에 대해 프라하에서 연설하는 날이었다. 화가 난 오바마는 연설 중에 북한을 "규칙위반"이라고 비난하며 "벌을 주겠다"고 말했다. 김정일은 강력히 반발했다.

최고인민회의는 4월 9일에 개최되었다. 여기서 헌법개정이 이루어졌다. 이번 헌법개정은 선군체제, 필자가 말하는 정규군 국가에 헌법적인 틀을 부여하기 위한 것이었다. 국방위원회 위원장은 "조선민주주의인민공화국의 최고령도자"라고 규정되었으며, 최고사령관을 자동적으로 겸하게 되었다. 나아가 "선군혁명 로선을 관철하기 위해 국가의 중요한 정책을 수립"하는 일도 국방위원장의 임무로 규정되었다. 국방위원회 위원과 위원장은 최고인민회의에서 선출되며 임기는 5년으로 규정되었다(平井久志, 2010).

개선(改選)된 국방위원회는 위원장에 김정일, 제1부위원장에 조명록, 부위원장에 김영춘·리용무·오극렬(吳克烈) 등이 선출되었으며, 위원에는 전병호·김일철·백세봉 등 전 위원들에 더해 장성택(張成澤, 당 행정부장)·주상성(朱霜成, 인민보위상)·우동측(禹東則, 국가안전보위부 부부장)·주규창(朱奎昌, 당 군수공업부 제1부부장)·김정각(金正角, 군정치국 제1부부장) 등 신인 5명이 가세했다. 전원의 얼굴 사진이 발표되었는데, 오랫동안 권력 중추에서 떨어져 있던 군 실권자 오극렬과 김정일의 여동생 김경희(金慶喜)의 남편이자 당 비서국의 실력자인 장성택이 주목을 끌었다.

핵실험과 클린턴의 방북

그리고 5월 25일 북한은 도전적으로 핵실험을 실시했다. 이

김정일과 클린턴(『로동신문』 2009년 8월 5일자)

에 대해 유엔안보리는 6월 12일 화물검사와 금융제재를 기둥
으로 하는 제재결의 1874호를 채택했다. 북한은 6월 15일 핵무
기 개발을 더 추진하겠다는 성명을 발표하여 이에 대응했다.
일본정부는 6월 16일 수출 전면금지를 주축으로 하는 추가제
재를 결정했다. 강경한 자세가 강경한 대응을 불러 본격적으로
위기가 휘몰아치기 시작했다.

　이러한 암운 속에서 위기를 타개한 것이, 북한에 억류된 2명
의 여성 저널리스트를 석방하기 위해 평양을 방문한 클린턴 전
대통령과 김정일의 회담이었다. 둘은 8월 4일 회담했다.『로동
신문』에는 전무후무하게 크게 웃는 김정일의 모습이 보도되었
다. 클린턴의 방북으로 김정일은 북미관계가 진정으로 개선되

리라 기대했던 것 같다. 그러나 오바마의 태도는 냉정했다.

디노미네이션의 실패와 천안함 사건

2009년 11월 30일 북한정부는 디노미네이션을 실시했다. 교환비율은 현금의 경우 100분의 1, 예금의 경우는 10분의 1로 하고, 교환한도인 10만원을 초과하는 현금은 중앙은행이 보관한다는 내용이었다. 시장경제로의 이행속도가 빨라지면서 부를 축적하는 부류가 나타나 이를 억제하려는 의도였던 것으로 알려지고 있지만, 교한한도를 설정한 것 때문에 일반 시민들에게도 타격을 주어 혼란을 일으켰다. 민중들 사이에서 분위기가 험악해졌다. 궁지에 몰린 당국은 급하게 정책을 수정하여, 국민 1인당 500원의 "배려금"을 지불하는 등 대책을 강구했다고 전해진다. 상세한 것은 불확실하지만 김정일의 2009년도 경제시찰에 줄곧 동행했던 박남기(朴南基) 당 계획재정부장이 2010년 1월 3일 이후 자취를 감춘 것은 디노미네이션의 혼란과 관련있을 것으로 생각된다.

디노미네이션에는 시장경제적 요소의 확대를 억제하고 사회주의적 경제원칙을 강화하려는 의도도 있었던 것으로 보이는데, 시장경제적 요소를 완전히 근절하는 것은 이미 불가능한 일이었다. 다른 한편 시장을 통제하려는 세력의 저항 또한 계속되고 있다는 것을 보여주었다.

2010년 3월 26일 서해 백령도 부근에서 경비활동 중이던 한국 해군 초계함 '천안'이 갑자기 폭발을 일으키고 침몰하여 승무원 46명이 실종·사망한 사건이 발생했다. 4월 중순에 침몰된 함정의 인양작업이 실시되어 북한에 의한 공격 가능성이 제기되면서 큰 문제로 발전했다. 원인조사에 나선 국제합동조사단은 5월 20일, 북측의 어뢰공격에 의한 폭발로 침몰했다는 결론을 발표했다. 이 조사에 대해서는 여러가지 의문이 제기되었다. 한국정부는 북한의 공격이라며 격렬히 항의했지만 북한정부는 부인했다. 한국 내에서도 이를 둘러싸고 심각한 대립이 발생했기 때문에 한국정부는 더이상 사죄를 요구할 수 없게 되었다.

제3차 당 대표자회

김정일은 뇌졸중 발작을 일으킨 뒤 경이로운 재기에 성공해, 다시 각지를 시찰하기 시작했다. 2009년 한해 동안 군시찰을 25회, 경제시찰을 63회 실시했다. 2010년에 들어서도 기력은 여전하여 5월과 8월에 두번 중국을 방문하고 중국지도자와 회담했으며, 군시찰도 연말까지 11회, 경제시찰은 58회를 소화했다.

아버지의 탄생 100주년에 "강성대국 건설의 대문"을 열기 위해 김정일이 그러한 노력을 하고 있을 때, 시찰에 수행한 간부들과 가족들은 격무를 피하고 충분히 휴식을 취하라고 간청했을 것이다. 김정일은 그러한 요청들을 제쳐두고 일에 몰두했을 것으로 보인다. 자신에게 갑작스레 죽음이 닥칠지 모른다는 예상 또한 했을 것이다.

그런 상황에서 김정일은 후계자로 지목되던 김정은을 데뷔시키기 위해 당대표자회 소집을 결정했다. 2010년 9월 28일, 로동당 대표자회가 33년만에 개최되었다. 당대회에 준하는 이 대표자회에서 당중앙 기구가 재건되었고 그 인사가 결정되었다. 정치국 상무위원, 정치국원, 정치국 후보위원, 중앙위원이 선출되었다. 그동안 존재하지 않았으며 기능도 하지 않았던 당중앙 지도기구인 정치국이 재건된 것이었다.

정치국 상무위원으로 김정일·김영남·최영림(崔永林, 수상)에 이어 총참모장 리영호(李英鎬)가 와병중인 조명록과 함께 선출되어 군인으로서 당의 최고간부가 된 것이 주목되었다. 리영호는 김정일과 동년배로 만주파인 리봉수(李鳳洙)의 아들이다. 국방위원회 필두부위원장인 김영춘은 정치국원이 되어 리영호의 밑으로 들어왔다. 정치국원은 김영춘·전병호·김국태(金國泰)·김기남(金己南)·최태복(崔泰福)·양형섭·강석주·변영립(邊英立)·리용무·주상성·홍석형(洪石亨)·김경희 등 12명이었다. 이 가운데 9명은 완전한 신임이었다. 김정일의 여동생 김경희가 선출된 것도 주목되었다. 정치국 후보위원도 15명이 선출되었다. 당비서인 김양건(金養健)·김영일(金永日)·박도춘(朴道春)·최룡해(崔龍海)·태종수(太宗秀)·김평해(金平海)·문경덕(文景德), 당의 부장 주규창·박정순(朴正順), 국방위원회 부위원장인 장성택, 부수상 리태남(李泰南)·김락희(金洛姬), 국가

좌로부터 김영남, 리영호, 장성택(『로동신문』 2010년 9월 29일자)

안전보위부 제1부부장 우동측, 동 정치부장 김창섭(金昌燮), 군 정치국 제1부국장 김정각 등이다. 정치국원과 후보위원은 김경희를 제외하고 모두 얼굴사진과 함께 경력이 소개되었다. 이는 이례적인 조치였다. 장성택은 부인 김경희보다 한단계 낮은 지위에 놓여 있어 관심을 끌었다. 얼마 전 국방위원회 부위원장이 된 오극렬이 정치국에 포함되지 않고 배제된 데는 분명히 모종의 의도가 있었을 것이다.

한편 당의 중앙군사위원회는 진용이 완전히 새로워졌는데 그 부위원장으로 27세의 김정은이 등장했다. 그리고 또 다른 부위원장은 리영호다. 위원은 김영춘·김정각 등 16명인데 여기에서도 오극렬은 배제되었다. 리영호와 같은 시기에 상장으로 진급한 군인 최부일(崔富日)·정명도(鄭明道)·리병철(李炳鐵), 그들보다 먼저 상장으로 진급한 윤정린(尹正麟)·김영철(金英哲)·최상려(崔相黎) 등이 선출되었다. 그들은 리영호 그룹, 즉 신군부라고 할 수 있는 인물로 오극렬로 대표되는 구(舊)군부

298

와 구별되었다.

김정은은 여기서 처음으로 당중앙군사위원회 부위원장으로 등장했던 것인데, 당중앙위원회의 서열에서 중앙위원으로 선출되었을 뿐 정치국에는 선임되지 못했다.

김정은이 정치무대로 나온 것과 함께 당중앙, 즉 정치국을 재건한 것은 중요한 의미를 지니고 있었다. 김정일이 국방위원회 위원장으로서 국가의 최고지도자였던 것을 생각해보면, 후계자는 국방위원회 제1부위원장이 되었어야 했다. 그러나 김정일은 아들이 곧바로 국방위원회 위원장이 되어 절대적인 최고지도자로서 이 나라를 움직여나가기는 어렵다고 판단했던 것 같다. 아니면 비상체제의 성격이 강했던 국방위원회를 통한 정치는 이미 그 역할을 다했다고 생각했을 수도 있다.

김일성 탄생 100주년을 앞두고

당 대표자회로부터 2개월이 지난 2010년 11월 국방위원회 제1부위원장인 조명록이 사망했지만 김정일은 그 후임을 결정하려 하지 않았다. 이미 군인으로서 당의 최고간부 위치에 선 리영호를 국방위원회에 선임할 기색을 전혀 보이지 않았다.

즉 김정일은 자신이 죽은 뒤 국방위원회 위원장 자리를 비워두어도 될 것처럼 행동했던 것이다. 김정일은 자신의 사후의 일에 대해서는 재건된 당중앙과 후계자 김정은에게 맡기려 했던 것으로 보인다.

당 대표자회를 마친 뒤에는 2012년 김일성 탄생 100주년을 앞두고 김정일체제를 완성시켰다는 분위기가 평양을 지배했다. 외국에서 온 방문객에게는 김일성종합대학의 전자도서관과 대동강 과수원이라고 하는 1000헥타르의 광대한 사과밭을 보여주었다. 김일성종합대학의 전자도서관 현관에는 김정일이 2009년 12월 17일에 했다는 말이 벽면 한가득 적혀 있었다.

자기 땅에 발을 붙이고 눈은 세계를 보라. 숭고한 정신과 풍부한 지식을 겸비한 선군혁명의 믿음직한 골간(중심간부 — 저자)이 되라. 분발하고 또 분발하여 위대한 당, 김일성조선을 세계가 우러러 보게 하라.

평양 길거리에는 당에 관한 구호가 많이 나붙었다. "위대한 당, 어머니 당"이라는 구호도 부활했다. "인민생활에서 결정적 전환을!"이라는 간판도 등장했다. 휴대전화를 사용하는 사람이 상당히 많아졌다. 오랫동안 방치되어 폐가처럼 흉흉한 모습으로 평양의 분위기를 어둡게 짓누르고 있던 유경호텔이 이집트 기업의 관여로 건설이 재개되어, 외벽의 유리판 부착이 거의 완료되었고 2012년 개업을 목표로 내부공사 중이었다.

연평도 포격사건

그러나 2010년 11월 23일, 놀랄 만한 사건이 일어났다. 오후

2시 34분 북한군은 서해의 섬 연평도에 수십발의 포격(한국 측 발표로는 170발)을 가했다. 군에서 일하는 민간인 2명과 해병대원 2명이 사망하고, 가옥과 시설이 파괴되었다. 한국국민이 느낀 놀라움과 공포는 너무나도 컸다.

북한 외무성은 다음날 성명을 발표했다. 연평도 일대가 "민감한 지점"이므로, 한국 측에 이 섬에서 실시하는 포격훈련을 중지하도록 요구한다는 내용이었다. 연평도는 "해상 군사경계선에서 우리 쪽 영해 내에 깊이 들어와 위치해 있는 지리적 특성 때문에 그곳에서 대포의 실탄사격을 실시하면 어느 방향으로 쏘더라도 포탄은 우리 쪽 영해에 떨어진다"는 것이 그 이유였다. 한국 측이 23일 오후 1시부터 연평도에서 포격할 때 북한과는 반대쪽인 남측을 겨냥하기는 했지만, 결국 수십발의 포탄은 모두 북한 영해에 떨어졌다는 것이다. 이러한 상황에서 만일 북한이 대응하지 않는다면 한국 측에 북한이 연평도 주변 수역을 한국의 영해로 인정하고 있다는 식으로 오도해나가려는 의도가 있다고 여겨 이를 겨냥했던 것으로 보인다. 따라서 자신들이 포격진지를 공격한 것은 "자위조치"였다는 것이다. 이러한 설명은 논리적이긴 하지만 정치적으로는 용인할 수 없는 것이었다.

한국정부는 강경한 항의성명을 발표했으며, 미 제7함대의 항공모함도 황해에 진입해 압력을 가했다. 그러나 북한으로부터 반성을 이끌어내지는 못했다. 어쨌거나 남북관계는 개선이 무망한 상태였다. 북한의 행동에는 10년 동안 유지된 남북 간 화해·포용정책을 지속시킨다고 해도 미국 및 일본과의 관계가 봉쇄되어 있는 한 불리해지기만 할 뿐이라는 판단이 전제된 것으로 보인다. 미일과의 관계를 정상화하면 남북관계의 재조정도 가능하리라는 것이 북한의 생각이었다.

강력한 지도자의 죽음

2011년에도 김정일은 줄곧 움직였다. 5월에는 일주일 동안 중국을 방문했고, 8월에는 시베리아를 방문하여 메드베데프 대통령과 회담했다. 귀국길에는 내몽골을 방문했으며 중국 둥베이(東北)지방을 거쳐 귀국했다. 10월부터 12월까지 군시찰을 12회, 경제시찰을 20회 실시했다.

2011년 12월 17일, 김정일은 심근경색으로 갑자기 사망했다. 69세였다. 이틀 뒤인 12월 19일 오전 10시, 북한정부는 김정일이 현지지도를 가기 위한 여행 도중에 열차 안에서 사망했다고 발표했다. 김정일에게는 전투 중의 죽음과 다름 없었다.

결국 김정일은 자신이 갖고 있던 국방위원회 위원장, 당 총비서, 당중앙군사위원회 위원장, 최고 군사령관이라는 네가지 직책 가운데 어느 것 하나도 김정은에게 물려주지 않은 채 죽었다. 분명 김정일 자신이 그럴 필요가 없다고 생각했기 때문일 것이다.

2011년 12월 28일, 김정일의 국장이 거행되었다. 밝게 미소

짓는 김정일의 거대한 영정사진이 앞서고, 그뒤로 관을 실은 검은 차가 따랐다. 양 옆에 붙어 따라나선 이들은 김정은·리영호·장성택·김영춘·김기남·김정각·최태복·우동측 등이었다. 8명 가운데 7명이 당 정치국의 위원이었으며, 국방위원회의 위원이 4명이었다. 가는 눈이 내리는 겨울의 평양 거리는 대군중으로 차 있었다. 사람들은 울고 있었다. 가만히 앞을 응시하는 사람도 있었다.

다음날의 추도대회에서는 당 상무위원이자 최고인민회의 상임위원회 위원장인 김영남이 추도사를 했다. 이어서 당을 대표하여 당 정치국원 김기남, 군을 대표해서 당 정치국 후보위원 겸 군 정치국 제1부국장 김정각, 청년을 대표해서 청년동맹 제1비서 리용철(李容哲)이 연설했다. 김영남의 추도사 가운데 "선군혁명"에 대한 언급은 있었지만, 국방위원회 위원장으로서 이룩한 김정일의 업적에 대한 언급이 전혀 없었던 점이 주목되었다. 또한 김정각은 국방위원회 위원이었지만 그 직책에 대해서는 보도되지 않았다.

그 다음날인 12월 30일 로동당 중앙위원회 정치국이 회의를 열고, 김정은을 인민군 최고사령관으로서 "높이 모시었다"라고 선포했음을 발표했다. 국방위원장과 당중앙군사위원회가 관여하지 않고 당 상무위원, 당 정치국원과 정치국 후보위원들만이 모인 가운데 국방위원회 위원장이 겸무해야 할 최고사령관 인사를 결정했다는 사실은 당의 국가지배, 당 정치국의 지도, 당 집단지도의 개시를 의미하는 것으로 보인다. 정규군국가체제는 최고사령관인 후계자를 머리로 받아들이기는 하겠지만 '당＝국가체제'로 이행해나갈 것이다. 정규군국가로부터 당국가체제로의 이행은 보통의 국가로 나아간다는 뜻이다. 정치국의 정치는 합의의 정치이며, 전문성있는 사람이 책임을 분담하는 정치이기도 하다.

　이렇게 김일성의 시대에 이어 김정일의 시대도 끝났다. 북한 현대사의 새로운 페이지가 시작된 것이다.

김정은 시대의 북한

권력승계의 완성

김정일의 사망 이후 4개월 동안은 김정은 최고사령관을 중심으로 만들어진 거당적 집단체제가 북한을 이끌었다. 『로동신문』의 제자(題字) 오른편에는 매일같이 "전당, 전군, 전민이 일심 단결하여 선군의 위력을 더 높이 떨치자"라는 구호가 실렸다.

2012년 4월 11일 열린 제4차 당대표자회에서 김정일은 '영원한 총비서'로 추대되고, 김정은은 당 제1비서, 정치국 상무위원, 당중앙군사위원회 위원장으로 추대되었다. 또한 그로부터 이틀 뒤에 열린 최고인민회의는 김정일을 '영원한 국방위원장'으로 내세울 것으로 하고, 김정은을 국방위원회 제1위원장으로 추대했다. 이로써 김정은은 북한 국가기관의 모든 부문에서 최고지도자로서 지위를 갖추었다.

주목할 것은, 비서와 국방위원회 위원장 명칭에 '제1'이라는 수식어가 붙었다는 사실이다. 논리적으로는 명예 지도자인 김정일과의 구별을 위한 것일 테다. 다만 '제1'이라는 수식어는 '제2'의 인물이 있음을 드러내며, 그러한 대등한 자들 가운데 제1인자라는 의미를 갖게 된다. 최고지도자로서 부친의 지위를 완전히 계승한 김정은은, 당 정치국의 집단지도체제하에서 그들의 지원을 받음으로써 존립했던 것이다. 그밖에 제4차 당대표자회의 인사에서는 당 간부 출신으로 인민군 총정치국장이 된 만주파 최현의 아들 최룡해(1950년생)가 당 정치국 상무위원으로 승격했고, 인민무력부장이 된 김정각(1941년생)이 장성택(1946년생)과 함께 정치국원으로 승격했다. 군에서는 리영호(1942년생)가, 당과 정부에서는 장성택이 제2인자인 체제에는 변함이 없었다.

달이 바뀌어 5월 4일이 되자 『로동신문』 제자 오른편의 구호는 "위대한 김정은 동지 따라 최후의 승리를 향하여 앞으로"라는 문구로 바뀌었다. 처음에는 격일로 등장하더니 6월이 되자 매일 이 구호가 실렸다. "전당, 전군, 전민이 일심 단결하여"로 시작하는 구호는 거의 자취를 감췄다.

유훈통치와 지도자의 새로운 스타일

새로운 지도자로 등장한 김정은에게 김정일의 정책을 계승하는 것 말고는 다른 선택지가 없었다. 그런 가운데 젊은 지도자의 개성이 정치 스타일에서 발휘되기 시작했다.

출발은 좋았다. 2012년 2월 29일 미국과 합의에 이르렀던 것이다. 북한은 핵실험과 장거리 미사일 발사의 일시중지, 영변의 우라늄 농축시설의 일시정지, IAEA 사찰 허용, 휴전협정의 준수를 약속했다. 이에 미국은 북한을 적대시하는 정책을 수정하고 관계를 개선하기 위해 노력하며, 영양식품 24만톤을 제공하기로 했다. 오랜만에 이루어진 북미 합의였으며, 오바마 정권하에서는 처음 도달한 합의였다.

한편 북한은 남측이 자신들의 지도자를 모독하고 있다며, 3월 2일 인민군 최고사령부 대변인이 "역적패당을 이 땅에서 매장해버리기 위한 우리 식의 성전을 무차별적으로 벌리게 될 것"이라는 내용의 선언을 발표했다. 3월 4일에는 평양에서 "우리의 최고 존엄을 중상 모독한 역적패당"을 규탄하는 군민대회를 열었다. 같은 달 한미합동훈련 '키 리졸브'가 실시될 예정이어서 이를 의식한 행사였을 가능성도 있다. 그뒤 3월 16일, 북한은 인공위성 발사 계획을 발표했다. 이명박 대통령은 19일, 이를 중대한 도발행위라 비난했다. 미국도 이를 견제하는 자세를 보였다. 북한은 인공위성 발사는 미사일 발사가 아니며, 미국과의 합의 내용에 저촉되지 않는다며 4월 13일에 이를 강행했지만 실패했다. 미국은 곧바로 이를 장거리 미사일 발사로 규정하고, 2월 29일의 합의에 반하는 것이라고 주장하며 영양식품 지원 약속을 철회하겠다고 발표했다. 유엔안보리도 의장성명을 통해 발사를 비난하고 국제사회에 제재확대를 요구했다. 북한은 위성발사는 민족적 권리라며 격렬히 반발하고 2월 29일 합의를 파기하겠다고 밝혔다.

표현의 수위를 점점 높여가며 위협을 가하거나, 제재에 대해 더 강경한 조치로 대항하는 것은 김정일 시대부터 이어진 북한의 전통적인 모습과 다를 바 없었다. 다만 그런 와중에도 김정은의 새로운 스타일이 선보이기도 했다. 위성발사장을 외국의 기자에게 공개한 것, 발사가 실패했다는 사실을 즉각 발표한 것 등이다. 나아가 4월 15일 김정은은 김일성 탄생 100주년 열병식에서 육성으로 연설했다. 이 최초의 연설에서 그가 "새 세기 산업혁명"을 목표로 삼겠다고 한 것도 새로웠다. 이에 더해 그의 지시로 모란봉악단이 편성되어, 미니스커트를 입은 여성 가수가 디즈니 캐릭터들과 함께 등장해 화제를 모았다. 초여름에 열린 그 공연을 김정은은 아내 리설주와 함께 감상했다.

리영호의 숙청

정권은 안정된 듯 보였지만 7월 15일에 이르러 정치국 회의에서 군부 최고 실세인 당 정치국 상무위원 리영호 총참모장이 퇴진하면서 군과 당의 모든 직무 또한 박탈당했다. 그 후임에는 그때까지 전혀 이름이 알려지지 않았던 현영철(玄永哲, 1949년생)이 임명되었다. 리영호는 김정은이 후계자로 부상할 때 그를 보좌할 사람으로 김정일에 의해 군 최고위직과 당 서열 2위 자리에 임명된 인물로, 김정일과 동갑이었다. 그가 물러난 것은 '병' 때문이라는 설명이 따랐고 그의 이름에는 여전히 동지 칭호가 붙어 있었으나 숙청임이 분명했다. 한편 현영철은 당중앙군사위원회에 이름을 올려본 적도 없는 대장 출신으로, 회의 뒤 며칠 지나서야 겨우 차수 발령을 받았다. 리영호의 숙청은 김정은의 주도로 이루어졌으며, 김정은이 권력을 장악하게 되는 결정적 계기가 되었을 것이다.

이러한 변화가 나타나기 전에 "전당, 전군, 전민이 일심 단결하여"로 시작하는 구호가 6월 29일과 30일에, 그리고 7월 12일에도 다시 등장한 것은 기묘한 느낌을 준다. 하지만 이것이 리영호의 퇴진과 어떻게 연관되는지는 알 수 없다. 이러한 일은 그뒤로도 가끔씩 있었는데, 9월에는 12일, 14일, 15일, 21일, 24일, 27일, 30일 그리고 10월 들어서도 2일과 3일, 6일에 이 구호가 등장했다. 당 내에 미묘한 바람이 일고 있는 것이 아닌가 싶었다.

인공위성 발사와 제3차 핵실험

2012년 12월 12일, 북한은 지난봄에 실패한 인공위성 발사를 다시 시도하여, 이번에는 위성을 궤도에 올려놓는 데 성공했다. 이에 대해 유엔안보리는 이듬해 1월 22일에 제재강화 결의를 만장일치로 채택했다. 북한은 민족적 권리를 무시당했다며 반발하여 2월 12일에 3차 핵실험을 실시했다. 2009년 5월의 사태가 낡은 필름을 되감는 듯 반복되었다. 그러나 이번엔 북한의 핵실험이 중국과의 관계를 긴장시키는 결과를 가져왔는데 이는 예전과 다른 점이었다. 2013년 3월 7일 유엔안보리에서는 중국과 러시아를 포함해 만장일치로 북한제재 결의가 채택되었다.

북한의 태도는 더욱 강경해졌다. 그해 3월 1일부터 한미합동훈련 '폴 이글'이, 3월 11일부터는 '키 리졸브'가 실시되며, 훈련에 B-52 폭격기를 투입한다는 발표가 있었다. 이에 3월 5일 김영철(金英哲) 정찰총국장이 조선인민군 최고사령부 대변인 성명을 발표하여 11일부터 한국전쟁 '정전협정의 효력을 백지화'한다고 선언했다. 3월 7일에는 『로동신문』 사설을 통해 최고사령관 명령이 떨어지면 "우리 식의 정밀 핵타격 수단으로 워싱턴과 서울을 비롯한 침략의 아성들을 적들의 최후무덤으로 만들어야 한다"고 주장했다. 8일에는 조국평화통일위원회가 '북남 간의 불가침합의를 전면적으로 파기한다'는 내용의 성명을, 이어서 9일에는 외교부 대변인이 유엔안보리 제재결의를 완전히 거부하며 북한은 '핵보유국 지위'를 영구화할 것이라는 성명을 발표했다. 미국은 3월 28일, 핵무기 탑재가 가능한 스텔스 폭격기 B2-A 2기를 '폴 이글' 훈련에 투입했다. 김정은 최고사령관은 인민군 전략로케트군의 작전회의를 긴급 소집하여 이에 맞섰다.

3월 31일에는 당중앙위원회 총회가 개최되어, 경제건설과 핵무장을 함께 추진한다는 '병진노선'이 채택되었다. 발표문에는 "새로운 병진로선의 참다운 우월성은 국방비를 추가적으로 늘리지 않고도 전쟁억제력과 방위력의 효과를 결정적으로 높임으로써 경제건설과 인민생활 향상에 힘을 집중할 수 있게 한다는 데 있다"고 쓰여 있다. 또한 박봉주 신임 총리가 정치국에 진입했다. 3월 중앙위원회 총회에서는 총참모장 현영철과 김격식(金格植), 최부일이 정치국 후보위원에 이름을 올렸다. 김격식은 리영호의 전임 총참모장이었는데, 이때 김정각을 대신하여 인민무력부장에 임명되었을 것으로 보인다.

이와 같이 경제건설에도 중점을 둔다는 방침이 제시되었음에도 불구하고, 4월 들어 북한은 개성공업단지 폐쇄를 강행하여 남한과의 사이에서 긴장 분위기를 조성했다.

군 인사의 세대교체

그 직후에 군 인사의 제2막이 올랐다. 5월이 되자 김격식은 인민무력부장에서 군 총참모장으로 이동하고, 인민무력부장에는 장정남(張正男)이 임명되었다. 장정남은 무명의 신인이다. 군 인사의 마지막은 김격식의 최종적 실각으로 마무리되었다. 8월 들어 총참모장에 리영길(李永吉)이 취임해 있다는 사실이 알려졌다. 그도 무명의 신인이다. 장정남과 리영길은 1936년생인 김영춘(金永春), 1940년생인 김격식, 1941년생인 김정각, 1942년생인 리영호 등 70대 장로와 비교하면 훨씬 젊고, 1949년생인 현영철과 비교해도 젊었으며, 계급도 상장(上將)에 지나지 않았다. 장정남과 리영길은 8월 25일에 개최된 당중앙군사위원회 확대회의에서 대장으로 승격했다. 이후 북한군부는 이들 두 사람이 이끌어가는 모양새로 안정되었다.

군의 최고위 인사를 이런 식으로 단행한 것은 군 지도부의 대폭적인 세대교체가 이루어졌기 때문으로 보인다. 한 소식통에 따르면 2013년에 들어서 전방부대의 군단장이 전원 교체된 것을 비롯해 일선 군단장의 상당수가 40대에서 60대 전반까지의 중장·상장 급으로 교체되었다고 한다. 군부의 핵심인물은 50대로 젊어졌다고 할 수 있다.[11] 이러한 변화는 20대의 젊은 지도자 김정은이 60대 초반의 최룡해의 지지를 얻어 추진한 것이었다.

같은 일을 김정은은 당에서도 실시하려 했던 것으로 보인다. 2013년 들어 그의 현지지도에 동행하는 간부구성이 일변했다. 최룡해가 가장 가까이에서 수행하고 있기는 하지만, 그외에는 황병서(黃炳瑞) 당 조직지도부 부부장과 박태성(朴泰成)·마원

---

11) 정창현 「지식경제시대에 맞는 3~4세대 간부로 세대교체」('정창현의 김정은시대 북한 읽기' 18), 『통일뉴스』 2013.9.2. http://www.tongilnews. com/news/articleView.html?idxno=103963

춘(馬園春) 부부장이 거의 모든 현지지도에 동행하고 있다. 모두 신임 부부장들인 것으로 보인다. 이러한 변화는 중앙당 비서국과 지방당 간부급에서도 세대교체가 상당히 이루어졌음을 나타내는 듯하다. 지도자가 간부의 세대교체를 추진하는 것은 그로부터 자신의 권력기반을 창출해내는 행위다. 이러한 변화 속에서 충돌의 가능성이 싹트고 있었다.

북중관계 정상화와 중국과의 합의

대외관계에서는 중국과의 관계가 심각했다. 경제적으로 보면 중국과의 무역과 중국의 투자는 북한의 생명선이었다. 그런 중국이 북한의 위성발사와 핵실험에 대해 유엔안보리와 보조를 맞춰 압력을 가해왔던 것이다. 2013년 5월 22일에는 김정은의 명의로 최룡해가 나중에 총참모장이 되는 리영길과 함께 중국을 방문하여, 시 진핑(習近平) 주석과 회담했다. 최룡해는 6자회담 등의 대화에 적극적인 자세를 보였다고 하는데, 아마도 대외정책을 수정하겠다는 김정은의 생각을 전했을 것이다.

2013년 7월 23일은 한국전쟁 정전 60주년 기념일이었다. 평양에서 열린 기념행사에 중국은 국가 부주석이며 당 정치국원인 리 위안차오(李源朝)를 파견했다. 그의 이름 '위안차오'는 중국어로 원조(援朝)와 같은 발음인데다, 그는 중국이 '항미원조(抗米援朝)'를 위해 인민지원군을 파견했던 1950년 11월에 태어난 인물이기도 하다. 중국의 입장에서 보면, 북한과의 혈맹관

계를 인격적으로 체현하는 인물을 보냈던 셈이다. 리 위안차오
는 7월 26일 김일성광장에서 열린 전승 60주년 경축대회 내내
김정은의 곁을 떠나지 않았다. 그는 도착하자마자 바로 평양에
서 80킬로미터 떨어진 평안남도 회창(檜倉) 중국 인민지원군
사령부 터와 중국인민지원군 열사릉을 방문했다. 북한은 이 인
민지원군사령부에 조중연합사령부가 1954년까지 존재했다는
사실을 인정하기에 이르렀다. 김정은도 7월 29일 당과 국가기
관 간부들과 함께 험한 길을 달려 사령부 터와 열사릉을 참배
했다. 조중의 유대관계를 쌍방이 확인한 모양새가 된 것이다.
김정은은 중국과의 관계를 조정하고 나서, 더이상은 중국의 의
사에 반하는 형태로 미국과 한국에 위협을 가하지 않겠다고 보
증한 것이 아닐까 생각된다.

마식령스키장 개설과 신년사

김정은은 권력승계 직후부터 평양 시내의 릉라인민유원지
(2012년 7월 개원), 릉라곱등어관(돌고래관 2012년 7월 개관) 건설을
직접 주도하여 추진했다. 나아가 평양산원 유선종양연구소
(2012년 11월 개소), 평양국제축구학교(2013년 5월 개교) 등 병원과
학교도 건설했다. 이는 위락·오락시설과 의료, 스포츠 진흥 등
국민생활에 직결되는 사업이다. 김정은이 여기에 직접 관여했
다는 사실은 인민들 사이에서 지도자에 대한 지지를 높이는 효
과를 발휘했다. 2013년 9월 평양을 방문했을 때, 유원지와 돌고

래관에는 많은 시민들이 몰려들었고 모두들 흥분된 모습으로 즐기고 있었다. 이에 더해 그 가을에는 문수물놀이장, 미림승마구락부, 옥류아동병원, 류경구강병원 등이 완공되거나 완공을 앞둔 상황이었다.

수도에서 이러한 사업이 성공한 데 이어, 김정은은 이번에는 이와 성격을 달리하는 대규모 공공사업을 기획했다. 강원도 원산으로부터 20킬로미터가량 떨어진 마식령에 세계적 수준의 거대한 스키장을 건설한다는 프로젝트를 수립하여, 인민군의 노동력으로 단기간에 건설을 완료하기로 한 것이다. 이는 스위스에 유학했던 김정은다운 기획이었다.

공사는 2012년 가을부터 시작되었다. 김정은은 2013년 5월 26일 처음으로 현지를 공식 방문하여 공사의 진행 상태를 살폈다. 그는 "마식령스키장을 세계적인 스키장으로 꾸리려는 것은 당의 확고한 결심"이라고 훈시했다. 평양에 돌아온 뒤 그는 6월 4일 「'마식령속도'를 창조하여 사회주의건설의 모든 전선에서 새로운 전성기를 열어나가자」라는 호소문을 발표하고 연내에 공사를 마치고 개업하기 위해 더욱 속도를 내고 전국적으로 지원하도록 독려했다. 그의 호소문은 『로동신문』 1면 전체를 차지했다.

곧바로 다음날인 5일에는 현지 공사현장에서 군인 궐기집회가 개최되었다. 그 기사는 "천출위인의 호소 따라 마식령스키장 건설에서 21세기의 새로운 일당백 공격속도를 창조하자"라는 제목으로 6일자『로동신문』2면에 보도되었다. 집회에는 최룡해와 장정남이 참석했다. 나아가 6월 10일자『로동신문』은 김영남 최고인민회의 상임위원회 위원장이 현지를 방문했다고 보도했다.

북한 당국은 마식령스키장 건설이 국민에게 스키의 즐거움을 제공할 목적으로 기획된 것이라고 설명하고 있지만, 세계적 수준의 스키장을 건설한 데에는 틀림없이 외국의 스키관광객을 불러들여 외화를 획득하려는 목적이 있었을 것이다. 그러나 이를 위해서는 원산 개발을 비롯해 막대한 투자가 뒤따라야 한다.

어쩌면 이 프로젝트는 5월 29일에 최고인민회의가 제정한 경제개발구법과도 관련있을 수 있다. 전국 각지에 경제개발구를 지정하여 외국으로부터의 투자를 유치할 수 있도록 하는 법률이다. 경제개발구의 구체적인 항목으로 상정된 것은 공업·농업·관광·첨단기술개발·수출가공 등이었다.

물론 마식령스키장 프로젝트를 우선적으로 추진하는 일에 대해 당과 정부 안에서는 다른 시각도 있었을 것이다. 그러나 마식령 프로젝트는 국가의 최우선 프로젝트가 되었고, 연말완성이라는 목표를 내걸고 '마식령속도'라는 방식으로 건설공사가 진행되었다.

김정은은 8월 17일에도 마식령 현지를 방문했다. 이번에는 최룡해, 박태성, 황병서, 마원춘 등이 동행했다. 나아가 11월

2일에도 김정은은 최룡해와 함께 현지를 방문했다.

장성택의 숙청

김정은의 지위는 더욱 공고해지고 있었다. 새로운 체제가 수립되면서 김정은을 지도자로 옹립하고 당국가체제, 정치국의 합의체제가 그를 지탱하는 구조로 권력이 유지되었다. 그러나 명목상의 영도자였던 김정은의 지위가 점점 실질적인 내용을 갖춰가면서 '위대한 김정은 동지'의 유일영도체제화가 급속히 진행되자, 정권 내부의 긴장이 겉으로 드러날 가능성이 제기되었다. 이제는 당과 정부의 요직에 있으면서 실력자로 군림하는 장성택과의 관계가 문제로 부상할 수 있었기 때문이다.

장성택은 김정일의 여동생인 김경희 당 정치국원의 남편으로 김정은에게는 고모부가 된다. 그는 당 정치국장·당 행정부장·국방위원회 부위원장·국가체육지도위원회 위원장이며, 중국과의 굵직한 파이프를 지닌 존재였다. 그는 김정은이 평양 시내에서 실시하는 현지지도에는 2013년 5월 초까지 동행했지만, 5월 중순 이후에는 딱 한번 6월 국제축구학교 시찰을 제외하곤 동행하지 않았다. 마식령스키장에도 전혀 방문하지 않았다. 11월 6일 일본의 프로레슬러 출신 국회의원인 안또니오 이노끼(アントニオ猪木)가 북한을 방문하여 장성택과 회담을 가졌다. 그의 공적 활동이 보도된 것은 이것이 마지막이었다.

11월 30일 김정은은 국가안전보위부장 김원홍(金元弘), 정치국 후보위원 김양건, 그리고 측근인 황병서·박태성·마원춘 등과 함께 백두산 기슭의 삼지연 전적지를 시찰했다. 여기에서 김정은은 장성택 숙청을 최종적으로 결심한 것으로 보인다. 12월 3일 한국 국가정보원은 장성택의 측근인 리용하(李龍河) 당 행정부 제1부부장과 장수길(張秀吉) 부부장이 처형되었으며 장성택도 실각했을 가능성이 있다고 국회에서 보고하여 사람들을 놀라게 했다. 나는 충격을 받았다. 믿기 어려웠다. 그러나 이 정보는 정확했다. 12월 8일 당 정치국 확대회의가 개최되어 장성택은 자리에서 체포 연행되었으며, 당과 정부의 모든 직책에서 해임되고 당에서 제명되는 결정이 내려졌던 것이다. 그리고 12월 12일 국가안전보위부 특별군사재판에서 사형판결이 내려진 뒤 곧바로 처형되었다는 발표가 있었다.

장성택의 죄목은 당 정치국 확대회의 결정 및 특별군사재판 판결에 따르면 다음과 같다. 가장 큰 죄는 김정은의 유일영도 체제, 즉 "당의 유일적 령도체계를 세우는 사업을 저해하는 반당 반혁명적 종파행위"를 했다는 것이었다. "앞에서는 당과 수령을 받드는 척 하고" 즉 김정일에 복종하는 척하면서 "뒤에 돌아앉아서는 동상이몽, 양봉음위하는 종파적 행위를 일삼았다"는 것이다. 장성택이 이미 구체적으로 결정된 개별 정책에 반대했다는 지적은 없다. 추진되고 있는 정책에 대해 비판과 우려를 표현하고 나아가 지지를 거부하면서 싸보따주할 잠재적 가능성에 혐의가 씌워졌던 것이다. 판결 요지에는 장성택이 한

말이라며 "군대와 인민이 현재 나라의 경제실태와 인민생활이 파국적으로 번져지는데도 불구하고 현 정권이 아무런 대책도 세우지 못한다는 불만을 품게" 했다는 발언이 인용되어 있으며, 장성택은 위기가 진행되면 자신이 총리가 될 생각을 품기도 했다고 적혀 있다.

경제면에서의 죄목으로는 내각중심제·내각책임제에 반해 당 행정부가 경제운영을 장악하려 했다고 지적하고, 자원과 토지를 외국 특히 중국에 오랫동안 헐값으로 팔아넘겨왔다고 비난했다. 마지막으로 비도덕적 행위가 지적되었는데 여성문제·술 파티·마약사용 등이 열거되어 있다.

이 정변의 목적은 북한에서 늘 있어왔던 제2인자 제거였던 것으로 보인다. 북한에서는 지도자의 유일영도체제 확립에 지장을 주거나 지도자의 정책에 이의를 제기할 잠재적 가능성을 가진 제2인자를 제거하는 일이 종종 일어났다. 김정은은 처음에는 리영호, 결국에는 장성택을 제거하여 자신의 지위를 명실상부하게 절대화하여 유일영도체제를 확립하고 북한을 이끌어나가는 길에 선 것으로 보인다. 또한 북한은 장성택 처형에도 불구하고 기존의 정책은 종래대로 추진해나간다는 점을 외부세계에 강조하고 있다. 그렇다면 즉결재판, 처형의 공표라는 처분이 왜 적당한 선택이라고 판단했는지가 문제가 될 것이다.

2013년 12월 31일 마식령스키장은 완성되었다. 김정은은 최룡해·리영길·장정남 등 군 수뇌, 강석주·김양건 등 정치국 간부, 황병서·박태성·마원춘 등 측근들과 함께 리프트를 타고 정상에 올라 "뜻깊은 올해를 건설의 최전성기로 빛나게 결속할 수 있게 되었다"라고 평가했다.

능력과 경험, 판단력 등 모든 점에서 여전히 미지수인 젊은 지도자가 절대적 유일지도자가 되어 곤경에 처한 나라의 운명을 어디로 어떻게 이끌고 가려 하는 것일까. 그의 생각과 능력이 실험대에 올라 있다.

이 책은 와다 하루끼 토오꾜오대학 명예교수의 『北朝鮮現代史』(岩波書店 2012)를 번역한 것이다. 와다 교수는 옮긴이가 일본에서 유학하던 시절 지도교수였다. 옮긴이는 그에게서 너무나 많은 것들을 배웠다. 이 책은 그에 대한 작은 보은이다.

한국에서 와다 교수의 단독 저서가 번역되는 것은 여덟번째이며, 공편저까지 포함하면 열세번째다. 1992년 첫번째 번역본 『김일성과 만주항일전쟁』이 창비(당시 창작과비평사)에서 출판된 이후로 20여년이 흐르는 동안 한국의 독자들은 와다 교수의 신간을 적어도 2년에 한번 꼴로 만나온 셈이다. 그 가운데 하나가 2002년에 한국에서 출간된 『북조선: 유격대국가에서 정규군국가로』인데, 이는 일본에서 1998년에 출간된 『北朝鮮: 遊擊隊國家

の現在』에 보론을 더하여 번역한 것이었다. 이후 전개된 저자의 새로운 생각과 새로 공개된 자료로 보완한 것이 이 책이다.

와다 교수가 북한 연구를 시작한 때는 1981년이었다. 그로부터 30년이 넘는 기간 동안 '이해할 수 없는 나라'로 취급되어온 북한을 과학적 연구의 대상으로 포착하여 '내재적 북한 이해'를 시도하는 일을 목표로 해왔다. 저자가 적절히 표현했듯이 북한은 '내부정보를 완전히 비밀에 부치는 데 성공한 예외적인 국가'다. 바로 그러한 이유 때문에 북한의 실상을 제대로 파악하기 위해서는 '내부자료에 기초한 역사인식에 입각하여 모델을 만들고, 공식자료에 의거해 이를 검증하는 방식'을 보다 엄밀히 취할 필요가 있다. 이른바 '내재적 이해'라고 하는 연구방법이다.

그렇다고 저자가 북한의 공식 자료를 액면 그대로 받아들이고 있는 것은 아니다. 끊임없이 북한이 발표한 공식 자료의 '행간 읽기'를 시도하고 있다. 이를 위해 활용한 방법이 '역사적 이해'와 '비교 사회주의 모델 분석', 그리고 '주변자료의 총동원'이다. 물론 이러한 방법들이 빛을 발할 수 있었던 것은 와다 교수의 풍부한 언어능력이 뒷받침되었기 때문이다. 짧고 간략한 책이지만, 이 책에는 와다 교수의 30년에 걸친 북한 연구 성과가 고스란히 녹아 있다.

현명한 독자라면 눈치챘을 것으로 생각되지만, 와다 교수의 글은 어렵지 않다. 오히려 독자들은 정보로 가득한, 건조한 문장에 당황했을지 모른다. 와다 교수의 문장을 읽다보면, 그에게 문장이란 '정보와 정보를 연결하고 그 관계를 규정하는 약속'에 불과하다는 것을 깨닫게 된다. 문장만이 아니다. 제목 달기도 전혀 문학적이거나 현학적이지 않고, 사실만 담담하게 담아낸다. 그런데도 그의 글을 읽다보면 정신이 긴장되는 것을 느낄 수 있다. 그것은 그의 글이 치밀한 구성 속에 매우 정교하게 짜여 있으며, 개별 정보들이 갖는 의미를 최대한으로 이끌어내는 형태를 지녔기 때문이다. 마치 가전제품의 사용설명서처럼 형용사나 부사가 드물어 책 전체를 통틀어 어느 한 문장도 빼놓고 읽을 수 없는 긴장감이 유지된다. 게다가 쓸데없이 어려운 개념이나 복잡한 이론도 동원하지 않는다. 그럼에도 그의 글이 설득력을 획득하고 있는 까닭은, 거듭 강조하지만 방대한 자료 구사 때문이다.

와다 교수는 토오꾜오대학 문학부 서양사학과에서 러시아사를 전공하고, 같은 대학 사회과학연구소 교수로서 러시아지역 연구를 담당하다가 정년을 맞이한 러시아사 연구자다. 그런 그가 북한과 조우하게 된 것은, 어처구니없이 단순한 사실이지만, 러시아와 일본 사이에 북한이 있었기 때문이다. 지정학적으로는 물론 역사적으로도 그렇다고 할 수 있다. 일본이 물러난 한반도 북쪽에 소련이 들어왔던 일은 지정학과 역사의 이음매에서 발생한 사건이었다. 와다 교수는 자신이 북한과 만난 것이 일본인 러시아사 연구자로서 당연한 귀결이었다고 스스로 정리하고 있다.

한편 한국에서 이미 잘 알려진 대로 와다 교수는 역사가이자 시민운동가다. 이른바 일본의 '전후 민주주의와 평화'의 담당자로서 '전후 정신'을 자처하는 와다 교수는 1960년 안보투쟁을 거쳐 베트남전쟁 반대운동을 펼치는 과정에서 자연스럽게 한국문제에 닿게 되었다. '한일연대운동'의 제창자로서 그는 한국에서 민주화운동을 전개하는 사람들의 '벗'이었다. 그는 미국에 의한 일본의 후방기지화 문제를 제기하며, 1960년 안보투쟁과 베트남전쟁 반대운동의 전면에 섰다. 그러한 문제의식은 일본의 재군비 반대와 평화헌법을 옹호하는 태도에서 비롯된 것이었으며, 더 나아가 그 근원에는 일본의 침략전쟁과 식민지배에 대한 깊은 반성이 자리잡고 있었다.

이러한 반성이 그를 한일관계에서 미완의 과제로 남은 여러 현안의 해결에 대한 관심과 실천으로 이끌었고, 한일관계의 전면에서 시민운동가로 활동하는 가운데 그의 관심은 한반도의 세계사적 위치에 대한 것으로까지 고양되었다. 그 연장선에서 북한문제는 다시 실천적 과제로 와다 교수를 사로잡았던 것으로 보인다. 그에게 북한문제는 연구와 실천을 통일해주는 매개였다고 할 수 있다. 그러므로 이 책은 그가 한반도문제와 관련하여 시민운동가로 활동해온 50년 동안의 실천의 결과물이기도 한 것이다.

또한 그는 시민운동가이면서 정책제언자라는 제3의 면모를 지닌다. 시민운동가로서 그의 목표는 항상 구체적이며 현실적이다. 이 때문에 운동가 진영에서는 오해를 받기도 하지만, '구체적 현실을 고민하지 않고 이데올로기에 안주하는 것은 운동가로서 태만'이라는 그의 신념은 굳건하다. 그가 역사를 다루는 태도는 그래서 언제나 현재적이다. 그가 책에서 그려놓은 역사의 경로를 거꾸로 달리면 그것이 바로 현재의 문제를 풀어나가는 경로가 된다. 이 책은 그런 의미에서 정책보고서이기도 하다. 양질의 역사서가 모두 그렇듯이 말이다. 북핵문제가 교착상태에 빠져 있는 지금, 그럼에도 근거 없이 낙관적인 통일론이 대목 상품으로 횡행하려 하는 지금, 이 책이 북한문제와 통일을 진지하게 고민하는 모든 이에게 길잡이 역할을 해줄 것을 기대한다.

번역 과정에서는 어떻게 하면 이 책의 밀도와 생동감을 한국의 독자에게 전달할 수 있을까 고심했다. 특히 와다 교수의 압축적인 표현의 느낌을 살리는 일이 어려웠다. 그러나 무엇보다도 크게 고민했던 것은 호칭문제였다. 이 책의 제목부터가 일본어로는 『북조선현대사』다. 물론 본문에서도 한반도 북쪽과 그곳에 존재하는 국가를 가리키는 말로 '북조선'이라는 명칭이 사용되고 있다. 일본에서는 조선민주주의인민공화국을 '북조선'이라 부르기 때문이다. 여기서 '북조선'은 영어 'Korea'에 해당하는 지명으로, 정치적으로 중립인 호칭이다. 한편 북한이라는 명칭이 대한민국을 중심으로 한 사고에서 비롯된 호칭이고, 남과 북이 1992년 남북기본합의서나 2000년 6·15남북공동선언에서 상대방을 정식 명칭으로 부르면서 남쪽에는 '한'이라는 지명을, 북쪽에는 '조선'이라는 지명을 딴 국가가 존재한다는 것을 서로 인정한 현실에서 보면, 북쪽에 있는 지명이나 국명을 '북조선'이라 부르는 것은 오히려 자연스러운 것이라 할 수 있다.

와다 교수의 1998년 저작이 2002년에 한국에서 『북조선』이라는 제목으로 출판되었던 것을 고려하면 이 책도 원제대로 『북조선현대사』라 하고, 본문에서 '북조선'을 사용해도 무방하다고 판단할 수도 있었다. 그러나 몇차례의 '연습'에도 불구하고 한국에서 '북조선'은 아직 생경하다. 이러한 현실을 고려하여 옮긴이는 이 책이 보다 많은 독자에게 읽힐 수 있도록, 일반 독자에게 불편하지 않게 다가갈 수 있는 호칭인 '북한'을 쓰기로 했다. 다만 조선공산당 북조선분국, 북조선임시위원회 등의 역사적 명칭에서는 그대로 북조선을 사용했다. 그리고 책 표지에는 원제를 표시하는 의미에서 '북조선현대사'라는 한자어 제목을 함께 달았다.

마지막으로, 갈수록 어려워지는 출판환경 속에서 기꺼이 번역본의 출판을 맡아준 창비의 강일우 대표, 늦어진 번역작업을 인내심으로 기다려주신 인문사회출판부 학술팀의 박대우, 김경은 씨, 그리고 번역어의 딱딱함과 일본어의 표현이 남아 있

는 문장들을 한국어다운 표현으로 가다듬어주신 김정희 씨께
감사드린다.

2014년 5월

남기정

서문

和田春樹『北朝鮮: 遊擊隊國家の現在』, 岩波書店 1998.(와다 하루
　　키『북조선: 유격대국가에서 정규군국가로』, 서동만·남기
　　정 옮김, 돌베개 2002)

Cumings, Bruce, "Corporatism in North Korea," *The Journal of
　　Korean Studies*, Vol. 4, 1982-83.

鐸木昌之『北朝鮮: 社會主義と傳統の共鳴』(東アジアの國家と社會
　　3), 東京大學出版會 1992.

金學俊『北朝鮮五十年史: 「金日成王朝」の夢と現實』, 李英 訳, 朝日
　　新聞社 1997.(김학준『북한 50년사』, 두산잡지부 1995)

小此木政夫 編著『北朝鮮ハンドブック』, 講談社 1997.

金聖甫·奇光舒·李信澈『写眞と繪で見る北朝鮮現代史』, 韓興鉄 訳,

コモンズ 2010.(김성보·기광서·이신철 『사진과 그림으로 보는 북한 현대사』, 웅진닷컴 2004)

서동만 『북조선사회주의 체제성립사』, 선인 2005.

김성보 『북한의 역사 1: 건국과 인민민주주의의 경험 1945-1960』, 역사비평사 2011.

이종석 『북한의 역사 2: 주체사상과 유일체제 1960~1994』, 역사비 평사 2011.

N. E. Bazhanova, *Vneshne-ekonomicheskie sviazi*, KNDR: V poiskakh vykhoda iz tupika, Moscow 1993.

박태호 『조선민주주의인민공화국 대외관계사 1』, 평양: 사회과학 출판사 1985.

제1장

和田春樹 『金日成と灣州抗日戰爭』, 平凡社 1992.(와다 하루끼 『김 일성과 만주항일전쟁』, 이종석 옮김, 창비 1992)

和田春樹·劉考鐘·水野直樹, 「コミンテルンと朝鮮ーコミンテルン 文書資料に基く若干の考察」, 『靑丘学術論集』, 18集 2001.

辛珠柏 「靑年金日成の行動と世界観の変化ーー九二〇年代の後半 から三一年まで」, 『思想』, 2000년 6월호.

水野直樹 「灣州抗日鬪爭の轉換と金日成」, 『思想』, 2000년 6월호.

『現代史資料』 30호, みすず書房 1976.

『東北抗日聯軍資料』 上·下, 中共党資料出版社 1987.

『東北地區朝鮮人革命斗爭資料滙 編』, 遼寧民族出版社 1992.

『東北地區革命歷史文献滙集』(내부발행) 甲21, 30, 61호, 乙1호,

中央·遼寧省·吉林省·黒龍江省·檔案館 1988, 1989, 1990, 1991.

『金日成回顧録 世紀とともに 1~8』, 雄山閣 1992~98.(『김일성 회고록, 세기와 더불어 1~6』, 조선로동당출판사 1992~95. 『김일성 회고록, 세기와 더불어: 계승본 7~8』, 조선로동당 출판사 1996~98)

Pai Minsoo, *Who Shall Enter the Kingdom of Heaven?*, 대한예수교 장로회 총회 농어촌부 1993.

제2장

和田春樹「ソ連の朝鮮政策, 1945年 8月-1946年 3月」, 『社會科學研 究』 33권 4·6호, 1982.

_____「북한에서의 소련군정과 국가형성」, 한국정치외교사학 회 엮음『정부수립 50년의 한국의 좌표와 미래의 전망 I』, 1998년 8월 10~11일.

Shabshina, F. I., *Istoriia koreiskogo kommunisticheskogo dvizheniia (1918-1945)*. Dlia sluzhebnogo pol'zovaniia. Moscow 1988.

Lankov, Andrei, *From Stalin to Kim Il Sung: The Formation of North Korea 1945-1960*, Rutgers University Press 2002.

Armstrong, Charles K., *The North Korean Revolution 1945-1950*, Cornell University Press 2003.

Chzhon Khiun Su, *Sotsial'no-ekonomicheskie preobrazheniia v Severnoi Koree v pervye gody posle osvobozhdeniia(1945-1948 gg.)*, Dissertation, Moscow 1997

김성보『남북한 경제구조의 기원과 전개: 북한 농업체제의 형성을
　　　중심으로』, 역사비평사 2000.

『정로』, 조선공산당 북부조선분국 기관지, 1945.10~1946.3.

『당의 정치노선 및 당사업총괄과 결정』, 정로지 출판사, 평양 1946.

제3장

和田春樹『朝鮮戰爭全史』, 岩波書店 2002.

和田春樹『朝鮮戰爭』, 岩波書店 1995.(와다 하루끼『한국전쟁』, 서
　　　동만 옮김, 창비 1999)

Foreign Relations of the United States, 1950, Vol. VII, Washington,
　　　1976.

Foreign Relations of the United States, 1951, Vol. VII, 1983.

Foreign Relations of the United States, 1952~54, Vol. XV, 1984.

러시아대통령문서관 한국전쟁 관계 파일

Russian Documents on the Korean War: 1950-1953. Introduction by
　　　James G. Hershberg, CWIHP Bulletin, Issue 14/15, Winter
　　　2003-Spring 2004.

제4장

조선로동당 중앙위원회·상무위원회·정치위원회『결정집』,
　　　1953·1954·1955·1956.

『조선로동당 제4차 대회 토론집』, 평양: 조선로동당출판사 1962.

Frank, Rüdiger, *Die DDR und Nordkorea: Der Wideraufbau der
　　　Stadt Hamhung von 1954-1962*, Aachen 1996.

Lankov, A. N., *Avgust, 1956 god. Krizis v Severnoi Koree*, Moscow 2009.

下斗米伸夫『モスクワと金日成: 冷戦の中の北朝鮮一九四五—一九六一年』, 岩波書店 2006.

朴正鎭『日朝冷戰構造の誕生 1945-1965』, 平凡社 2012.

『김일성 선집』 제4권, 평양: 조선로동당출판사 1960.

소련공산당 중앙위원회 외국공산당 연락부 자료(1953~57, 마이크로필름).

소련외무성 북한관계 자료(1957~60, 한국현대사 데이터베이스).

제5장

V. P. Tkachenko, *Koreiskii poluostrov i interesy Rossii*, Moscow 2000.

Schaefer, Bernd, "Weathering the Sino-Soviet Conflicts: The GDR and North Korea, 1949-1989," *CWIHP Bulletin*, Issue 4/15, Winter 2003-Spring 2004.

_____ "North Korean 'Adventurism' and China's Long Shadow, 1966-1972," *CWIHP Working Paper* #44, October 2004.

Radchenko, Sergei, "The Soviet Union and the North Korean Seizure of the Pueblo: Evidence from Russian Archives," *CWIHP Working Paper* #47, 2004.

Lerner, Mitchell, "Mostly Propaganda in Nature: Kim Il Sung, the Juche Ideology, and the Second Korean War," *North Korean International Documentation Project Working Paper* #3,

December 2010.

宮本悟「朝鮮民主主義人民共和國のベトナム派兵」, 『現代韓國朝鮮研究』, 第2號, 2003.

『근로자』, 1965·1967.

독일 민주주의 공화국 위문상 북한관계 자료, 1965~70.

『周恩来年譜 下』, 中央文獻出版社 1997.

황장엽 『나는 역사의 진리를 보았다』, 중앙일보사 1999.

제6장

「クリフォード·ギアーツ」, 小泉潤二 訳, 『ヌガラ――一九世紀バリの劇場國家』, みすず書房 1990.(Cliford Geertz, *Negara: The Theater State in Nineteenth-Century Bali*, Princeton University Press 1980)

정창현 『김정일: 때를 기다려 올인하는 전략, 그 모든 것을 밝힌다』, 중앙북스 2007.

이종석 『조선로동당 연구: 지도사상과 구조 변화를 중심으로』, 역사비평사 1997.

최은희·신상옥 『수기, 조국은 저하늘 저멀리(하)』, Pacific Artist Cooperation 1988.

제7장

甚野尚志 『隠喩のなかの中世』, 弘文堂 1992.

高崎宗司 『検証 日朝交渉』, 平凡社新書 2004.

Hwang, Eui-Gak, *The Korean Economies: A Comparison of North and South*, Oxford 1993.

中川雅樹 『朝鮮社會主義經濟の理想と現實』, JETROアジア経済研
　　究所 2011.

독일 사회주의통일당 국제국 자료(1984).

Oberdorfer, Don, *The Two Koreas: A Contemporary History*, Addison
　　Wesley 1997.

제8장

『우리당의 선군정치』, 평양: 조선로동당출판사 2006.

Haggard, Stephan And Norland, Marcus, *Famine in North Korea:
　　Markets, Aid, and Reform*, Columbia University Press 2007.

제9장

小牧輝夫·環日本海経済研究所 編, 『經濟から見た北朝鮮: 北東アジ
　　ア經濟協力の視點から』, 明石書店 2010.

平井久志 『なぜ北朝鮮は孤立するのか: 金正日, 破局に向かう「先
　　軍體制」』, 新潮社 2010.

_____ 『北朝鮮の指導體制と後繼: 金正日から金正恩へ』, 岩波現
　　代文庫 2011.(히라이 히사시 『김정은 체제: 북한의 권력구
　　조와 후계』, 백계문 외 옮김, 한울아카데미 2012)

Albright, Madeleine, *Madam Secretary: A Memoir*, Miramax Books,
　　2003.

NHKスペシャル 「秘錄日朝交渉: 核をめぐる攻防」, 2009.1.8. 방영.

보론

정창현 「지식경제시대에 맞는 3~4세대 간부로 세대교체」(정창현
의 '김정은시대 북한 읽기' 18), 『통일뉴스』 2013.9.2. http://
www.tongilnews.com/news/articleView.html?idxno=103963

1931	9.18.	만주사변 발발
1932	봄	김일성(1912년생), 안투(安圖)에서 조선인 무장대를 조직
1937	6.4.	김일성 부대, 보천보 공격. 『동아일보』에서 보도
1940	10.	김일성 부대, 소그룹으로 나누어 국경을 넘어 소련 영내로 잠입
1942	2.	김정일 탄생
	8.	동북항일연군, 적군 제88특별저격여단으로 편성
1945	8.9.	소련, 대일 선전포고
	8.15.	일본 천황의 항복 선언. 조선, 일본 지배에서 해방
	9.19.	김일성 등 원산으로 귀국
	10.13.	조선공산당 북부조선분국 설립
	10.14.	평양시민대회에서 김일성 연설
	12.17.	북부조선분국 제3차 확대집행위원회, 김일성 책임비서로 취임
	12.23.	모스끄바 3국(미·영·소) 외상회의(~27)
1946	2.8.	북조선 임시인민위원회 성립, 김일성 위원장 취임
	3.5.	토지개혁령
	7.8.	김일성종합대학 개교
	7.30.	남녀평등권법 공포
	8.28.	북조선로동당 결성(~30)
	11.3.	도/시/군 인민위원회 선거
	11.23.	남조선노동당 결성(~24)
1947	2.17.	북조선인민위원회 성립
	10.	미소공동위원회 결렬
	11.14.	유엔총회, 조선문제에 관한 결의 채택

1948	2.8.	조선인민군 창설
	2.10.	조선민주주의인민공화국 헌법 법안 발표
	3.27.	북조선로동당 제2회 대회
	4.19.	평양에서 남북연석회의 개최
	5.10.	남, 단독선거 실시
	8.15.	대한민국 성립
	9.9.	조선민주주의인민공화국 성립
	10~12.	소련군 철수
1949	6.30.	남북 노동당 합당, 조선로동당 결성(~7.1)
	10.1.	중화인민공화국 성립
1950	6.25.	한국전쟁 발발, 서울 함락(6.28)
	9.15.	유엔군 인천 상륙
	10.20.	평양 함락
	10.25.	중국인민지원군 참전
1951	7.10.	개성에서 정전회담 개시
1953	7.27.	휴전협정 조인
1955	12.15.	박헌영에게 사형 판결
	12.27~28.	중앙위 확대상무위원회에서 소련계 비판
1956	2.25.	소련공산당 제20회 대회에서 스딸린 개인숭배 비판
	4.23.	조선로동당 제3회 대회(~29)
	8.30~31.	중앙위 전원회의에서 반대파 제명
1957		제1차 5개년 계획 개시
1958	2.19.	북중 공동성명(중국인민지원군 전면 철수)
	3.	제1회 조선로동당 대표자회
1959		'천리마' 운동 개시
	12.16.	재일조선인 제1차 귀국선, 청진 입항

1960	4.19.	한국 학생혁명
	5.	김일성의 '주체' 연설 발표
1961	5.16.	한국 군사 쿠데타
	7.6.	북소우호협력상호원조조약 체결
	7.11.	북중우호협력상호원조조약 체결
	9.11.	조선로동당 제4회 대회(~18)
1964	8.2.	통킹만 사건
1965	4.10.	김일성 인도네시아 방문(~21)
	6.22.	한일기본조약 조인
1966	10.5.	제2회 조선로동당 대표자회(~12)
1967	1.1.	『로동신문』 사설, '남조선혁명'을 호소
	5.4.	당중앙위 제15차 전원회의(~8)
	6.28.	당중앙위 제16차 전원회의, 유일사상체계 확립
	12.16.	최고인민회의 제1차 회의 10대정강 발표
1968	1.21.	청와대 습격사건
	1.23.	푸에블로호 사건
1969	1.	통일혁명당 간부에 사형 판결
		민족보위상 김창봉 등 제명
		김정일, 당 선전선동부 부부장 취임
1970	11.2.	조선로동당 제5회 대회(~3)
1972	2.21.	닉슨 방중, 미중공동성명(~28)
	7.4.	남북공동성명
	12.25.	최고인민회의, 헌법개정안 채택
1973	봄	3대혁명소조를 공장, 광산, 농장에 파견
	8.8.	김대중 납치사건

1974	2.11.	당중앙위 전원회의에서 김정일을 중앙위 정치위원에 선출
	4.14.	김정일, 유일사상의 10대원칙 제안
1976	8.18.	판문점 도끼만행사건
1979	10.26.	박정희 대통령, 김재규에게 피살
1980	5.17.	한국 쿠데타. 김대중 체포, 광주민주화운동(18~27)
	10.14.	조선로동당 제6회 대회
1982	4.	인민대학습당, 개선문, 주체사상탑을 잇달아 완성
1983	10.9.	랑군 사건
1984	9.29.	한국에 대한 수해 원조물자, 판문점에서 인도 개시
1985	9.20.	최초의 남북이산가족 상호방문 실현
	12.	북한, NPT 가입
1986		김일성, 재일기업인에 합영사업 추진을 요청
		김정일, '사회적 정치적 생명체'론을 제기
1987	6.29.	한국 6월항쟁
	11.29.	대한항공 KAL 858 폭파사건
1988	9.17.	서울올림픽(~10.2)
1989	1.23.	현대그룹(정주영 회장), 금강산개발에 대해 협의
	7.1.	평양에서 세계청년학생축전 개막
1990	9.24.	카네마루 신, 타나베 마꼬또 등 방북, 조선로동당과 공동성명
1991	9.30.	소련과 한국, 국교 수립
	9.17.	남북 공동 유엔가입
	12.24.	김정일, 조선인민군 최고사령관에 추대
	12.25.	소련 해체
	12.28.	라진·선봉 자유경제무역지대 설치
	12.31.	한반도 비핵화 공동선언 조인

1992		김일성 회고록 『세기와 더불어』 간행 개시
	8.24.	중국과 한국, 국교 수립
1993	2.	김영삼 대통령 취임
	3.8.	김정일 최고사령관, 준전시체제 선언
	3.12.	북한, NPT 탈퇴 표명
1994	6.16.	김일성-카터 회담
	7.8.	김일성 사망
	10.21.	북미 기본합의
1995	1.1.	김정일, 부대 방문 개시
	7~8	북한에서 대수해 발생
	12.15.	KEDO 설립 협정 조인
1996	2.7.	3개 언론사 공동사설 '고난의 행군' 정신을 호소
	7.24~28.	북한에서 대수해
1997	2.12.	황장엽 망명
	10.8.	김정일, 조선로동당 총비서에 추대
1998	2.	김대중 대통령 취임
	9.5.	김정일, 국방위원회 위원장에 선출
	11.	금강산관광 시작
1999	1.1.	3개 언론사 공동사설 '강성대국 건설'을 호소
	6.16.	3개 언론사 공동사설 「우리 당의 선군정치는 필승 불패이다」 발표
2000	2.9.	북러우호선린협력조약
	6.13.	남북정상회담
	6.15.	6·15공동선언
	10.23.	김정일, 올브라이트 미 국무장관과 회담
2001	9.11.	미국 9·11 테러

2002	9.17.	김정일-코이즈미 수상 회담, '북일' 평양선언
2003	1.10.	북한, NPT 탈퇴 선언
	8.27.	제1회 6자회담, 베이징에서 개최
2004	5.22.	코이즈미 수상 북한 방문, 납치피해자 가족 5명이 귀국
2005	9.19.	6자회담 공동성명
2006	7.5.	대포동 2호로 보이는 미사일 발사
	10.9.	지하 핵실험
2007	10.2.	김정일, 노무현 대통령과 남북정상회담
2008	8.	김정일 뇌졸중 발작
	10.11.	미, 북한의 테러지원국가 지정을 해제
2009	4.5.	인공위성 발사 발표
	5.25.	북한, 핵실험
	8.4.	김정일-클린턴 회담
	11.30.	통화교환과 디노미네이션 실시
2010	3.26.	천안함 사건
	9.28.	조선로동당 대표자회, 정치국 선출, 김정은 데뷔
	11.23.	연평도 포격사건
2011	12.17.	김정일 사망
	12.30.	당 정치국, 김정은을 인민군 최고사령관에 추대
2012	4.13.	최고인민회의, 김정은을 국방위원회 제1위원장으로 추대. 인공위성(광명성 3호) 발사, 실패
	12.12.	인공위성 재발사, 성공
2013	2.12.	북한, 3차 핵실험
	3.7.	유엔안보리, 북한제재 결의안 채택
	12.12.	장성택 처형
	12.31.	마식령스키장 개장

| 조선민주주의인민공화국 지도 |

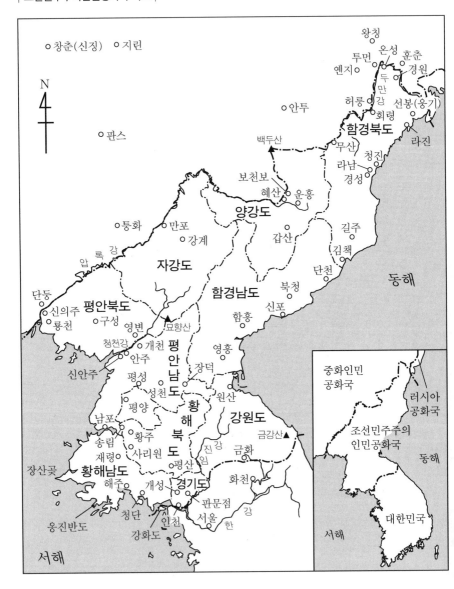

창춘(신징)　지린

N

판스

창춘(신징)　지린

왕청
투먼　온성　훈춘
엔지　경원
두만강　선봉(웅기)
허룽　회령
안투
함경북도
백두산　무산　청진　라진
라남
보천보　경성
혜산　운흥
양강도
통화　만포　갑산　길주
강계　김책
압록강
자강도　단천
함경남도　북청
단둥　신포
신의주　평안북도　함흥
룡천　구성
영변　묘향산
청천강　개천　평　영흥
안주　안
신안주　평성　남　장덕
평양　성천　도　원산
남포　황　강원도
송림　황주　해
재령　사리원　북　금강산
진강
장산곶　황해남도　도　금화
해주　평산
옹진반도　개성　경기도　화천
청단　판문점
강화도　서울　한강
서해

중화인민
공화국
러시아
공화국
조선민주주의
인민공화국
동해
대한민국
서해

동해

서해

ㄱ

가오 강(高崗) 97

갑산계 120, 121, 125, 126, 146,
151, 152, 162, 163, 176

강반석(康盤石) 24

개선문 197

개인숭배 63, 64, 123~26,
128~30

건국사상총동원 68

『건축예술론』 196

『결정집』 120, 123, 130, 132

고난의 행군 33, 36, 249, 250,
253

고르바초프, 미하일(Mikhail
Gorbachev) 212, 217, 224,
271

고영희(高英姬) 290

공산당 북조선분국 60~63, 328

국가사회주의체제 9, 137, 176

국내계 52, 67, 73, 105, 117,
120, 121, 125, 126

국방위원회 5, 178, 228~30,
243, 251, 257~59, 269, 274,
278, 293, 297~99, 302, 303,
307, 308, 319

국제원자력기구(IAEA) 220,

221, 223, 231~37, 284, 309

국토완정 79, 80, 82

『근로자』 9, 155

김격식(金格植) 313, 314

김경희(金慶喜) 182, 293, 297, 298, 319

김계관(金桂寬) 287

김대중(金大中) 190, 191, 193, 194, 212, 260, 266, 268, 276

김두봉(金枓奉) 56, 59, 65, 66, 68, 69, 105, 125, 126, 128, 134, 135

김렬(金烈) 119, 120

김성주(金成柱) → 김일성 24~26

김영남(金永南) 255, 258, 260, 297, 298, 303, 318

김영일(金英逸) 292, 297

김영주(金英柱) 135, 146, 159, 164, 174, 176, 177, 182, 183, 260

김영춘(金永春) 249, 254, 259, 297, 298, 303, 314

김용범(金鎔範) 52, 53, 57

김웅(金雄) 67, 94

김일(金一) 67, 82

김일성(金日成) 7, 10, 11, 12, 16~18, 21, 23~44, 46, 48, 49, 52~72, 75, 79, 82, 83, 85~88, 90~92, 94, 95, 97~105, 109~38, 140~46, 151, 152, 156~64, 166, 169~77, 181~88, 191, 194~98, 202, 205, 206, 210, 212, 214, 217~21, 227~30, 234, 237, 238, 241~43, 246, 248~50, 256~58, 263, 288, 290, 291, 299, 300, 304, 310, 316

『김일성 선집』 141

『김일성과 만주항일전쟁(金日成と滿州抗日戰爭)』 10, 29, 323

김일성광장 110, 196, 197, 290, 316

김일성종합대학 64, 134, 182, 300

김정각(金正角) 5, 293, 298, 303, 308, 313, 314

김정숙(金正淑) 37~39, 182

김정은(金正恩) 5, 14, 291, 297~99, 302, 303, 307~21

김정일(金正日) 5, 8, 25, 38, 39,

155, 181~84, 186~90, 192,
194, 196, 197, 208~10,
224, 228~31, 233, 241~46,
248~51, 254~56, 258,
261~63, 268~73, 275~77,
279~83, 289~97, 299, 300,
302~4, 307~11, 319, 320
김제원(金濟元) 70
김종태(金種泰) 171, 172
김질락(金瓆洛) 171, 172
김창만(金昌滿) 56, 59, 63, 66,
73, 125, 126, 146
김책(金策) 40~43, 54, 66, 67,
69, 72, 75, 152, 164, 174
김현희(金賢姬) 213, 222
김형직(金亨稷) 24, 25
김황일(金黃一) 70
꼬시긴, 알렉세이 니꼴라예비치
(Aleksei Nikolaevich Kosygin)
154, 169
꼴호즈 112, 113

ㄴ

나까다이라 다쯔루(中平立) 220
남녀평등권법 64
남베트남해방 민족전선 144, 168,

172, 174
남조선노동당 67
냉전사 국제 프로젝트 11, 101
노동법령 64, 90
노력호조반 112, 113
노멘끌라뚜라 제도 62
노무현(盧武鉉) 276, 288
노태우(盧泰愚) 212~15, 217,
223
닉슨, 리처드 M.(Richard M.
Nixon) 177

ㄷ

다께시따 노보루(竹下登) 214,
216
다이 빙궈(戴秉國) 292
『당의 정치로선 및 당사업 총괄
과 결정』 63
당중앙군사위원회 243, 256,
298, 299, 302, 303, 307,
311, 314
당중앙위 전원회의 95, 111,
112, 114, 118, 120, 122,
123, 127, 128, 130, 132,
134, 135, 152, 156, 159,
162~64, 183, 228

당중앙위원회 128, 129, 145, 146, 151, 160, 182, 183, 233, 250, 299, 313

돌격대운동 71

『동북지구조선인혁명두쟁자료회편(東北地區朝鮮人革命斗爭資料滙編)』38

『동북지구혁명역사문건회집(東北地區革命歷史文件滙集)』 41

동북항일연군 30, 33, 37~42, 49, 52, 182, 210, 229

『동아일보』 32, 171, 172

『2개의 코리아』(The Two Koreas: A Contemporary History) 237

ㄹ

란꼬프, 안드레이 니꼴라예비치(Andrei Nikolaevich Lankov) 12, 73, 127, 135

럼스펠드, 도널드(Donald H. Rumsfeld) 285

『로동신문』 9, 66, 121, 133, 136, 139, 152~54, 156~64, 166, 168, 169, 171, 172, 174, 229, 233, 234, 236, 242, 243, 249, 250, 255, 261, 271, 294, 298, 308, 312, 317, 318

리 위안차오(李源朝) 315

리 펑(李鵬) 206

리기영(李箕永) 121

리문규(李文奎) 171, 172

리상조(李相朝) 126, 130, 131

리송운(李松雲) 121, 163

리영길(李永吉) 313~15, 321

리영호(李英鎬) 5, 297, 298, 310, 311, 313, 314, 321

리은혜(李恩惠) 221, 222, 231

리을설(李乙雪) 34, 249, 251, 259, 278

리종락(李鍾洛) 25, 26

리주연(李周淵) 48

리지웨이, 매튜 B.(Matthew B. Ridgway) 96, 98, 99

리태준(李泰俊) 119, 121

리필규(李弼奎) 126, 127, 129, 130

리하일(李河一) 249

리효순(李孝淳) 120, 159, 163, 164, 171

348

림춘추(林春秋) 43, 95
림해(林海) 120, 121, 125, 171
림화(林和) 119, 121

ㅁ

마식령속도 317, 318
마에다 타께이찌(前田武市) 35
마오 쩌둥(毛澤東) 11, 63, 82,
　84, 86~88, 92~94, 96, 97,
　100, 101, 110, 131, 134,
　145, 175
만주파 34, 43, 52, 55, 58, 66,
　67, 70, 73, 105, 112, 117,
　146, 151, 164, 176, 183,
　259, 278, 297, 308
만주항일무장투쟁 23, 44
말렌꼬프, 게오르기 M.(Georgy
　M. Malenkov) 112
맑스-레닌주의 114, 128, 146,
　153, 155, 159, 166, 170, 187
매카서, 더글러스(Douglas
　MacArthur) 91, 95, 96
메레쯔꼬프, 키릴 A.(Kirill A.
　Meretskov) 50, 60
모리 요시로오(森喜朗) 272
무정(武亭) 56, 57, 62, 95

무초, 존(John J. Muccio) 89, 90
미꼬얀, 아나스따스 I.(Anastas I.
　Mikoyan) 123, 131, 132
미소공동위원회 71, 72
미훈전(迷魂陣) 회의 29, 30
민생단 28~30

ㅂ

박달(朴達) 31, 33, 151, 152
박봉주(朴奉珠) 278, 313
박영빈(朴永彬) 117, 119~22
박용국(朴容國) 136, 159, 163,
　164
박일우(朴一禹) 62, 66, 67, 94,
　103, 105, 118~20, 125, 132,
　133, 135
박정애(朴正愛) 52, 66, 105, 125,
　127, 128
박헌영(朴憲泳) 11, 51, 52, 58,
　65, 67, 75, 82, 83, 85, 87,
　92, 95, 99, 101, 102, 105,
　117~19, 121, 124, 125, 170
박효삼(朴孝三) 66, 67
방기중(方基中) 10
방코 델타 아시아(BDA) 285,
　287

방학세(方學世) 105, 121, 135, 176

배민수(裵敏洙) 10, 24

백선엽(白善燁) 98

백세봉(白世鳳) 278, 293

베트남전쟁 154, 155, 161, 176, 177, 191, 326

보천보전투 32, 120, 162

부시, 조지 W.(George W. Bush) 270, 274, 275, 283, 284, 287, 288

북벌통일 80, 81, 90

북조선 5도회의 51

『북조선: 유격대국가에서 정규군 국가로』 5, 7, 323

북조선로동당 65, 73

『북조선사회주의체제성립사』 12

북조선인민위원회 69

북조선임시인민위원회 59~61, 69

『북조선혁명, 1945~50』 11

브레즈네프, 레오니트 I.(Leonid I. Brezhnev) 124, 125, 170

빨치산 33, 41, 84, 85, 102, 120, 174, 221

뻬레스뜨로이까 212, 271

뽀노말료프, 보리스 N.(Boris N. Ponomaryov) 131

ㅅ

사이끼 아끼따까(齋木昭隆) 289

산업국유화령 64

3대혁명소조 185, 189

서휘(徐輝) 126, 129, 130

성혜림(成蕙琳) 290

세계공산당회의 134

세계식량계획(WFP) 247, 251, 252

『세기와 더불어』 10, 29, 30, 229, 342

셸레삔, 알렉산드르 N.(Aleksandr N. Shelepin) 154

셸리카슈빌리, 존(John Shelikashvili) 237

소련계 52~54, 56~58, 66, 67, 71, 73, 98, 105, 112, 116~21, 125, 126, 134, 135, 142, 146, 176

『수즈달레프 대사 일지』 113

슈띠꼬프, 떼렌띠 F.(Terenti F. Shtykov) 50, 58, 60, 71, 81,

83, 85, 86, 89

스따하노프, 알렉세이(Stakhanov, Alexei) 70

스딸린, 이오시프 V.(Iosif V. Stalin) 11, 42, 43, 50, 54, 63, 65, 73, 82~88, 90~93, 96, 97, 100~3, 110, 117, 123~25, 133, 135, 187, 241

시 진핑(習近平) 315

시모또마이 노부오(下斗米伸夫) 12, 130

신경완(申敬完) 13, 174, 183

신사고 270~72

신상옥(申相玉) 192, 193

쑹 즈원(宋子文) 42

ㅇ

『아사히신문』 218

안길(安吉) 39, 40, 42, 43, 152

얄타회담 42

양 더즈(樣得志) 11

양 징유(楊靖宇) 33, 34

양형섭(楊亨燮) 257, 260, 297

ML파 26

연안계 56~59, 62, 63, 66, 67, 73, 94, 103, 105, 112, 120,

125, 126, 132, 133, 135, 146, 164, 176

연형묵(延亨默) 215, 217, 259, 278

옐찐, 보리스 N.(Boris N. Yeltsin) 224, 267

오극렬(吳克烈) 293, 298

오기섭(吳琪燮) 51~53, 57, 66

5도행정국 51

오백룡(吳白龍) 43

오성륜(吳成崙) 30, 37

오진우(吳振宇) 174, 176, 183, 229, 248

올브라이트, 매들린(Madeleine Albright) 269, 270

와다 하루끼(和田春樹) 214, 279, 323~28

왕 자루이(王家瑞) 291

왕칭유격대대 27, 28

요꼬따 메구미(橫田めぐみ) 192, 282, 283

『우리의 태양』 64

원 자바오(溫家寶) 292

웨이 정민(魏拯民) 28, 29, 36, 37

유격대국가 8, 9, 166, 176, 178, 181, 182, 186, 198, 243,

253, 256, 257

유엔 식량농업기구(FAO) 195,
   247, 251, 252

유엔군 통일사령부 91

유엔안보리 91, 231, 235~37,
   285, 294, 310, 312, 315

유일사상체계 161~64, 166,
   182, 187, 188

6·15공동선언 268

6자회담 275, 278, 282~85, 287,
   288, 315

윤공흠(尹公欽) 112, 126, 128~30

『은유 속의 중세(隱喩のなかの中
   世)』 209

이명박(李明博) 309

『이바노프 대사 일지』 121, 124,
   127~29

이승만(李承晚) 81, 84, 85, 89,
   92, 97, 98, 103, 141

이제순(李悌淳) 33, 152

이후락(李厚洛) 177

『인민』 80

인민대학습당 196, 197

인천상륙작전 91, 92

ㅈ

장 쇼우지엔(張壽錢) 39

장 제스(蔣介石) 81

장성택(張成澤) 293, 297, 298,
   303, 308, 319~21

장일환(張日煥) 24

장정남(張正男) 313, 314, 318,
   321

저우 바오중(周保中) 37, 39~41,
   43

저우 언라이(周恩來) 93, 100,
   101, 138, 175

전두환(全斗煥) 193, 203, 204

전인철(田仁徹) 220

정규군국가 5, 8, 257, 260, 262,
   263, 304

『정로(正路)』 11, 52, 53

정상진(鄭尙進) 41, 44, 119

정일룡(鄭一龍) 117, 125

정주영(鄭周永) 215

제1로군 31, 33, 36, 37, 39, 174,
   176

제2방면군 33, 176

『제국주의론』 25

조국광복회 30, 31, 33

조만식(曺晚植) 48, 50, 51, 54,

58, 61
조명선(趙明善) 249
조선공작단 41, 42
조선독립동맹 56, 58
조선로동당 9, 82, 102, 116, 123,
 124, 127, 130, 132, 152, 158,
 166, 194, 198, 256, 257
『조선로동당략사』 162
조선민주당 54, 55, 58, 59
조선신민당 58
조선인민군 27, 72, 94, 97, 111,
 143, 160, 178, 228, 243,
 244, 249, 251, 312
조선인 무장대 27
조선인민혁명군 30, 220
조선통신사 160, 213
조선혁명박물관 152, 183, 184
북소우호협력상호원조조약 144
조중연합사령부 94, 102, 110,
 111, 119, 316
'주체' 연설 122, 141, 156
주체농법 211
주체사상 155~57, 165, 182,
 187, 203, 254
주체사상탑 197
중국공산당 10, 25, 26, 28,

40~42, 56, 62, 87, 93, 175,
 229, 291
중국인민지원군 94, 96, 97, 104,
 110, 127, 138, 139, 143, 316
중국인민해방군 67, 92
중국혁명 82
중앙정보부 172, 177, 190, 193
진노 타까시(甚野尙志) 209

ㅊ
천리마운동 137, 145
『청맥(靑脈)』 171
청산리 정신 142
최고인민회의 74, 112, 137, 165,
 178, 206, 215, 228, 230,
 257~60, 278, 292, 293, 303,
 307, 318, 340
최광(崔光) 95, 170, 173, 230,
 248, 249, 254
최룡해(崔龍海) 5, 297, 308, 314,
 315, 318, 319
최용수(崔龍洙) 278
최은희(崔銀姬) 192, 193
최창익(崔昌益) 56, 66, 112, 117,
 125~30, 133~35
최현(崔賢) 42, 152, 174, 308

치스짜꼬프, 이반 M.(Ivan M.
Chistiakov) 49, 50, 58
7개년 계획 145, 154, 184, 195,
225
70일간 전투 188, 190

ㅋ
카네마루 신(金丸信) 218, 219
카터, 제임스 E.(James E. Carter
Jr.) 191, 237, 342
코민테른 26, 28, 29, 32, 52
코이즈미 준이찌로오(小泉純
一郞) 273, 275, 276, 279,
280, 285, 286
클린턴, 빌(Bill Clinton) 238,
269, 270, 293, 294
키시 유우이찌(岸勇一) 49

ㅌ
타나까 히또시(田中均) 274, 277
테트공세 168, 169
톈안먼(天安門) 84, 175
통일혁명당 171, 172
『트리콘티넨탈』(Tricontinental)
172
88특별저격여단 39

ㅍ
펑 더화이(彭德怀) 93~96,
99~101, 103, 111, 131, 132
평안남도 건국준비위원회 48,
50
평양시민대회 54, 55
푸에블로호 168, 170, 173
푸찐, 블라디미르 V.(Vladimir V.
Putin) 267, 272

ㅎ
『한국전쟁전사(朝鮮戰爭全史)』 11
한상두(韓相斗) 120
한설야(韓雪野) 64, 121, 139
한재덕(韓載德) 64
「항련 제1로군 약사(抗聯第一路
軍略史)」 28
『항일 빨찌산 참가자들의 회상
기』 151, 164
핵확산방지조약(NPT) 207, 231,
232, 234, 237, 278
햇볕정책 260, 268, 276
허가이 56, 57, 66, 82, 98, 99,
105, 117~19, 122, 125
허문택(許文澤) 75
허석선(許錫宣) 136, 163, 164

현영철(玄永哲) 311, 313, 314
현철해(玄哲海) 249
호네커, 에리히(Erich Honecker)
　195, 205, 217
호소다 히로유끼(細田博之) 283
화성의숙 25, 26
화요파 26, 40
황장엽(黃長燁) 13, 136, 141, 156,
　164, 254

후 진타오(胡錦濤) 292
후꾸다 야스오(福田康夫) 289
흐루쇼프, 니끼따 S.(Nikita S.
　Khrushchyov) 124, 126,
　133, 136, 143, 144, 153, 154
히라이 히사시(平井久志) 14,
　255, 272

와다 하루끼의 북한 현대사

초판 1쇄 발행/2014년 5월 30일
초판 8쇄 발행/2024년 11월 15일

지은이/와다 하루끼
옮긴이/남기정
펴낸이/염종선
책임편집/박대우
펴낸곳/(주)창비
등록/1986년 8월 5일 제85호
주소/10881 경기도 파주시 회동길 184
전화/031-955-3333
팩시밀리/영업 031-955-3399 편집 031-955-3400
홈페이지/www.changbi.com
전자우편/nonfic@changbi.com

한국어판 ⓒ (주)창비 2014
ISBN 978-89-364-8270-1 03910